종말론 강해

- 다니엘 계시록 주해 -

한 정 건 박사 著

기독교 문서 선교회

The Interpretation of Biblical Eschatology

by

Jung-Geon Han, Th. D.

1992
Christian Literature Crusade
Seoul, Korea

서 문

　본서의 집필을 위해 오랫동안 준비하여 오다가 드디어 탈고(脫稿)할 수 있음을 기쁘게 생각한다. 필자는 집필을 준비하면서 여러 소논문의 발표와 또한 각종 집회들을 해오면서 많은 사람들로부터 본서의 출판에 대한 독촉도 받았다. 그러나 필자는 종말론에 관한 책을 가볍게 내어 또 하나의 잡다한 책 중에 한 권을 더하게 되지 않게 하기 위하여 신중을 기하였던 것이다.
　본서는 필자가 낸 종말론의 책 중에 두번째의 책이다. 첫번의 것은 『현대종말론의 성경적 조명』이라는 제목으로 일 년 전에 출판되었었다. 앞의 것은 현재 한국교계에 일고 있는 종말에 대한 몇몇 이슈들을 주제별로 다룬 것이다. 독자들이 좀더 가볍게 읽을 수 있는 책이다. 반면 본서는 성경을 그 순서에 따라 풀이해 나간 책이다. 본서는 앞에서 다룬 것들은 취급하지 않았다(일부 중복되는 것은 있을 것이나). 따라서 본서를 읽기 전에 먼저 『현대종말론의 성경적 조명』을 읽기 바란다.

앞의 책만 읽은 사람에게는 필자가(통속적) 세대주의자들을 강하게 비판하고 한국 전통적인 종말론에만 안주하는 사람으로 비칠지 모르겠다. 그리고 본서만 읽는 독자는 한국 보수 장로교 신학자들의 전통적인 견해들을 많이 비판하는 책으로 볼 수 있을 것이다. 독자들은 필자의 저서 두 권을 다 읽은 후에 필자의 견해를 바로 파악해 주기를 바란다.

본서를 집필하는 데 많은 인내와 협조를 아끼지 아니한 저의 아내에게와 본서를 출판하는 데 크게 협조해 주신 박영호 목사님과 기독교문서선교회 직원 여러분들께 감사드린다.

1992. 4.

한 정 건

목 차

- 서문
- 서론

1장 느부갓네살이 꾼 꿈 ·· 13
2장 네 짐승들의 환상 ·· 33
3장 계시록 서론 ·· 47
4장 일곱 인의 비밀 ·· 55
5장 적 그리스도의 표상 ·· 75
6장 전쟁에 대한 환상 ·· 81
7장 '70' 이레의 예언 ·· 95
8장 감람산 강화 ·· 129
9장 일곱 나팔의 비밀 ·· 163
10장 일곱 대접의 비밀 ·· 191
11장 미래의 하나님 나라 ·· 213
12장 계시록의 사이클들의 구조 분석 ···················· 257

- 결론
- 참고문헌

서 론

　최근에 종말론에 대한 관심이 고조되고 있다. 어떻게 보면 일부의 극단적인 종말론자들에 의해 한국교계는 종말론의 선풍이 일고 있다. 그들의 종말론은 주로 두 가지 점에서부터 출발한다고 할 수 있으니 첫째는 새로 받았다는 환상을 중요시 여긴다는 점과 둘째로는 세상에서 일어나는 어떤 사건들(전쟁이야기, 유럽공동체, 컴퓨터, 666 등)에 집중적인 관심을 두고 있다는 것이다. 필자는 먼저 이러한 현대종말론이 한국 교계에 얼마나 나쁜 영향을 끼쳤는지를 인식하고서 『현대종말론의 성경적 조명』(1991년)이라는 작은 단행본을 일전에 저술한 적이 있다.

　최근의 극단적인 종말론이 한국교계에 부정적인 영향을 끼친 반면 그러나 그들의 등장이 종말에 대해 침묵으로 일관하고 있는 보수교회에 오히려 자극을 준 면도 있다고 생각한다. 이제 한국교계는 바른 종말론의 정립이 필요하다는 신선한 충격이 일어나고 있다. 종말론은 이단자들이 부르짖는 전유물이 되어서는 안된다. 성경의 많은 부분이 종말에 대한 예언으로 가득 차 있다. 하나님께서는 구약의 선지자들로부터 종말에 대한 예언들을 이미 주셨으며 (다니엘, 스가랴, 학개, 에스겔, 요엘 등) 신약에서도 요한을 통한 계시록과 그 외에 여러 사도들을 통하여 예언들을 주셨다. 이렇게 계시를 주신 하나님의 의도는 우리가 깨달아서 종말에 대한 바른 준비를 하도록 원하셨기 때문이다.

흔히 "칼빈 선생이 계시록 만큼은 주석하지 않으셨다"는 말로써 종말론을 금기시하는 태도는 분명히 잘못되었다고 생각한다. 왜냐하면 계시록은 "이 예언의 말씀을 읽는 자와 듣는 자들과 그 가운데 기록한 것을 지키는 자들이 복이 있나니 때가 가깝다"고 하셨기 때문이다(계 1:3). 또한 계시록을 마치면서 요한은 또 다른 경고를 한다: "만일 누구든지 이것들 외에 더하면 … 만일 누구든지 이 책의 예언의 말씀에서 제하여 버리면 하나님이 이 책에 기록된 생명나무와 및 거룩한 성에 참예함을 제하여 버리시리라"(22:18~19). 우리는 쓰여진 말씀에 더하여도 안될 것이고 이것을 제하여 버려도 안된다. 하나님께서 주신 계시는 우리가 읽고 깨닫고 그대로 살아가기 위해서 주신 것이다. 따라서 이제는 교단에서도 너무 침묵만 하고 있을 것이 아니라 바른 종말론을 정립하기 위해 활발한 신학자들의 토론이 있어야 하고 또 강단에서는 성도들에게 바로 가르쳐야 할 것이다.

필자는 종말론에 대한 토론을 제의하면서 한국 보수교단이 아직도 박윤선 박사나 간하배 선교사 등이 성경해석을 통해 견해를 보인 종말론적 사상에 그대로 안주해 있으며, 그 너머의 토론이 이루어지지 않고 있는 것을 안타깝게 생각하는 것이다. 그래서 필자는 『현대종말론의 성경적 조명』이라는 책을 통하여 먼저 극단적인 종말론자들을 경계하는 반면, 이어서 『종말론 강해』라는 본서를 통하여 성경을 너무 초림중심으로 안이하게만 해석하고 있는 보수교회의 태도에 대하여서도 강하게 도전하고자 한다.

필자는 종말론을 엮어나가기 위해 아래의 몇 가지 확실한 기준들을 먼저 제시하고 철저하게 그 기준들에 따라 성경을 해석해 나가기를 원한다.

(1) 종말론은 철저하게 성경에 근거해야 한다.

많은 종말론은 성경해석에 근거를 하지 않고 세상에서 일어나는

서 론 ◆ 9 ◆

현상(전쟁, 컴퓨터, 666에 대한 신용카드와 바코드 등)에 의존하든지 아니면 하나님으로부터 받았다는 환상들의 계시에 의존하고 있다. 그들은 성경을 단지 자기들의 주장을 성립시키기 위해 피상적으로 인용할 뿐이다. 그러나 우리의 종말론은 철저하게 성경에서 출발하며 성경을 바로 해석함으로써 이루어 나가야 할 것이다.

(2) 문맥 속에서 성경을 해석해야 할 것이다.
본문해석을 위해 그 본문의 주제를 먼저 파악하고 그리고 책의 전체 혹은 그 본문의 앞뒤 문맥도 참고하여 저자가 말하고자 하는 의미를 파악해야 할 것이다. 즉 좁은 문맥(본문의 주제를 찾음)과 넓은 문맥(넓은 주제를 찾음) 속에서 본문을 해석하자는 것이다.

(3) 본문을 가능한 한 여자적으로 해석해야 할 것이다.
우리는 본문을 철저하고 확실하게 해석하기 위해 지나치게 영적인 해석으로 치우치지 않아야 할 것이다. 이것은 성경이 상징적으로 쓰여진 부분이 없다는 것을 말함이 아니다. 그러나 어떤 본문이 정상적이 아닌 특이한 묘사를 하고 있다든지(다니엘 8장에 서로 크기가 다른 두 뿔 등), 아니면 본문자체가 상징성의 해석을 해주고 있는 경우 등 본문이 상징적으로 쓰여졌다는 확실한 근거가 있을 때에만 상징성을 부여해야 할 것이다. 이렇게 상징적으로 쓰여졌다는 확신이 없을 때에는 가능한 한 여자적으로 해석해야 할 것이다.

(4) 본문이 가는 데까지만 가고 본문이 머무는 곳에서는 머물러야 할 것이다.
극단적인 종말론자들은 흔히 본문이 말하지 않는 것까지 지나치게 넘어가서 어떤 의미를 유추해 내곤 한다. 예를 들면 유럽공동체(E.C.C.)가 적그리스도라는 것을 다니엘 2장에서 추출해 내는 것과 666 숫자 등의 문제들을 예로 들 수 있다.

(5) 성경은 성경으로 해석해야 하는 원칙을 철저하게 지켜야 한다.

이것은 개혁주의 신학에서 꼭 지켜야 하는 성경해석학의 절대적 대명제이다. 특히 종말론은 더 신중하게 해석해야 하기 때문에 이 원칙이 더 철저하게 이루어져야 한다.

종말에 대한 예언의 책으로 요한계시록을 첫째로 들 수 있다. 그러나 계시록은 대부분 상징적으로 쓰여졌다. 상징적인 기록들은 해석자에 따라 다른 견해들이 쉽게 일어날 가능성이 크다. 따라서 이것이 요한계시록의 주석들이나 종말론의 책들이 서로 일치하지 않고 다양한 견해들이 나타나고 있는 이유 중의 하나이기도 하다. 때로는 성경을 읽는 많은 사람들이 "왜 하나님께서 상징적인 언어로 요한계시록을 쓰게 하여서 이렇게 혼란을 일으키게 하는가?"라고 불평하기도 한다. 그러나 하나님께서는 계시록 이전에 많은 성경구절들에서 마지막 때에 관한 이야기를 해주셨고, 계시록의 상징적인 언어들을 풀 수 있는 열쇠들을 이미 제시해 놓으시고 난 후에 계시록을 주신 것이다.

성경은 성경으로 해석하는 원칙대로 종말론을 엮어나가기 위해서 우리는 요한계시록보다 다니엘서를 먼저 해석하는 것이 바람직하다고 생각한다. 다니엘은 계시록과 같은 주제와 같은 사건들이 다루어지고 있다. 또한 다니엘서와 밀접한 연관을 이루고 있는 종말에 대한 예언은 마태복음 24장이다. 마태복음 24장도 철저하게 다니엘과의 연관하에서 해석되어야 한다. 역시 마태복음 본문도 계시록과 연결된다. 그 외에도 스가랴, 요엘, 학개, 에스겔 등의 선지서들도 보충자료로서 꼭 참고해야 할 책들이다. 정경(canon)이라는 테두리 안에서 볼 때에 성경 전반에 걸쳐서 종말에 대한 내용들이 산재해 있지만 그러나 거의 모두가 잘 연결되고 서로가 서로를 보완하고 해석해 주도록 짜여져 있음을 볼 수 있다. 따라서 하나님께서 얼마나 철저한 계획에 따라 마지막 때의 일들을 우리들에게 자세히 그리고 확실하게 말씀해 주셨는지를 알고 우리가 감사하지 않을 수 없다. 필자는 요한계시록을 해석하기 위해 앞에 언급한 여러 다른 증언들을 참조할 것이다.

본서를 엮어가면서 때로는 신학적인 아주 깊은 토론으로까지 들어가기도 하고 또 때로는 가볍게 의미들만 파악하고 넘어가는 경우도 있을 것이다. 다니엘서의 몇몇 구절들과 마태복음 24장 등은 많은 논란의 대상이 되는 구절들이다. 따라서 이러한 구절들은 좀 더 확실한 증명을 위해 보다 깊은 토론을 벌일 것이다. 사실 본서를 준비하면서 필자는 다양한 지면을 통하여 여러 소논문들을 발표하였다. 필자는 그러한 논문들을 조금 평이하게 수정하는 선에서 본서에 실었다. 따라서 대중적인 독자들은 어떤 부분들에서는(특히 다니엘서 9장 해석) 좀 어렵다고 느낄 수 있을 것이다. 그러나 일부 독자들의 불편이 예상되면서도 그 부분들을 깊이 다룬 이유는 본문들이 너무 중요하기 때문에, 꼭 심도있는 토론을 거친 증명이 필요함을 인식하였기 때문임을 독자들은 이해해 주기 바란다.

본서가 한국교단에 종말론의 새로운 지침이 되기를 희망하면서 또 한편으로는 본서를 통하여 종말론의 새로운 토론의 장이 열리기를 기대하는 바이다. 혹시 본서와 다른 견해를 가진 분들은 논문으로써 필자와 깊은 지상토론(紙上討論)을 벌여주기 바란다.

1장
느부갓네살이 꾼 꿈
- 다니엘 2장 -

1. 본문의 중요성

　다니엘서 2장은 종말론 해석의 중요한 시발점이다. 본 장을 어떻게 해석하느냐의 문제는 다니엘서 전체 뿐만 아니라 다른 종말적인 본문들과 요한계시록을 어떻게 해석해 나갈 것인지를 좌우하게 될 것이다. 본 장에서 조금 어긋나는 시각에서 출발한 각각의 종말론이 토론이 깊어갈수록 점점 그 간격은 더 벌어질 것이며, 요한계시록을 마칠 때 쯤에서 돌이켜보면 각자의 종말론은 엄청나게 간격이 벌어져 있음을 발견하게 될 것이다. 그러므로 시작에서 어떤 방향으로 출발할 것인지는 매우 중요하다. 따라서 우리는 본 장을 철저하게 그리고 확실하게 해석해야 할 필요성을 인식하게 된다.
　자유주의 신학자들은 주로 다니엘 2장을 미래에 대한 역사로 보지 않고 이미 이루어진 것으로 본다. 그들은 마카비시대에 다니엘서가 쓰여졌으며 2장은 헬라시대까지의 역사에 대한 것으로 주장한다(이러한 주장은 뒤에 살피도록 하겠음).
　다니엘서를 미래에 대한 예언으로 보는 사람들 중에 본문에 있는 마지막 하나님의 나라는 예수 그리스도의 초림을 통해 이루어진 영적인 하나님의 나라(혹은 교회)로 해석한다. 대표적으로 영

(E. J. Young), 박윤선 목사님과 간하배 선교사라고 하겠다. 간하배 선교사의 책이 『다니엘의 메시야 예언』이라는 제목을 붙이고 있다. 그는 다니엘서 전체를 예수님의 초림에 관한 예언으로 초점을 맞추고 있다. 그들의 이러한 경향은 다니엘서에만 머물지 않고 마태복음 24장, 요한계시록의 구절들도 이미 교회에 이루어진 영적인 의미로 받아들이려는 경향을 보인다. 이러한 경향은 천년왕국도 영적인 것으로 해석하여 무천년설을 가지게 될 것이다.

반면에 다니엘서 2장을 예수님의 재림의 사건으로 보는 사람들은 다니엘서의 예언들을 초림이 아닌 재림에 초점을 맞추며 또 계시록도 마지막 때에 역사적으로 이루어질 사건들의 기록으로 보려는 경향을 가진다. 그리고 천년왕국도 역사적인 전천년설을 주장하게 될 것이다.

우리는 다니엘 2장의 본문을 보다 객관적이고 확실한 방법으로 해석하여 우리의 종말론의 출발점을 초림중심의 영적인 해석으로 시작할 것인지 아니면 역사적 사건으로 해석해 나갈 것인지를 가늠해 보아야 하겠다.

2. 계시의 배경

주전 605년에 왕위에 올라 당시의 온 세상을 정복한 바벨론의 느부갓네살왕이 한 꿈을 꾸었다. 그 꿈을 꾸고 난 왕은 갑자기 광적인 행동을 한다. 박수와 술객과 점장이와 술사들에게 꿈과 해석을 말해주지 않으면 모두 다 죽일 것이라고 공포한다. 왕이 그처럼 광적인 행동을 하는 이유는 무엇인가? 왕이 그 꿈의 내용을 잊어버렸기 때문에 그 꿈을 재생해 내려는 호기심 때문일까? 단순한 호기심 때문에 나라의 전 지식인들을 다 죽이겠다는 그런 광적인 행동을 하고 있다고 믿기는 힘들다. 그러면 왜 그렇게 미치고 있는가? 그것은 그 꿈이 너무 강력했으며, 뜻이 깊은 것으로 인식했기에 그 꿈의 해석을 꼭 알아야 하겠다는 의지에서 나온 행동이라고 생각된다. 그렇게 강력한 꿈을 잊어버렸다고 생각하기는 힘들다. 그리고 본문에서도 왕이 꿈을 잊어버렸다는 증거는 전혀 나타나지 않는다.

그러면 왜 꿈의 내용을 말해주지 않았는가? 그 이유는 왕이 박사와 술사들이 얼마나 거짓으로 잘 꾸며 말하는 사람들인지를 알기 때문이다(2:9). 만약 꿈을 이야기해 준다면 그들은 그럴듯하게 꾸며서 해석을 해줄 것이다. 왕은 그러한 그들의 해석을 믿을 수 없기 때문에 확실한 해석을 얻기 위한 가장 안전한 수단으로 그러한 명령을 내린 것이다. 만약 꿈의 내용까지 말할 수 있는 사람이 있다면 그가 풀이하는 해석만을 믿겠다는 의미이다.

박사와 술사들은 세상에 어떠한 권력이 있는 왕도 이런 명령을 내릴 수 없으며, 신이 아니고는 도저히 왕의 꿈을 알아맞출 수 있는 사람이 없다고 펄쩍 뛴다. 그러나 왕의 명령은 이미 입밖으로 나왔으며, 왕은 결코 자기의 명령을 돌이킬 의사를 보이지 않는다. 이제는 모두들 죽음을 기다릴 수밖에 없는 처지가 되었다.

3. 계시의 주제

다니엘은 왕이 그와 같은 명령을 내린 사실을 알고는 자기 친구들과 함께 하나님에게 기도하기 시작하였다. 만약 나라 안의 모든 박사들이 죽임을 당하면 자기들도 죽을 수밖에 없는 상황이었다. 하나님은 다니엘에게 밤에 이상으로 그 꿈과 꿈의 해석을 가르쳐 주셨다.

다니엘이 그 꿈의 비밀을 알고 난 후 하나님께 찬양을 돌렸다. 그는 먼저 하나님만이 지혜와 권능이 있음을 찬송하였다. 우리는 다니엘이 찬송한 내용에서 그가 그 꿈에서 무슨 사실들을 발견하였는지를 알 수 있다: "그는 때와 기한을 변하시며 왕들을 폐하시고 왕들을 세우시며 지혜자에게 지혜를 주시고 지식자에게 총명을 주시는도다"(2:21). 즉 그 꿈의 내용은 왕들을 세우시고 폐하시며 왕국의 기한을 정하시는 것은 하나님의 주권적인 손 아래 있다는 것이다. 이것이 그 꿈의 핵심내용이며 바로 그 꿈의 주제라고 할 수 있겠다.

그 꿈의 내용은 하나님께서 세상왕국들을 세우시고 파하시며, 결국 마지막에는 세상나라를 대치하는 하나님의 나라를 세우신다는 것이다. 그 꿈의 클라이맥스는 하나님의 대심판이다. 결국에는 하나님이 이 세상의 왕들을 모두 폐하시고, 그 국권을 더 이상 사람의 손에 주지 아니하고 하나님의 나라를 세운다는 것이다(44절).

4. 꿈의 성격과 내용

느부갓네살이 꾼 꿈은 단순한 꿈이 아니라 그의 '뇌 속에서 받은 이상'이었다(2:28; 'the visions of your head'). 이상(異像)은 선지자들에게 주어지는 것이 예사이나 본문은 이방의 왕인 느부갓네살을 이용해서도 하나님 자신의 '은밀한 비밀'을(28절) 나타내시고 있다. 만약 선지자가 하나님의 계시를 이상으로 받는다면 그도 놀람과 두려움으로 가득 찰 것인데, 하나님을 모르는 이방왕이 이러한 계시를 받았으니 얼마나 두려웠겠는가?

왕이 이러한 계시를 받게 된 과정은 다음과 같다. 왕이 침상에서 아직 잠이 들기 전에 장래의 일을 생각하고 있었다. 아마 왕은 자신이 세운 왕국의 미래에 대하여 스스로 환상에 젖어있다가 잠이 들었을 것이다. 하나님께서는 꿈을 통한 계시를 그에게 주어서, 왕이 생각하는 왕국의 미래 대신에 하나님 자신이 생각하는 미래의 역사를 왕에게 알게 하신 것이다(28, 29절).

꿈에 느부갓네살은 한 신상을 보았다. 이 신상(צַלְמָא)은 우상이라는 의미가 아니라 단순한 사람의 형상을 뜻한다. 이 사람의 형상은 크고 광채가 특심하였으며 심히 두렵게 생겼다(31절).

이 신상(사람의 형상)은 네 부분으로 이루어졌다. 머리는 금이었고 가슴과 팔들은 은이요, 배와 넓적다리는 놋이요 그 종아리는 철로 시작하여 발은 철과 진흙으로 섞였다. 그런데 한 뜨인 돌이 날아와서 신상의 발을 쳐서 산산조각내어 흩어버렸고, 작은 돌은 태산을 이루어 온 세상에 가득하게 되었다.

이 꿈에서 느부갓네살은 두 가지 면에서 크게 인상적이었다고 할 수 있을 것이다: 첫째로, 느부갓네살은 신상의 찬란함을 보았다. 머리의 금은 바로 느부갓네살 자신이 누리고 있는 영화였다. 신상은 크고 두렵고 광채가 특심하였다. 왕은 바로 자신의 나라가 얼마나 웅장하고 광대하며, 자신의 영화가 얼마나 찬란한 지를 제 삼자의 입장에서 쳐다보고 있는 것이다. 그는 과연 그와 같이 장엄하고 찬란한 영광은 무엇을 의미하는 지를 알고 싶어 견딜 수가 없는 것이다.

둘째로, 그는 바벨론의 멸망 뿐 아니라 세상왕국들의 최후 심판을 보았다. 한 작은 돌이 날아와서 신상들을 산산조각내는 장면에서 느부갓네살은 자신이 심판당하는 두려움에 사로잡혔음이 틀림없다. 그는 이 강력한 장면을 그의 머리에서 지울 수가 없는 것이다. 과연 그 작은 돌이 무엇을 의미하는지 알지 않고는 견딜 수가 없었던 것이다. 따라서 우리는 왕이 왜 박사들에게 그렇게도 혹독한 명령을 내렸는지를 이해하게 된다.

5. 네 왕국에 대한 꿈의 해석

다니엘이 꿈을 해석하였다. 그의 해석에 의하면 신상의 네 부분은 네 개의 왕국으로 이해되어진다. 이 네 왕국 중 가장 확실한 부분은 머리로서, 느부갓네살이 통치하는 바벨론이다. 정금은 그가 누리고 있는 권세와 영광을 상징적으로 표현하는 것이다. 다니엘은 다음과 같이 진술한다: "왕은 열왕의 왕이시라 하늘의 하나님이 나라와 권세와 능력과 영광을 왕에게 주셨고 인생들과 들짐승과 공중의 새들을…왕의 손에 붙이사 다 다스리게 하셨으니 왕은 곧 그 금머리니이다"(37, 38절). 다니엘의 진술에 의하면 바벨론

제국(帝國)은 하나님께서 일으키신 것이요, 그에게 모든 인생들과 짐승들까지도 복종하게 하고 다스리는 권세를 주신 것도 하나님이시요, 세상 모든 사람이 부러워하는 바벨론의 영광(특히 느부갓네살의 것)도 하나님께서 주신 것이었다.

그러나 그 이후에는 다른 나라가 일어나서 세상을 다스릴 것인데 그 나라는 은과 같은 영광을 차지할 것이요, 그 다음은 놋과 같이 강한 나라가 일어날 것이요, 넷째 왕국은 철과 같이 강한 나라가 될 것이다.

이와 같은 네 나라가 각각 역사적으로 일어난 어느 왕국을 가리키는가에 대한 해석을 크게 나누어서 살펴보면 다음과 같은 견해들로 구분할 수 있다.

첫째, 자유주의 신학자들의 해석으로 그들은 다니엘서의 기록은 헬라 특히 마카비시대 이후의 것으로 보며 헬라의 멸망과 마카비의 승리를 목적으로 하여 쓰여진 것이라고 한다(이에 대한 자세한 설명은 간하배, 1984: 21 이하를 참조하라). 그들이 말하는 네 왕국은 다음과 같다.

첫째 왕국(머리) = 바벨론
둘째 왕국(가슴과 팔) = 메데
셋째 왕국(배와 넓적다리) = 바사
넷째 왕국(종아리와 발) = 헬라

이 설에 대해서는 다니엘서를 미래에 대한 예언서라고 믿는 보수주의 세계에서는 받아들이기가 힘들다. 또한 7장과 비교해 볼 때에 세 번째 왕국이 분명히 헬라이며 따라서 넷째 왕국은 로마로 보아야 한다.[1]

---

1) 영, 간하배, 박윤선 박사 등도 다니엘 2장은 7장과 병행하고 있으며, 7장과의 비교에서 넷째는 로마나라가 분명하다고 주장한다.

둘째로, 제롬 등을 위시한 교부들과 칼빈, 헹스턴버그, 카일 등
으로 잇는 전통적인 기독교계에서는 다음과 같이 본다.

첫째 왕국 = 바벨론
둘째 왕국 = 메데-바사
셋째 왕국 = 헬라
넷째 왕국 = 로마

이 전통적인 해석이 가장 무난하다. 이러한 해석은 다니엘서 7
장과 비교해 볼 때 확실히 밝혀진다.
 이상의 네 왕국들 중에서 특히 네 번째 왕국에 대하여는 좀더
특이하게 진술되고 있다. 따라서 우리의 초점은 네 번째 왕국과
그것을 쳐부수는 작은 돌에 모아져야 할 것이다.

6. 넷째 왕국에 대한 해석

 넷째 왕국은 종아리 부분의 철로써 시작된다(33 상반절). 다니
엘은 이것에 대하여 "넷째 나라는 강하기가 철 같으리니 철은 모
든 물건을 부숴뜨리고 이기는 것이라…그 나라가 뭇 나라를 부숴
뜨리고 빻을 것이며"(40절)라고 해석한다. 이것은 이 나라가 세계
를 정복하는 모습을 그리는 것이다.
 그러나 발로 내려가면 철과 진흙이 섞인 상태로 나타난다(33
절). 다니엘은 그 꿈에 대한 해석에서 그 나라가 강한 나라와 약한
나라들로 나누일 것이라고 말한다(41절). 이것은 넷째 왕국이 분
열하는 모습이다. 이 넷째 왕국의 분열에는 특징이 있다. 인종들
이 서로 섞일 것이나 서로 합하지 않을 것이다(43절). 즉 인종들
에 의하여 나라들이 분열하고 있다. 다니엘은 이 시기를 열왕(列
王)의 때라고 부연해서 설명한다(44절).
 이상의 넷째 왕국의 묘사에서 우리는 이 왕국의 역사에 두 기

(期)가 있음을 알 수 있다: 첫째 기(期)는 정복의 시기이며, 둘째 기(期)는 분열의 시기이다.

철과 진흙으로 섞여있는 발에 사람의 손으로 하지 않은 한 돌이 날아와 신상을 쳐서 부수고, 신상은 산산조각나서 겨와 같이 날려 사라지게 된다. 그리고 그 작은 돌이 커져서 신상의 자리를 차지한다(35절). 다니엘은 이것을 하나님께서 모든 나라들을 쳐서 파하고 하나님의 나라가 영원히 들어설 것이라고 해석한다(44절).

7. 하나님의 나라에 대한 해석

신상을 쳐부순 작은 돌은 과연 무엇이며, 그 돌이 커져서 세상에 가득 찬다는 것은 무엇이겠는가? 다니엘은 해석한다: "이 열왕의 때에 하늘의 하나님이 한 나라를 세우시리니 이것은 영원히 망하지도 아니할 것이요 그 국권이 다른 백성에게로 돌아가지도 아니할 것이요 도리어 이 모든 나라를 쳐서 멸하고 영원히 설 것이라"(44절). 따라서 이 돌은 하나님의 나라(영원한 나라)라고 말할 수 있다. 머리의 금은 바벨론 왕국을 의미하지만 또한 다니엘은 그것이 바로 느부갓네살이라고 말한 것(38 하반절)에 비추어 보면, 작은 돌은 예수 그리스도를 의미하며 또한 그가 이루는 하나님의 나라로도 동시에 볼 수 있을 것이다.

그러나 우리의 관심은 예수 그리스도가 이루는 하나님의 나라는 그의 초림에서 이룬 영적인 나라를 의미하는지 아니면 재림으로 이루어질 영원한 나라를 말하는지에 모아진다.

8. 그리스도 초림을 중심으로 한 해석

서두에서 언급하였지만 다니엘서 2장의 뜨인 돌을 영적인 왕국으로 해석하여 예수님의 초림으로 볼 것인지, 아니면 역사적으로 해석하여 예수님의 재림으로 볼 것인지는 앞으로 다니엘서 전체를 어느 방향으로 해석할 것인지의 가늠자가 될 것이다.

본문을 예수님의 초림으로 보며, 이미 이루어진 영적인 하나님의 나라로 보는 것은 영, 간하배, 박윤선 등 일부 계약신학(covenant theology)자들 사이에서 찾아볼 수 있다. 그들은 다음과 같은 근거를 제시한다:

(1) 넷째 왕국이 로마라면 그리스도의 재림 때 로마나라가 다시 일어나야 될 것이기에 재림일 수는 없다(박윤선, 1967: 371 이하; 영〈E. J. Young〉, 1980: 75 이하; 간하배, 1988: 81 이하).
(2) 돌이 신상을 부숴뜨리는 것이 돌연한 것이라고 본문에서 볼 수 없다.
(3) 44~45절은 메시야왕국이 열왕(列王)의 시대 중에 건설될 것을 예언한 것이다. 즉 44절의 '이 열왕의 때에' 하는 것은 "이 나라들이 존재하고 있는 기간 곧 그 나라들이 멸망하기 전에 메시야의 나라가 건설되리라"는 의미이다.
(4) 44절의 '이 열왕(列王)'은 마지막 때의 왕국들이 아닌 앞에서 이미 말해진 4대 제국 즉 바벨론, 메대 페르시아, 헬라, 로마에 관한 것으로 이해해야 한다.
(5) 44절에 예언된 메시야왕국은 따라서 영적으로 건설되는 나라이며, 그것은 이미 교회로서 성장해 오고 있으며 세계에 퍼지고 있다. 이의 강력한 지지는 요한과 예수님께서 "천국이 가까왔느니라"고 가르쳤던 데서 찾을 수 있다. 그리스도의 초림이 왕국들을 파하는 것이 될 수 있느냐의 의문에 대해 고린도전서 15:25에, "저가 모든 원수를 그 발 아래 둘 때까지 불가불 왕노릇 하시리니"라고 하는 데서 왕노릇 하신다는 것은 그리스도께서 복음전파에 의하여 모든 원수를 정복하시는 과정을 말하는 것으로 볼 수 있다.

이상의 견해는 하나님 나라의 현재성에 너무 치중한 해석이며, 구약의 예인들을 너무 영적으로 해석하여 메시야의 초림중심에 적용하려고 하는 신학적인 견해에 기인한 것이 아닌가 생각된다. 우리는 본문이 다니엘서 전체 뿐만 아니라 다른 성경구절들(마 24장과 요한계시록)의 해석의 방향을 가늠한다는 점에서 그 중요성을 인식하여 앞으로 본문을 세밀히 재점검해 보면서 그들의 주장을 분석, 비판하도록 하겠다.

9. 세대주의자들의 재림중심의 해석법

우리는 또한 이 본문을 왜곡(歪曲)하는 세대주의자들의 재림중심의 해석법도 지적하고자 한다. 스코필드 성경(Scofield Reference Bible)을 중심으로 한 세대주의학파들은 종말에 관한 묵시들을 너무 현역사에다 쉽게 적용해 버리는 위험을 안고 있다. 그들의 해석을 보면:

(1) 옛로마와 같은 제국(帝國)이 마지막 때에 재건될 것으로 본다. 그러나 본문은 로마나라가 망했다가 재생된다는 구절을 찾아 볼 수가 없다. 본문은 넷째 왕국(로마)의 분열시기를 말하고 있다(발과 발가락에 철과 진흙이 섞임). 우리는 본문에서 단지 옛로마의 후예들이 분열된 상태를 볼 수 있을 뿐이다.

(2) 그들은 신상의 마지막 부분에서 발가락이 열 개인 점을 포착하여, 마지막 재림 전에 10개 강국이 일어날 것을 강조한다. 고든 린드세이는 발가락 부분에 진흙과 철로 나누이는 것을 진흙은 공산주의 국가의 10개국을 의미하며, 철은 유럽의 10개의 민주주의 국가를 의미하는 것이라고 말한다. 그는 열 개의 공산국가를 소련, 동독, 체코, 폴란드, 불가리아, 루마니아, 헝가리, 에스토니아, 라트비아, 리투아니아로 들고 있으며 10개의 민주주의 국가는 서독, 이탈리아, 프랑스, 벨지움, 덴마크, 에이레, 룩셈부르크, 네델란드, 영국, 그리스 등이라고 말한다(린드세이, 1988: 26 이

하). 그러나 공산국가들이 무너지고 유럽이 급격하게 변동되고 있는 현재에서 볼 때에 린드세이와 같은 세대주의자들이 얼마나 가볍게 성경을 현실에 적용시키며, 그러한 성경해석의 태도가 얼마나 위험한 지를 우리는 깨닫게 된다.

최근에 시한부 종말론을 주장하는 통속적 세대주의자들은 신상의 마지막 부분이 발가락임을 부각시키며, 이것은 적그리스도가 열 개의 국가로 구성될 것이라고 주장한다. 그리하여 그들은 유럽공동체(E. C. Community)가 적그리스도이며, 현재는 유럽공동체에 13개 국가가 가입되었지만 앞으로 3개국이 탈퇴를 하고 10개국이 될 때에 세상이 마지막이 될 것이라고 주장한다.

그러나 성경을 해석하는 데 무리함이 없어야 할 것이고 또한 우리는 성경해석에 있어서 본문이 말하는 데까지만 가지 그 이상의 비약이 없어야 함을 명심해야 할 것이다. 성경의 어떤 부분을 상징적으로 해석함에 있어서 그 본문 자체가 상징적으로 쓰여졌는지를 분명히 판단한 후에만 상징성을 부여해야 한다(이 부분에 대한 자세한 설명은 한정건, 1991: 23 이하를 참조하라).

2장의 신상의 묘사에서 각 부위가 각각 다른 금속을 입고 있다. 이것은 특이한 묘사이므로 그 금속이 가지는 상징적인 의미가 분명히 있다고 하겠다. 그러나 발가락은 사람의 정상적인 부분이므로 그 신상의 묘사에서 발가락이 나온다고 해서 그것은 마지막이라는 의미 외에 어떤 특별한 의미를 가진 것으로 볼 필요가 없다. 발가락이 언급된 것은 사람의 형상에서 머리, 가슴, 팔, 배, 넓적다리, 종아리, 발, 발가락으로서 당연히 따라오는 것이다. 발가락을 가지고 마지막 때의 적그리스도 국가가 열 개의 국가가 되어야 한다면, 두 다리는 각각 어떤 나라들이며 또한 두 팔은 각각 누구를 가리키겠는가? 이렇게 성경의 묘사들의 영적인 의미를 붙이기 시작한다면 끝이 없을 것이다. 이러한 해석은 알레고리칼(allegorical)한 해석으로서 극히 위험한 해석법이다. 특히 종말론의 해석에서는 이러한 알레고리칼한 해석은 더욱 금기시해야 할 것이다.

우리는 또한 본문이 발가락의 열 개라는 개수에 관심을 보이고 있느냐를 확인해야 할 것이다. 그러나 본문은 발과 발가락만 언급하지 전혀 개수에 관심을 보이고 있지 않다. 따라서 본문 자체가 말하고 있지 않는 부분까지 상상력을 동원하여 적그리스도는 꼭 '열 개의 국가'가 되어야 한다고 단정하는 것은 타당하지 못하다.

더욱이 본문은 적그리스도를 말하고 있지 않다. 통속적 세대주의자들은 다니엘 7장과 비교하여 2장에서도 적그리스도의 의미를 추리해 내려고 한다. 7장의 넷째 왕국이 열 개의 뿔을 가지고 있고 또 작은 한 뿔이 나타난다. 따라서 7장에서 열 개의 뿔이 나타나니 2장에서도 발가락에 열 개의 의미를 부여해야 한다고 그들은 주장한다. 그러나 7장의 열 개의 뿔이 적그리스도가 아니라 그 후에 나타나는 작은 뿔이 적그리스도이다. 작은 뿔이 먼저 있던 뿔 중 셋을 뿌리까지 뽑아버린다(7:8). 7장에서의 적그리스도와 열 개의 뿔은 서로 대적관계로 묘사되고 있다. 따라서 7장의 열 개의 뿔은 적그리스도 국가도 아니요, 오히려 적그리스도가 정복할 피해국가들이다. 이러한 진의를 무시한 채 무조건 뿔이 열 개인 점만 강조하고, 그것을 2장의 발가락에다 적용시켜 발가락도 열 개이므로 적그리스도 국가는 10개국이 되어야 한다고 말하는 것은 무리한 성경해석이다.

7장에서 적그리스도가 나타난다고 해서 2장에서도 적그리스도를 찾아낼 필요가 없다. 2장과 7장은 같은 왕국들을 배경으로 하고 있지만 주제에 발전이 있다. 즉 2장은 하나님께서 역사를 주관하는 것이 그 주제이다. 그러나 7장에서는 하나님이 아닌 다른 어떤 세력이 왕국들(짐승들로서 묘사됨)을 일으키고 있다(7:2). 7장의 전반적인 분위기와 의도는 짐승으로 묘사된 왕국들의 세력이 하나님과 성도들을 대적하는 것으로 나타난다. 그러나 2~5장까지는 하나님께서 세상 왕들에게 왕권을 주셨음을 강조하고 있다. 따라서 2장에서는 적그리스도가 나올 수 있는 분위기가 전혀 아니다.

2장의 본문이 상징적인 의미를 가진 것은 "금, 은, 놋, 철, 진흙" 등이다. 특히 넷째 왕국에서 "그 발과 발가락이 얼마는 토기장이의 진흙이요 얼마는 철인 것을 보셨은즉 그 나라가 나누일 것이며…"(41~43절)라는 묘사에서 상징적인 의미는 발가락의 숫자에 있는 것이 아니라 진흙과 철로 나누인다는 데에 있다. 즉 넷째 왕국인 로마가 나누어지되 얼마는 강한 나라, 얼마는 약한 나라로 나누어질 것을 본문은 말하고 있다. 이러한 '열왕(列王)의 때'에 하나님께서 왕국들을 부수고 영원한 나라를 건설하신다는 뜻이다. 따라서 2장의 본문은 로마나라가 분열하여 '열국(列國)'의 시대가 있을 것을 말하지만 꼭 열 개의 국가를 말하고 있지 않으며, 또한 적그리스도도 전혀 나타나고 있지 않다.

(3) 세대주의자들은 작은 돌이 이루는 하나님의 나라를 '천년왕국'이라고 주장한다.

그러나 본문은 하나님의 나라가 영원할 것이라고만 했지 천 년이라는 말을 하고 있지 않다. 또한 왕국이 일정기간 어떤 특정적인 왕국으로 존재하다가 변한다는 말도 없다. 따라서 본문이 말하고 있지 않는 것을 무리하게 적용시킬 필요가 없다.

이상에서 우리는 세대주의적인 성경해석도 옳지 않음을 보았다. 이제 우리는 그리스도의 초림적인 해석을 비평하면서 재림중심의 바른 해석법을 제시하고자 한다.

10. 재림중심의 재해석

먼저 우리는 본문을 해석함에 있어 어떤 신학사상도 전제하지 않고 본문의 있는 그대로를 살피는 자세를 취해야 할 것이다. 그리고는 성경은 성경으로 해석해야 한다는 성경해석학상의 원리대로 본문과 병행(parallel)을 이루고 있는 다니엘 7장을 비교하여 보아야 할 것이다.

(1) 본문의 넷째 왕국의 묘사를 보면 두 기(期, phase)들로 나누어진다: "그 종아리는 철이요"(第一期, the first phase), "그 발은 얼마는 철이요 얼마는 진흙이더라"(第二期, the second phase).

40절 이하는 이들 두 기(期)들에 대해 세밀한 설명을 부과하고 있다. 제1기는 넷째 왕국(로마)의 정복의 시기이다: "철이 모든 것을 부수는 것같이 그 나라가 뭇 나라를 부숴뜨리고 빻을 것이며"(40절).

제2기는 로마나라의 분열의 시기이다: "그 발과 발가락이 얼마는 토기장이의 진흙이요 얼마는 철인 것을 보셨은즉 그 나라가 나누일 것이며…"(41절). 이 분열의 시기의 특징은 얼마는 '든든하여' 강할 것이고, 얼마는 '부숴질 만한' 약한 국가들임을 말하고 있다(42 하반절). 이 나라들이 분열하는 상태를 43절은 더 세밀히 설명해 주고 있다: "왕께서 철과 진흙이 섞인 것을 보셨은즉 그들이 다른 인종과 서로 섞일 것이나 피차에 합하지 아니함이 철과 진흙이 합하지 않음과 같으리이다." 즉 인종들이 섞이나 그들이 결국 합할 수 없어서 인종별로 나라들이 분열될 것을 본문은 묘사하고 있다.

뜨인 돌이 신상을 쳐부수는 것을 예수님의 초림으로 보는 주장은 이 넷째 왕국의 제1기와 제2기를 살피지 못한 결과라고 생각된다. 예수님의 초림 때에 로마나라가 어떻게 분열되었었는가? 예수님 당시에 로마는 결코 분열되지 않았으며, 오히려 로마가 계속 세계를 정복하고 있던 정복의 시기였다.

(2) 44절은 '이 열왕(列王)'의 때에 하나님이 자기의 나라를 세우실 것을 말한다.

박윤선 박사등은 '이 열왕'을 앞의 네 왕국들(바벨론, 메데-페르시아, 헬라, 로마)을 두고 한 말이라고 주장한다(박윤선, 1967: 373). 그러나 그러한 주장은 지나치게 인위적인 것 같다. 본문의 주제에서 보았듯이 하나님이 때와 기한을 정하시고 한 나라를 세우시고 그것은 파하기로 한다고 하였다(21절). 따라서 본문이 네 왕국들이 공존함을 강조하고 있는 것이 아니라 오히려 그 왕국들이 파해지는 것을 강조하고 있는 것이다.

본문의 문맥에서 보면 바로 앞의 넷째 왕국이 나라가 나누일 것에 대하여 길게 설명하고 있으며(41~43절) 그리고 바로 이어 '이 열왕의 때에'라고 문장이 이어지고 있으므로 이것은 문맥상 바로 앞에 있는 나라의 분열로 보아야 한다.

박윤선 박사는 또 본문이 이 열왕의 '때'라고 하는 것은 앞의 네 왕국들이 존재하고 있을 때 하나님의 나라가 세워져서 공존할 것이라고 풀이한다. 그의 논리에 의하면 하나님의 나라는 네 왕국들과 함께 동시에 존재한다는 의미이다. 그러나 본문을 자세히 살펴볼 때에 결코 그러한 의미가 아님을 알 수 있다. 44절은 하나님의 나라는 "이 모든 나라를 쳐서 멸하고 영원히 설 것"임을 말하고 있다.

(3) 본문은 심판이 급격(急激)하며, 완전히 파괴할 것을 말하고 있다.

박윤선 박사 등은 하나님의 나라가 작은 것에서 시작하여 점점 자라가는 것을 말하며, 이 하나님의 나라는 '이 열왕의 때'에 동시에 존재하고 있는 것으로 이해한다. 그러나 본문은 분명하게 영원한 하나님의 나라는 왕국들을 부수고 난 후에 이루어지는 것으로 묘사되고 있다. 그리고 이러한 부숨(심판)은 급격하고 철저할 것임을 잘 묘사하고 있다: "뜨인 돌이 신상의 철과 진흙의 발을 쳐서 부숴뜨리매"(34 하반절); "다 부숴져 여름 타작 마당의 겨같이 되어 바람에 불려 간 곳이 없었고…"(35절). 이와 같이 부숴져서 간 곳이 없고 그리고 친 돌이 태산을 이루어 온 세상에 가득하다고 묘사하고 있기 때문에 우리는 이 세상의 왕국들이 존재하는 상태에서 하나님의 나라가 세워지는 것으로 이해할 수가 없다. 따라서 영원한 하나님의 나라는 현 세상왕국들의 자리에 대치되고 있음을 분명히 볼 수 있다.

혹시 그리스도의 초림적인 해석에서는 "신상을 친 돌은 태산을 이루어 온 세계에 가득한" 것에 대한 묘사에서(35 하반절), 하나님의 왕국이 점점 확산되는 것으로 보지만, 그 돌의 묘사에서 점진적으로 자라는 상태를 말하는 부분은 없다. 즉 본문의 묘사는 세상 나라들이 있었던 자리에 하나님의 왕국이 가득 메우는 것에 대한 묘사로 보아야 할 것이다.

그러면 언제 그 넷째 왕국과 더불어 세계의 모든 왕국들이 없어질 것인가? 우리는 초림을 주장하는 사람들에게 다음과 같이 질문하지 않을 수 없다: "예수님의 초림으로 적어도 로마나라가 망하였는가? 아니면 로마에 적어도 어떤 큰 변화라도 있었는가?"

우리는 여기에서 "로마가 언제 멸망했는가?"하는 심각한 의문을 제기해야만 한다. 대로마제국은 4두 정치시대(the tetrarchy era, 약 284년경)로부터 점점 동·서로마의 두 세력으로 나누이게 되었다. 콘스탄틴대제가 명실공히 동·서를 통일했지만 차후 두 개의 분리는 점점 더 확실해 갔다. 주후 5세기에 본격화된 게르만민족의 대이동은 로마제국이 분명히 제2기로 돌입하게 된 가장 큰 계기가 되었다고 생각된다. 주후 455년에 반달족은 스페인과 북아프리카를 점령한 후 다시 로마영토에 침입하였고, 서로마는 마침내 고트족에 의해 476년에 함락되고 말았다. 그러나 아직 동로마제국은 그대로 건재했기 때문에 로마제국이 그때에 멸망했다고 말할 수 없다. 이 기간 동안 동로마제국은 국력이 번성하고 문화적으로도 뛰어난 시기를 이루었다. 주후 6세기 초 동로마제국의 황제 유스틴 1세(Justin I)는 옛 로마제국의 영화를 회복하기 위해 대야망을 가졌고, 로마교황의 간청을 받아들여 로마로 원정하여 옛 로마를 회복한 후 스페인 북아프리카까지 정복을 확장했다. 명실공히 로마의 통일이 다시 동로마를 통하여 이루어진 것이다.

서쪽에서는 후에 프랑크족들이 힘을 과시하여 야만족들을 멸망시키고 샤르망(Charlemagne)대제는 교황으로부터 황제의 대관식을 받고 스스로 신성로마제국이란 나라의 칭호를 붙이고 자신이 스스로 로마의 황제로 군림했다. 이 신성로마제국은 로마교황과 함께 계속 중세를 장식하다가 영국, 프랑스, 스페인 등지의 나라들의 세력다툼에 결국 힘이 분산되는 결과를 가져오게 되었다. 주후 1453년에 동로마의 콘스탄티노플이 터키족들에 의해 멸망했지만 그러나 그것이 로마제국의 최후라고 하기도 힘들다. 즉 현재의 서방 열국들이 바로 로마제국의 후예들이라고 할 수 있을 것이다.

만약 로마제국의 두 기(期)들을 구분한다면 게르만민족들에게 서로마제국이 멸망한 것을 그 계기로 봄이 가장 합리적이라고 생각된다. 따라서 현재는 다니엘 2장의 네 번째 왕국시대에 속한다고 할 수 있을 것이며, 그 중에서도 제2기인 분열의 시대 즉 열국의 때로 봄이 좋을 것이다. 특히 넷째 왕국이 여러 나라들로 나누이는 중요한 요인은 민족성 때문이다: "각 인종들이 서로 섞일 것이나 철과 진흙이 합하지 않음 같으리라"(2:43). 오늘날도 소련을 위시한 유럽은 나라가 연합하는 형태를 취하나 그러나 민족성 때문에 완전한 단일국가를 이루지는 못하는 것을 볼 수 있다.

(4) 2장 계시의 주제는 세속국권을 하나님께서 관장하시고 계신다는 것이다.

메시야의 초림으로 해석하는 사람들은 뜬 돌이 이루는 하나님의 나라를 그리스도의 영적인 통치로 이미 교회에서 이루어진 것으로 본다. 그러나 본문은 영적인 나라 혹은 영적인 영역의 통치권를 의미하는 구절은 한 곳에서도 볼 수가 없다. 이미 앞에서 본 계시의 '주제'에서 밝혔듯이 본문을 통하여 하나님은 계속 왕국들(세속적인 나라들)이 권세를 얻고 또 잃고 하는 것을 말하고 있다. 첫번째 왕국에서부터 그것은 분명히 밝혀지고 있다: "하늘의 하나님이 나라와 권세와 능력과 영광을 왕에게 주셨고…그것들을 왕의 손에 붙이사 다 다스리게 하셨으니…"(37, 38절). 여기에서 '나라와 권세'는 세속적인 나라와 왕권들을 말한다. 그 이후의 왕들에도 마찬가지로 묘사된다: "왕의 후에 왕만 못한 다른 나라가 일어날 것이요"(39절); "놋 같은 나라가 일어나서 온 세계를 다스릴 것이며"(39절). 이러한 세상 나라와 왕권들에 이어서 44절에 하나님의 나라가 세워질 것에 대한 묘사를 하면서 하나님께서는 "그 '국권'이 다른 백성에게로 돌아가지 아니할 것"이고 자기가 찾으시겠다는 것이다. 여기에서 그 '국권'은 앞 절들에서 언급한 세상을 다스리는 왕권을 말하는 것이 분명하다.

우리가 하나님의 나라를 정의할 때에 '하나님의 통치'라고 말할 수 있으나 그 통치를 단지 영적인 영역만으로 제한을 시키는 것은 잘못이다. 우리는 하나님의 나라가 언제까지나 하나님의 영적인 영역의 통치에서만 머물러 있을 것으로 생각해서는 안된다. 우리는 육체적인(physical) 영역까지 포함되는 완성된 미래의 하나님의 나라를 기대해야 한다.

2장 전체의 주제는 하나님께서 세속적인 왕권을 통제하신다는 것이다. 이러한 주제는 4장에도 계속된다.

다니엘서 4장은 스스로 높이는 느부갓네살왕의 위를 파하고 들로 쫓겨나서 들짐승과 같이 지내게 만드신 하나님의 섭리를 보여주고 있다. 그가 들에서 스스로 비천하여 만군의 여호와를 발견하게 될 때 하나님께서는 그를 다시 불러 옛 왕위를 회복하게 하셨다. 이것은 다음과 같은 교훈을 주기 위함이라고 다니엘은 말한다: "이는…지극히 높으신 자가 인간 나라를 다스리시며 자기의 뜻대로 그것을 누구에게든지 주시며 또 지극히 천한 자로 그 위에 세우시는 줄을 알게 하려 함이니라"(4:17, 25).

5장도 마찬가지이다. 다니엘은 벨사살왕에게 다음과 같이 책망한다: "왕이여 지극히 높으신 하나님이 왕의 부친 느부갓네살에게 나라와 큰 권세와 영광과 위엄을 주셨고 그에게 큰 권세를 주셨으므로…벨사살이여 왕은 그의 아들이 되어서 이것을 다 알고도 오히려 마음을 낮추지 아니하고 도리어 스스로 높여서…"(5:

18~23). 그리하여 하나님께서 그날 밤으로 벨사살왕을 파하고 나라를 메대와 페르시아 사람에게 주었다(24~28절).

다니엘서 2~5장까지는 하나님께서 세상왕국들의 역사를 주관하시는 분으로 묘사하고 있다. 2장의 계시에서도 영적인 하나님의 나라와 그의 통치권을 논하는 것이 아니라 세속적인 왕권이 세워지고 폐해지는 것을 말하고 있다. 어느 세상의 왕국이 강하게 일어날 때 그것은 인간 스스로가 이룬 것이 아니라 하나님께서 주신 것임을 다니엘은 강조한다. 어느 왕국이 오만하여 하나님을 무시할 때 하나님께서는 그것을 파하시고 왕국의 권세를 다른 사람에게 주신다는 내용이 반복된다.

다니엘 2장 본문은 세상왕국의 역사가 계속되다가 마침내는 세상왕국들을 모두 파하시고 그들에게 준 권세를 더 이상 사람들에게 넘겨주지 않고 하나님께서 찾으셔서 영원한 하나님의 나라를 세우시겠다(44절)는 것이 그 주제이다. 따라서 이러한 국권과 나라는 초림에서 이루어지는 영적인 나라를 말하는 것이 결코 아님을 알 수 있다. 이 하나님의 나라는 주님의 재림으로 이루어질 것이다.

우리는 다니엘서 2장 자체에서 이것이 주님의 재림과 관계된 것으로 파악하였다. 다음 장에서 다니엘서 7장을 연구하면서 2장의 우리의 해석이 정당한 지를 다시 확인할 것이다.

이상의 결론에서 우리는 다니엘이 초림 때의 사건이 아닌 그리스도의 재림 때의 일을 말하고 있음을 알 수 있고 다니엘이 쓰고 있는 미래의 역사는 결코 초림까지의 역사가 아닌 재림까지의 역사임을 명심하면서 다니엘서의 남은 부분을 살펴야 할 것이다. 그리고 다니엘의 기록은 이미 교회에 영적으로 이루어진 것들로서 보는 것보다, 아직 이루어지지 않은 미래의 역사적 사건들을 다니엘이 말하고 있음을 명심해야 할 것이다.

2장
네 짐승들의 환상
- 다니엘 7장 -

성경을 읽는 독자들은 7장을 읽을 때에 거의 직감적으로 2장과 서로 연관이 있는 것으로 느낄 수 있다. 다니엘서 7장은 2장과 거의 병행을 이루고 있다. 2장은 한 신상(사람의 형상)이 네 부분들로 나누이는 것으로 왕국들을 표현하였지만, 7장에는 네 짐승으로써 왕국들을 묘사한다. 우리는 앞 장에서 다니엘 2장을 해석하였지만, 성경은 성경으로 해석해야 한다는 원칙을 따라 7장의 계시를 통하여 2장의 해석이 과연 옳은 지를 점검해 보며 또한 7장에서는 2장과 어떤 다른 메시지를 주고 있는 지도 살펴보도록 하겠다.

1. 다니엘이 본 네 짐승의 의미

다니엘이 꾼 꿈의 환상에서 하늘의 네 바람이 큰 바다로 몰려 불어 큰 짐승 넷을 바다에서 일으킨다: "하늘의 네 바람이 큰 바다로 몰려 불더니 큰 짐승 넷이 바다에서 나왔는데…"(7:2~3). 네 짐승은 네 왕국들을 의미하는 것으로 볼 때에, 7장에서는 앞으로 나타날 왕국들이 우연히 일어나는 것이 아니라 어떤 바람의 세력이 일으킨다는 것에 유의해야 할 것이다. 또 그 왕국들은 어떤 세력의 힘에 의해 극히 비정상적으로 일어남을 말하고 있다. 정상적인 묘사라면 숲에서 짐승들이 나타나야 할 것이다. 그러나 바다에서 물고기가 아닌 짐승들(사자, 곰 등)이 나오고 있다.

　이 짐승들을 일으키는 세력은 하나님이 아닌 그 반대의 세력이라고 보아야 할 것이다. 왜냐하면 이들 왕국들이 짐승들로 묘사되었다는 점과(4절과 13절에 하나님 편의 것 혹은 선한 것을 '사람'으로 표현하며, 이는 짐승과 대조되는 표현으로 생각할 수 있다) 또 그 짐승이 하는 것이 마구 부수어뜨리는 파괴적인 일들로만 묘사되고 있다는 점이다. 특히 마지막 짐승에서 나타난 뿔이 하나님을 대적하고 성도들을 괴롭히는 장면과 하나님께서 그 짐승을 심판하시는 장면은 이러한 짐승이 하나님과 대적하는 세력들 편에서 있음을 증명해 준다. 따라서 7장은 하나님을 대항하는 세력이 왕국들을 일으켜서 하나님을 대적하는 도구로 사용하고 있는 분위기임을 인식함이 필요하다.

　다니엘이 본 네 짐승에 대하여 한 천사가 해석해 준다: "그 네 큰 짐승은 네 왕이라 세상에 일어날 것이로되 …"(7:17). 이때의 '왕'은 단순히 왕 한 사람을 뜻하는 것으로 볼 수 없다. 23, 24절에는 이것을 '나라'라고 말한다. 따라서 각 짐승은 한 왕이 대표하는 나라들을 가리키는 것으로 보아야 한다. 각 짐승이 어느 왕국을 상징하는 지는 첫째와 셋째 짐승에서 확증지을 수 있다.

　첫째는 사자이다. 이 짐승이 느부갓네살왕 혹은 바벨론 왕국을 뜻하는 것은 다니엘 2장을 비추어 볼 때에 확실하다(2장에서 신상의 금머리는 바로 느부갓네살 자신이라고 다니엘이 해석하였다; 2:38). 이 사자가 독수리의 날개를 가졌다. 날개는 힘을 상징한다. 그런데 그 날개가 뽑혔다. 이것은 4장에 기록된 느부갓네살의 실권(失權)을 의미하는 것으로 볼 수 있다.

　4장에서 느부갓네살은 한 큰 나무의 꿈을 꾸었다. 나무가 자라서 하늘에까지 닿았다. 한 순찰자가 하늘에서 내려와서 나무를 베고 그 뿌리의 그루터기만 남겨두고 철과 놋줄로 동이고 이슬에 젖으며 풀 가운데 일곱 때를 지냈다. 다니엘이 이 꿈을 해석하여 왕이 내쫓겨 하나님이 세상을 다스리시는 줄을 깨달은 후에야 다시 권좌(權座)에 복귀할 것이라고 하였다. 이 꿈과 마찬가지로 왕이 자신의 궁전지붕에서 교만에 차 있었을 때에 그가 궁에서 쫓겨나서 들짐승과 함께 거하며 소처럼 풀을 먹게 되었다. 그 기한이 차서 그에게 총명이 다시 돌아오고 하늘을 우러러 본 후에 지극히 높으신 하나님을 찬양하였고 다시 왕궁으로 복귀하게 되었다.

7:4에 '날개가 뽑힌 것'은 느부갓네살이 권세를 잃은 것을 뜻하며, "땅에서 들려서 사람처럼 두 발로 서게 함을 입었고 또 사람의 마음을 받았다"는 것은 그가 하나님을 깨닫게 되고 하나님께 경배하고 찬양함을 의미한다고 생각된다.

셋째 짐승(표범)은, 그 등에 새의 날개 넷이 있고 또 머리 넷을 가지고 있다. 이것은 이 나라가 네 장군들의 힘(날개로 상징)에 의해 나라가 네 조각으로 나누어질 것을 말하는 것이다. 이러한 나라는 헬라 왕국으로 볼 수밖에 없다. 헬라의 대왕 알렉산더가 세상을 정복한 후 32세의 젊은 나이에 죽었으며, 그 후 나라는 장군들에 의해 크게는 네 조각(마게도니야, 드라게―소아시아, 시리아―메소포타미아, 이집트)으로 나누어지고 말았다. 셋째 짐승은 이러한 역사적인 상황을 잘 반영해 주는 모양을 가지고 있다.

둘째 짐승은 곰과 같았다. 만약 첫째가 바벨론이고 셋째가 헬라 왕국이라면 둘째의 곰은 메대-페르시아를 상징하는 것으로 확증할 수 있다. 페르시아의 왕 고레스가 메데의 장군들을 영입하여 메데를 합방한 후, 메데의 군사들을 동원하여 바벨론을 위시하여 천하를 통일한다. 고레스는 이사야 41~48장까지 여러 번 나타나는 왕으로서 하나님께서 그를 세워 천하를 정복하게 하시고 이스라엘을 회복게 하는 임무를 완성하게 하셨다(특히 사 44:26~45:4을 참조하라; 45:1에는 그를 '기름받은 자' 즉 '메시야'로 부르고 있다). 고레스는 세계를 정복할 때에 유화정책을 펴서 포로민들을 본향으로 돌아가게 하는 선심을 베풀었다. 따라서 그를 어질고 힘이 센 곰으로 표현하는 것이 합당하다고 생각된다.

그러나 그 곰이 잇 사이에 세 갈빗대를 물었고 많은 고기를 먹는 것으로 표현한다. 곰은 잡식동물이다. 그런데 갈빗대를 물고 고기를 먹는 것은 그 곰의 본성을 거슬리는 난폭성을 나타내는 것으로 생각할 수 있다. 따라서 페르시아 왕국이 고레스가 유화정책과 함께 어진 모습으로 시작하였지만 그러나 그 왕국도 결국 세계를 집어삼키는 짐승에 불과한 것으로 여겨진다.

넷째 짐승은, 여러 면에서 앞의 것들과 다르다. 첫째로 그에게는 이름이 붙여지지 않고 그냥 '짐승'이라고만 불린다(계시록에 '짐승'이라고 불리는 것이 계속 문제를 일으키는 것과 맥을 같이 한다). 둘째로 그가 세계를 정복하는 모습이 앞의 것보다 난폭하게 묘사되고 있다. 셋째로 그에게 뿔들이 나타나고 있다.

2. 넷째 짐승

7장 본문은 넷째 짐승에 대하여 집중적으로 말하고 있으며, 그 중에서도 '작은 뿔'에 초점이 모아진다. 먼저 그 짐승이 철 이빨로 닥치는 대로 먹고 있으며, 이것은 넷째 왕국이 세계를 정복하는 모습으로 볼 수 있다(제1기, 정복의 시기). 다음으로 이 짐승에게 열 뿔이 있는 것으로 묘사된다. 이 열 뿔은 "이 나라에서 일어날 (קִמוּן, 미완료, 3인칭, 남성, 복수) 열(10) 왕들"로 본문이 해석을 주고 있다(7:24). 따라서 넷째 왕국이 처음부터 열왕들을 가지고 있었던 것이 아니라 후에 나라들이 나누일 것을 묘사한 것이다(제2기, 분열의 시기). 2장과 마찬가지로 7장에서도 넷째 왕국이 정복의 시기(제1기)와 분열의 시기(제2기)로 나누어지고 있음을 볼 수 있다.

3. 적그리스도

열 뿔 사이에서 또 하나의 작은 뿔이 나더니, 먼저 있던 뿔 중에

셋을 뿌리까지 뽑아 버린다(8절). 다니엘은 이것을 해석한다: "그 후에 또 하나가 일어나리니 그는 먼저 있던 자들과 다르고 또 세 왕을 복종시킬 것이며"(24절). 이 작은 뿔에 대한 해석에서 보수 신학자들은 일반적으로 적그리스도로 해석하며(간하배, 1984: 129 이하; 박윤선, 1967: 460 이하; Young, 1980: 150, 161 이하), 필자도 거기에 동의한다.

본문에서 적그리스도의 활동은 다음과 같다.

7장에서도 넷째 왕국이 정복의 시기(제1기)와 분열의 시기(제2 기)로 나누어지고 있음을 볼 수 있다.

(1) 전쟁을 일으킴

작은 뿔은 앞에 나있는 열 개의 뿔 중 세 개를 뿌리까지 뽑아버 린다(7:8). 이것은 적그리스도가 다른 나라들과 전쟁을 일으켜서 적어도 나라들의 1/3 정도를 정복하는 것을 의미한다(11, 25절). 이러한 전쟁의 모습은 신약에서도 마지막 때의 징조로서 여러 차례 주어진다.

앞 장에서 이미 언급하였지만 통속적 세대주의자들은 짐승의 열 뿔을 적그리스도 국가라고 한다. 그러나 본문에서 열 개의 뿔이 아닌 작은 뿔이 적그리스도이다. 그리고 열 개의 뿔이 적그리스도 국가가 될 수 없는 것은 본문에서는 작은 뿔(적그리스도)이 열 개를 대항하여 싸우고 있기 때문이다. 본문에서는 열 개의 뿔과 적그리스도는 오히려 대적관계에 있음을 말해준다.

(2) 성도들의 대환난

적그리스도는 하나님을 대적하고 성도들에게 대환난을 준다: "이 뿔이 성도들로 더불어 싸워 이기었더니"(21절); "그가 장차 말로 지극히 높으신 자를 대적하며 또 지극히 높으신 자의 성도를 괴롭게 할 것이며 그가 또 때와 법을 변개코자 할 것이며 성도는 그의 손에 붙인 바 되어 한 때와 두 때와 반 때를 지내리라"(25절).

7:2에서 우리는 세상왕국을 어떤 영의 세력이 일으키고 있음을 보았다. 이 영의 세력이 악한 것임이 분명한 것은 그 세력이 일으키는 짐승이 이처럼 하나님의 세력을 대항하고 있기 때문이다. 세상왕국들을 손아귀에 넣은 악한 영은 궁극적으로 하나님을 대항하여 싸우는 것이 그 목적이다. 그가 "때와 법을 변개코자"의 '때'는 2:21에 왕국의 세우심과 폐함의 '때'와 같은 것으로 볼 수 있다. 7:10에는 하나님께서 넷째 짐승을 심판하는 광경이 묘사된다. 법은 하나님께서 정해놓은 심판에 관한 법칙으로 생각된다. 악의 세력은 적그리스도를 앞세워서 하나님께서 마지막 때에 세상 왕국들을 심판하려는 계획에 정면으로 도전하는 것이다. 이것은 사단이 이기는지 아니면 하나님에 의해 말살되는지에 대한 싸움으로도 볼 수 있다.

적그리스도는 하나님에게 정면으로 도전할 뿐만 아니라 하나님 종교를 말살시키려고 시도할 것이다. 그는 세상을 정복한 후 다음으로는 교회와 성도를 핍박할 것이다. 하나님께서는 성도들을 적그리스도의 손에 붙여 성도의 환난을 허락할 것이다(25절). 그러나 하나님은 성도들의 환난기간을 "한 때와 두 때와 반 때"로 정하여 그 기간까지만 고난을 당하도록 허용할 것이다. 이것은 사단의 역사도 결코 하나님의 손아귀에 있음을 나타내는 것이다. 환난의 기간인 '한 때와 두 때와 반 때'는 지금 여기서 단정짓기는 매우 힘들다. 이 기간은 다니엘서 12장과 계시록 12장에 다시 나타난다. 필자는 계시록 12장에 가서 이 기간을 밝히도록 하겠다.

성도들이 대환난을 당할 때에 "옛적부터 항상 계신 자가 와서 지극히 높으신 자의 성도를 위하여 신원(伸寃)하셨고 때가 이르매 성도가 나라를 얻었더라"(7:22). 9절에 "옛적부터 항상 계신 이"가 보좌에 앉으신 모습으로 나타난다. 그때에 그는 제1위 하나님이심이 분명하다. 그러나 22절에 나타나는 "옛적부터 항상 계신

자"는 제1위 하나님이 아니다. 왜냐하면 그 구절의 바로 뒤에 나타나는 "지극히 높으신 자"가 제1위 하나님이며 그리고 "옛적부터 계신 자"가 신원하는 그 대상이 제1위 하나님이기 때문이다. 따라서 22절에 나타나는 분은 제2위 하나님으로 볼 수 있으며, 그가 성도들을 위해 하나님에게 중보기도를 하고 있으며 하나님께서 드디어 성도들에게 나라를 허락하시고 있는 모습이다.

(3) 하나님에 의해 심판받음

적그리스도가 성도들을 괴롭히고, 참람된 말로 하늘을 향하여 대적할 때에 "옛적부터 계신 자가 내려와서 성도들을 위해 신원(伸寃)하였고 성도가 나라를 얻는다"(22절). "심판이 시작되고 적그리스도는 권세를 빼앗기고 영원히 멸망하게 된다"(26절). "그는 재판을 받으며(넷째 짐승 전체가 심판을 당함) 붙는 불에 던져진다"(7:11, 26).

4. 하늘의 광경

다니엘서 2장에서는 사람의 손으로 하지 않은(초자연적인) 돌이 신상을 쳐부수어 버림으로 세상을 심판하는 것으로 묘사되었다. 이와 병행하여 7장에서도 하나님으로부터의 심판이 묘사된다.

환상 중에 다니엘이 하늘광경을 보았다(7:9 이하). 보좌가 놓이고 옛적부터 항상 계신(영원히 계신) 이가 좌정하셨다. 그는 성부 하나님이 분명하다. 그의 옷은 희기가 눈 같고, 머리털은 양털 같은 모습을 하고 있다. 그가 앉은 보좌는 불꽃이며 바퀴는 붙는 불로 이루어졌다. 불이 보좌로부터 강처럼 흘러나왔다. 그에게 수종 드는 자가 천천이고 그 앞에 시위한 자가 만만이었다.

근동지방에서 왕이 보좌에 앉았다는 것은 재판의 장면임이 쉽게 연상된다. 왕의 첫째 직무(職務)는 재판하는 일이다. 따라서 하나님께서 보좌에 앉으시고 그 앞에서 천군천사들이 시위하고 있다는 것은 하나님께서 심판을 베푸시는 장면으로 연상할 수 있다(슥 3:1~5을 참조하라). 본문도 다음과 같이 묘사한다: "심판을 베푸는데 책들이 펴 놓였더라"(10 하반절). 하나님께서는 펴 놓인 책에 따라 심판을 베풀고 있다. 따라서 우리는 이 책을 '심판의 책'이라고 할 수 있을 것이다.

이때에 다니엘은 땅에서 작은 뿔의 목소리를 인하여 다시 그 넷째 짐승을 주목하게 된다. 결국 재판은 이 넷째 짐승이 받고 있다. 그 짐승이 죽임을 당하고 그 시체가 붙는 불에 던져진다(11절). "그 남은 모든 짐승은 그 권세를 빼앗겼으나 그 생명은 보존되어 정한 시기가 이르기를 기다리게 되었더라"(12절). 얼른 보면 12절은 넷째 짐승이 심판받고 난 이후에 다른 짐승들이 어느 기간 동안 기다리게 되는 것처럼 보인다. 그러나 다른 짐승이 권세를 빼앗긴 것은 넷째 짐승이 심판당한 후가 아니다. 첫째가 권세를 잃게 된 것은 둘째가 나타날 때이고, 둘째는 셋째 짐승에 의해서 그리고 셋째는 넷째에 의해서 이미 권세를 잃었었다. 그들 짐승들은 권세를 빼앗긴 후에도 계속 살아 있어서 마지막 때(정한 기간)까지 기다린 것이다. 이때는 바로 넷째 짐승이 심판을 받는 때임을 알 수 있다. 2장에서도 작은 돌이 신상의 발(넷째 부분)을 쳤는데 신상 전체가 부서졌다. 이와 마찬가지로 7장에서도 마지막 심판 때에 다른 모든 왕국들도 함께 심판을 당하게 된다.

5. '인자같은 이'

"내가 또 밤 이상 중에 보았는데 인자 같은 이가 하늘 구름을 타고 와서…"(13절). 여기에서 나타나는 '인자같은 이'는 앞으로 이루게 될 왕국과 밀접하게 관련이 있는 분으로 묘사된다. 따라서 우리는 그를 메시야로 보아야 하겠다. 그를 '인자(사람의 아들)같은 이'라고 묘사한 이유는: 첫째로 그는 앞에서 나타난 짐승들과 다르다는 의미이며; 둘째로 그는 사람과 같이 보이지만 사람도 아닌 신적인 존재임을 나타내기 위함일 것이다.

'인자'(사람의 아들)는 히브리어와 아람어에서는 단순히 '사람'이라는 말과 같다. '이스라엘의 아들들'(בְּנֵי יִשְׂרָאֵל)이라고 할 때에 그냥 '이스라엘 사람들'로 번역된다. 따라서 그것은 '사람과 같은'이라는 말의 동의어이다. 이 '인자'는 구약에서 흔히 어떤 사람을 부를 때에 사용되었다. 에스겔서에 자주 에스겔을 '인자'라고 불렀다. 다니엘서 8:17에는 다니엘을 '인자'라고 부른다. 그러나 다니엘이 여기에서 미래의 왕국을 완성할 그분을 '인자 같은 이'라고 부름으로써 이후로 이것은 전문용어(technical term)가 되어 메시야를 가리키는 용어로 발전되었다. 특히 외경의 에녹일서 37~71장에서 '인자'라고 불리는 이가 하늘에 올리워 옛적부터 계시는 자에게로 다가가서 권세를 받고 보좌에 좌정하게 되며, 그가 하늘 구름을 타고 세상을 심판하러 임재하시는 장면이 나타난다. 복음서에서는 예수님 자신만이 자신의 고난, 죽음, 높아지심, 재림 등에 관한 말씀에만 '인자'라는 용어를 사용하고 있으며, 신약시대에 이 용어는 분명 메시야를 가리키는 전문용어로 자리잡아 가고 있는 것을 우리는 볼 수 있다(특히 마 26:63~65; 행 7:56; 계 1:13을 참조하라).

다니엘서 7:13에 '인자같은 이'가 하늘 구름을 타고 와서 옛적부터 항상 계신 자에게(하나님) 나아와 그 앞에 인도된다. 이것은 메시야의 승천하는 모습으로 볼 수 있다. 따라서 이 장면은 앞의 구절들과 시간적으로 연속되는 사건으로 볼 필요가 없겠다. 13절 이후는 앞에서 말하는 심판 이전의 사건으로 거슬러 올라가야 할 것이다. 앞의 구절들은 넷째 짐승에 이어 한 작은 뿔이 어떻게 불경스러운 일을 하는 것과 그 짐승이 심판을 당하는 것으로서 중간에 끊어질 수 없이 연속되어져야 했다. 따라서 사이에 메시야가 묘사될 여유가 없었다. 다니엘은 심판의 사건들을 마무리지은 후 "내가 그 환상 중에 또 보았는데…"라며 환상 중에 있었던 이 장면을 덧붙여서 설명한다.

하나님에게 인도된 '인자 같은 이'는 권세와 영광과 나라를 받게 된다. 따라서 그가 마지막 세상을 심판하고 영원한 하나님의 나라를 이루게 될 때에 중요한 역할을 하게 될 것임을 알 수 있다.

6. 다니엘서 2장과 7장과의 비교

우리는 여기에서 다니엘서 2장과 7장을 비교하여 서로의 의미를 확정지을 필요가 있겠다.

(1) 2장과 7장의 병행구조

〈표〉 다니엘 2장과 7장과의 비교

2장의 묘사	왕국의 이름	7장의 묘사
머리, 정금	바벨론	사자, 독수리 날개 가짐
가슴, 은	메데-바사	곰, 갈빗대를 뭄
배와 넓적다리, 놋	헬라	표범, 날개 넷과 머리 넷
종아리와 발 (1) 철(제1기) (2) 철과 진흙	로마 로마의 정복시기 로마의 분열시기	짐승 (1) 철 이로 먹고, 발로 밟음 (2) 열 뿔, 작은 뿔이 남
뜬돌, 신상을 파괴, 크게 땅에 가득	하나님의 나라	하늘보좌, 심판을 베품. 짐승이 죽임당함, 영원한 나라를 건설

위의 도표와 같이 2장과 7장은 왕국들의 묘사에서 완전한 일치를 보이고 있다. 특히 넷째 왕국(로마제국)까지도 두 장들이 모두 제1기와 제2기로 나누어지고 있으며, 이 왕국이 초자연적인 힘에

의하여 멸망당하고 하나님의 나라가 세워지는 것도 같다.

간하배 선교사와 박윤선 박사, 영(E. J. Young) 등은 2장과 7장이 서로 병행되는 것으로 보고 7장을 근거하여 2장의 네 왕국들을 바벨론, 메데-바사, 헬라, 로마로 보충설명한다(간하배, 1984: 69 이하; 박윤선, 1967: 366 이하). 특히 그들은 2장에서 넷째 왕국을 헬라왕국으로 보는 자유주의 신학자들의 주장을 반박하기 위해 그것이 로마인 증거를 7장에서 찾고 있다(간하배, 1984: 22, 79 이하). 그들의 주장과 마찬가지로 위에서 본 바와 같이 2장과 7장은 정확하게 병행을 이루고 있다.

그러나 그들이 7장을 마지막 때에 일어날 적그리스도의 활동과 재림으로 이루어질 마지막 하나님의 나라로 보면서도(박윤선, 1967: 465), 2장의 작은 돌은 예수님의 초림과 이미 이루어진 영적인 하나님의 나라로 보는 것은 스스로 자기모순을 가진 일관성이 없는 성경해석의 자세라고 생각된다. 굳이 그들이 2장을 예수님의 초림으로 보는 이유는 다니엘서 9장 해석을 위한 포석으로 간주될 수 있다. 그 뿐만 아니라 종말에 관한 다른 성경구절들도 영적인 하나님의 나라(혹은 교회)에 적용시키는 해석을 하려는 경향에서 발생된 신학적인 고려라고 생각할 수 있다.

만약 2장과 7장이 확실하게 병행을 이루고 있으며, 7장을 근거하여 2장의 왕국들을 증명할 수 있다면, 넷째 왕국의 멸망과 하나님의 나라도 7장과 2장의 것을 같은 것으로 보지 않아야 할 아무런 이유가 없을 것이다.

(2) 2장에서 7장으로의 계시의 발전

우리는 종말론을 역사적인 사건에 대한 묘사로 보지 않고 영적인 것으로 해석하는 경향도 경계시해야 하지만, 지나치게 현재의 세속역사에 쉽게 적용시키는 통속적 세대주의자들의 과오도 범하지 않아야 할 것이다. 앞에서 지적하였듯이 그들은 2장과 7장을 비교하면서 7장에서 열 뿔이 나타나기 때문에 2장에서도 발가락에 열 개의 의미를 부여해야 한다고 주장한다.

그러나 우리는 계시의 점진성을 이해해야 한다. 성경은 같은 역사적인 배경을 다루고 있지만 그러나 각 본문이 보는 시각의 차이도 있을 수 있으며 또한 같은 사건들을 각각 다른 주제에서 다루기도 한다는 것이다.

각 왕국을 묘사함에 있어서 7장이 2장보다 훨씬 더 세밀한 부분들을 첨가하고 있다. 즉 첫째 짐승에서 7장은 날개가 뽑히고 사람처럼 두 발로 서는 것과, 셋째 짐승에서 네 개의 날개와 네 개의 머리로 왕국이 네 조각으로 나누일 것을 설명하고 있는 점 등이다. 가장 큰 차이는 넷째 왕국에서 7장은 적그리스도에 대하여 언급하고 있지만 2장은 그에 대하여 침묵하고 있다는 것이다. 따라서 7장에 나타나는 적그리스도를 2장에 적용시키는 것은 너무 인위적이라고 할 수밖에 없다.

또한 7장에서는 분열의 시기를 열 개의 뿔로 묘사함으로 열 개라는 숫자를 나타내고 있다. 그러나 2장은 분열의 시기를 '철과 진흙이 섞인 것'으로 묘사함으로써 숫자에 대한 의도를 나타내지 않는다. 따라서 2장이 침묵하고 있는 것을 우리는 무리하게 숫자의 개념을 2장에다 적용시킬 수 없는 것이다.

(3) 2장과 7장의 계시의 진전

두 장들은 앞으로 일어날 네 왕국에 대한 역사들을 묘사하고 있지만 그러나 서로 다른 각도의 주제로써 그 왕국들을 취급하고 있다. 앞에서 이미 밝혔지만 2장의 주제는 '하나님의 주권'이다. 즉 하나님이 왕국들을 일으키시고 파하신다는 것이다. 하나님이 세운 왕국이 하나님의 저울에 달아서 기울어질 때에 하나님께서는 그 국권을 그에게서 빼앗아버린다는 것이 5장까지 계속되는 주제이다.

그러나 7장은 하나님이 아닌 다른 세력이 왕국들을 일으키고 있다. 이 세력이 하는 궁극적인 목적은 하나님을 대적하고 성도들을 괴롭히는 일이다(작은 뿔의 역할). 따라서 7장에서는 하나님을 대적하는 최고의 인물인 적그리스도가 나타나는 것이 당연하다고 하겠다. 따라서 7장에 적그리스도가 등장한다고 하여 2장에서도 무조건적으로 적그리스도를 대입시키려고 하는 것은 계시의 진전을 이해하지 못하는 처사라고 생각된다.

7. 결론

결론적으로 다니엘서 2장과 7장은 미래에 일어날 세상왕국들의 역사에 대하여 기록하고 있다. 두 본문들은 병행을 이루면서 함께 네 왕국들에 대하여 말하고 있으며, 마지막에는 왕국들이 망하고 하나님의 나라가 건설된다는 내용을 담고 있다. 본문들에서 가장 관심이 되는 부분은 넷째 왕국에 대한 묘사들이다. 넷째 왕국들이 제1기(정복의 시기)와 제2기(분열의 시기)로 나누이고 있다. 특히 7장에서는 제2기에 해당되는 부분을 세밀한 부분까지 더 첨가하고 있다. 즉 분열의 시기에서 10명의 왕들이 묘사되고 있으며 또 적그리스도까지 등장하고 있다. 적그리스도가 전쟁을 일으켜 먼저 있는 왕들을 일부 무너뜨리고, 하나님을 대적하고 성도를 괴롭힌다. 성도의 대환난이 시작되어 '한 때와 두 때와 반 때'가 지난다. 하나님께서 하늘보좌에 앉으시고 드디어 재판이 시작된다. 하나님께서는 책을 펴놓으시고 그 책에 따라 적그리스도와 세상왕국들을 심판한다. 짐승은 사로잡혀 불못에 던져진다. 세상왕국은 파해지고 하나님의 왕국이 건설되어 성도들이 그 나라를 차지한다.

다니엘서 7장에서는 이러한 심판과 하나님의 나라건설에 제2위 하나님이신 '인자 같은 이'가 중요한 역할을 한다. 다니엘 이후에 메시야는 '인자'로 불리우며 세상 마지막 때에 구름을 타고 악의 무리들을 심판하러 강림하시는 분으로 유대인들의 문학작품 속에 자리잡게 된다.

3장
계시록 서론
- 요한계시록 1장 -

우리는 서론에서 요한계시록이 다니엘서와 병행을 이루고 있으며 서로가 연관되어 있고 서로가 서로를 보충해 주고 있음을 말하였다. 그리고 요한계시록을 들어가기 전에 다니엘서를 먼저 해석한 후에 계시록으로 들어가는 것이 안전한 길임을 말하였다. 우리는 이제 요한계시록을 해석하기 전에 계시록 1장을 살핌으로써 계시록의 주제를 먼저 파악해야 할 것이다.

요한계시록 1장은 계시록의 서론이라고 할 수 있다. 1장에서는 이 책이 어떻게 쓰여지고 있으며 어떤 동기에서 쓰여지며, 무엇에 관한 것인지를 말해주고 있다.

1. '속히 될 일'

요한은 이 책에서 '속히 될 일'을 쓰려고 한다. 그 일들은 하나님께서 그리스도에게 주셔서 그리스도께서 자기의 종들에게 가르쳐 주는 것들이다(1:1). 그리고 요한은 '때가 가깝다'고 거듭 말한다. 이 때는 언제를 말하는가? 7절에 이 때는 명백하게 나타난다: "볼지어다 구름을 타고 오시리라 각인의 눈이 그를 보겠고…" 이것은 예수님의 재림의 모습이 분명하다. 따라서 요한이 쓰려고 하는 일들은 예수님의 재림에 관한 것임을 알 수 있다.

요한은 재림의 때를 '속히 될' 그리고 '때가 가깝다'고 말함으로써 긴박한 종말을 기대하고 있다. 교회는 항상 임박한 종말의 긴장 속에서 살아야 한다. 주님이 언제 오실지는 아무도 모르며 항상 주님이 오실 날이 가까운 줄로 인식할 때에 깨어서 기다릴 수 있을 것이다.

2. 계시의 말씀을 읽기를 권함

요한은 자기가 증거하는 이 예언의 말씀을 "읽는 자와 듣는 자들과 그 가운데 기록한 것을 지키는 자들이 복이 있다"고 말한다. 흔히 계시록은 너무 난해하기 때문에 함부로 읽지 말라고 한다. 그리고 계시록에 대한 설교가 잘 행해지지 않고 있다. 그러나 요한은 이것을 읽고 듣기를 원하고, 이 책에 기록된 대로 살기를 원한다. 그런 자에게 복이 있다고 말한다. 특히 종말의 시대에 살고 있는 우리들은 더욱 이 계시록의 말씀을 탐독하여야 할 것이다.

3. 환난을 당하는 성도들

요한은 이 글을 아시아에 있는 일곱 교회들에게 보내는 편지형태로 쓰고 있다. 이 편지를 받는 사람들을 요한은 '형제'라고 부른다(1:9). 우리는 예수 안에서 다 형제요 자매이다. 그러나 요한이 그들을 '형제'라고 부를 때에는 더 특별한 의미가 있다. 요한은 서로가 "예수의 환난과 나라와 참음에 동참하기" 때문에 형제라고 말한다. 그들은 함께 예수 그리스도의 나라에 참여하였다. 그 뿐 아니라 예수 때문에 그들은 환난을 당하고 있다. 요한도 지금 예수 때문에 밧모라 하는 섬에서 유배를 당하고 있다.[1]

---

1) 많은 학자들은 이때를 도미티안 황제(주후 81~91)의 시대로 본다. 도미티안 황제는 네로 이후에 가장 포악한 군주였고, 자신을 신으로 자칭하면서 황제숭배사상을 강요하면서 기독교를 핍박하였다.

그러나 그들은 이러한 환난 중에서도 믿음을 지키면서 인내하고 있다.

그들이 환난을 당하는 이유는 '하나님의 말씀'과 '예수의 증거' 때문이었다(9절). 그들은 말씀을 중히 여겼으며, 이 말씀을 버릴 수 없었고, 이 말씀을 지키는 것 때문에 환난을 당하였다. 또한 그들은 예수를 증거하는 것 때문에 환난에 처해지는 것을 주저하지 아니하였다. 이 '말씀'과 '증거'는 앞으로 계시록에 자주 나오며 성도들이 환난을 당하는 이유들로 계속 제시된다.

4. 증인이신 예수 그리스도

요한은 편지를 받는 형제들을 삼위 하나님의 이름으로 축복한다(4~5절). 요한이 삼위 하나님을 각각 특징이 있게 묘사한다. 하나님을 '보좌에 앉으신 분'으로서 "이제도 계시고 전에도 계시고 장차 오실 이"로 부른다. 흔히 "장차 오실 이"라는 말 때문에 그를 예수 그리스도로 착각하기도 한다. 그러나 4절의 문맥에서 '장차 오실 이'는 보좌에 앉으신 분이시며 그는 성부 하나님이 분명하다. 8절에서도 '주 하나님'이 자신을 가리켜 "나는 알파와 오메가라 이제도 있고 전에도 있었고 장차 올 자요 전능한 자라"고 말씀하신다. 계시록에서 '주 하나님'은 성부 하나님에게 사용되었다(4:11을 참조하라). 계시록 21:5 이하에는 보좌에 앉으신 이가 말씀하시되 "나는 알파와 오메가요 처음과 나중이라"고 소개한다. 그리고 그가 새 예루살렘이 하늘에서 내려오며, "하나님의 장막이 사람들과 함께 있으매 하나님이 저희와 함께 거하시리니"라고 묘사하고 있다. 따라서 하나님은 마지막 때에 준비된 새 예루살렘과 함께 내려오셔서 우리와 함께 계실 분이심을 알 수 있다.

성령님은 '보좌 앞에 있는' 분으로서 '일곱 영'으로 부른다(1:4). 일곱 교회 때문에 그를 '일곱 영'으로 부르는 것이며, 이것은 그가 어떻게 교회와 밀접하게 연관이 있는 지를 나타내고 있다.

그는 하나님의 보좌 앞에서 하나님의 뜻에 따라 교회를 위해 사역하고 교회들을 보호할 준비를 하고 있으신 분이시다.

본문은 이어서 제2위 하나님을 '충성된 증인'으로 부른다. 그는 죽은 자들 가운데서 먼저 살아나신 분으로서 하나님 앞에서 자기의 성도들을 위하여 증인 역할을 수행하고 계신다(5절). 그는 자기의 피로 우리 죄에서 우리를 해방하시고 우리를 나라(왕)와 제사장으로 삼으사 하나님에게 드리시는 분이시다.

요한은 이러한 삼위 하나님의 이름으로 일곱 교회들을 축복하고 또 예수 그리스도에게 영광을 돌린다.

5. 승리의 예수 그리스도

요한은 밧모 섬에서 주의 날에 일곱 촛대와 그 사이에 있는 '인자 같은 이'를 환상 가운데 보았다(1:12 이하). 일곱 촛대(등대)는 구약성전의 성소에 있었던 기물이다. 요한이 본 일곱 촛대는 일곱 교회를 상징하고 있다.

요한이 주님을 '인자 같은 이'라고 부르고 있는 이유는 예수님의 모습이 다니엘 7:13 이하의 광경과 연관이 있는 것으로 보았기 때문이다(다니엘 7:13에서 '인자와 같은 이'가 하늘 구름을 타고 보좌에 앉으신 이에게 이끌려 가서 영광을 받으셨고, 왕권을 받으시는 분으로 묘사되었다).

주님이 "발에 끌리는 옷을 입고 가슴에 금띠를 띠고" 있다(13절). 발에 끌리는 옷을 입은 사람은 제사장임이 틀림없다. 유대인들은 먼지가 많은 땅을 밟기 때문에 옷을 끌리게 입지 않는다. 그러나 하나님께서는 제사장은 발을 가리워 보이지 않게 하라고 명하셨다. 유대인 중에서 허리띠를 두른 사람은 종이든지 아니면 제사장이다. 여기에서는 제사장의 모습이 분명하다. 일곱 촛대는 성소에 있는 기물이다. 예수님께서는 제사장이 성소에서 봉사하는 것과 같이 땅 위의 교회들에게 봉사하고 있다.

구약시대에 제사장이 하루에 두 번씩 성소의 촛대(등대)를 돌보았다. 아침에는 등불을 껐고 저녁에는 불을 켰다. 불을 켤 때에 제사장은 등대에 항상 기름을 채운다. 예수님께서 교회의 등불이 꺼지지 않게 항상 밝히는 즉 교회를 보존하시는 역할을 하시고 있는 모습이다. "교회를 보존한다"고 할 때에 우리는 두 가지 의미에서 볼 수 있을 것이다.

첫째로 주님은 교회의 순수성을 보존하시기를 원한다. 등불이 밝게 정상적으로 잘 타기 위해서는 좋은 기름을 항상 채워주어야 한다. 계시록 2~3장은 일곱 교회들이 두 가지 위험에 직면하고 있는 모습들이 나타난다. 하나는 외부의 환난의 위협이고 또 하나는 교회 안에서의 변질이다. 그들은 말씀으로부터 멀어진다. 말씀대로 살지 않고 죄를 짓는 것도 꾸짖지 않고 있으며, 처음 가졌던 사랑도 식어지고 있다. 이러한 변질의 위험에서도 주님은 교회를 보존하시기를 원한다.

둘째는 교회를 환난에서 보호하신다. 바람이 불어 등불이 꺼지지 쉽다. 그래서 주님은 등불이 꺼지지 않도록 잘 보호하는 것이다. 요한의 시대에 교회는 이미 큰 환난을 당하고 있으며, 앞으로도 크게 위협을 당할 것이다. 주님이 이 위협당하는 교회를 지키기 위해 제사장의 역할을 하는 것이다. 이 교회를 보호하시는 주님은 다음과 같은 모습을 하고 있다: "그의 눈은 불꽃 같고 그의 발은 풀무에 단련한 빛난 주석 같고 그의 음성은 많은 물 소리와 같으며 그 오른손에 일곱 별이 있고 그 입에서 좌우에 날선 검이 나오고 그 얼굴은 해가 힘있게 비취는 것 같더라"(14 하반절~16절). '풀무에 단련한 빛난 주석'은 강하다. 따라서 그 발을 내어딛을 때에 부서지지 않을 것이 없을 것이다. "음성은 많은 물 소리 같다"는 것은 그가 발하는 힘의 위력을 나타낸다. 사람은 폭포수 앞에 서서 많은 물이 떨어질 때에 위압감을 느낀다. 과연 그렇게 흐르는 많은 물의 힘은 대단하다. 예수님의 힘찬 모습이다. 그는 또한 오른손에 '일곱 별' 즉 자신의 사자들을 거느리고 있다. 교회가 위기에 처했을 때에 그는 재빨리 사자들을 파송할 것이다. 그의 입술의 말은 세상을 심판할 만한 권위와 능력이 있다. 결국 그는 입의 말로써 세상을 심판하실 것이다.

이러한 주님의 모습을 본 요한은 그 앞에서 엎드러져 죽은 자같이 되었다(17절). 주님은 요한에게 손을 얹으며 "두려워 말라"고 위로하신다. 주님은 요한을 무찌르기 위해서가 아니라 오히려 요한과 교회를 보호하시기 위해 그런 모습으로 나타난 것이다. 주님은 자신이 "전에 죽었었노라"고 말씀하신다(18절). 이미 그도 환난을 겪어보셨다. 죽음의 고통도 겪으신 분이시다. 따라서 교회가 당할 환난을 그분은 너무도 잘 아시는 분이시다.

이제 주님은 선포하신다: "볼지어다 이제 세세토록 살아 있어 사망과 음부의 열쇠를 가졌노니"(18절). 전에는 사단의 음모에 죽임을 당하셨던 분이다. 그러나 그는 죽음에서 부활하시면서 사망을 깨뜨리셨다. 그리고 이제 더 이상 사망과 음부가 성도들을 점령하지 못하게 하실 것을 선언하신다.

계시록 1장에서의 메시지를 우리는 분명히 발견하게 된다. 교회가 환난에 처하게 된다. 그러나 주님께서는 승리의 모습으로 교회를 보호하시겠다는 것이다. 따라서 우리는 계시록 전체의 주제를 '교회의 환난'과 '예수 그리스도의 승리'라고 잡을 수 있을 것이다.

이제 주님은 어떤 비밀들을 요한에게 보여주시고자 한다. 그것은 '일곱 별의 비밀'과 '일곱 촛대'의 비밀이다. 일곱 촛대는 교회를 말한다. 이 일곱 교회는 마지막 때에 있을 모든 교회들을 대표하는 교회들로 볼 수 있다. 교회의 비밀은 교회가 어떠한 위협을 받을 것인지에 관한 것이다. 교회의 위협은 말씀에서부터 이탈되어 타락하고 변질되는 내적인 위협과 또 외부에서 오는 환난이다. 따라서 앞으로 요한은 계시록 전체를 통하여 어떻게 교회가 타락할 것인지 또 어떻게 환난에 처하게 될 것인지를 기록할 것으로 예상된다.

'일곱 별'은 일곱 사자들이다. '사자'가 간혹 목사들을 가리키는 것으로 해석하기도 하나 여기에 나타나는 '사자들'은 주님께서 교회를 위해 부리시는 영들로 보아야 할 것이다. 목사들도 환난에 동참할 것이며 주님의 보호를 받아야 할 것이다. 또한 교회도 포함되어야 할 것이다. 앞으로 계시록은 주님이 환난을 당하는 교회들을 자기의 사자들을 사용하여 어떻게 지킬 것인지를 밝혀줄 것이다.

계시록 2~3장은 마지막 때에 나타나는 교회들의 특징들을 말해준다. 이것들은 당시의 일곱 교회의 모습이면서 또 마지막 때의 교회를 대변하기도 한다. 이 교회의 모습들은 계시록을 다 살핀 후에 보면 더 의미가 깊을 줄을 안다.

4장
일곱 인의 비밀
- 요한계시록 4~7장 -

　우리는 앞에서 다니엘서 2장과 7장을 연구하였다. 다니엘서 2장과 7장은 서로 같은 내용을 다루고 있으며 유사한 병행을 이루고 있었다. 그러나 주제에서 서로 달랐으며, 내용면에서도 7장은 2장보다 더 세밀하게 기록하고 있었다. 계시의 진전이란 면에서 볼 때에 7장은 2장보다 훨씬 진전된 계시였다.
　이제 우리는 다니엘서 7장과 매우 연관이 있게 보이는 계시록 4~7장을 살펴보도록 하겠다. 계시록 4~7장은 다니엘서 7장과 매우 유사하며 같은 내용들을 담고 있다. 그러나 더 많은 설명이 부가되어 있다. 따라서 우리는 여기서도 계시의 진전을 볼 수 있다.

1. 하늘의 광경(계 4~5장)

(1) 하늘보좌

　요한은 하늘 문이 열린 것을 보았고 하늘에서 "이리로 올라오라"는 음성을 들었다. 혹자는 이 구절을 인용하면서 성도들의 공중휴거를 주장한다. 그들은 마치 성도들이 앞으로 공중에서 "올라오라"는 소리가 발하면 성도들은 "세상아 잘 있거라"하면서 하늘로 올라갈 것이라고 말한다. 그러나 본문은 성도들의 휴거와 전혀 관계가 없는 구절이다. 본문은 요한 개인이 환상 중에서 올라가는 것이며 그 목적은 이후에 될 일을 환상으로 보여주기 위함이다. 따라서 이러한 개인적인 환상을 예수님 재림시에 있을 성도들의 공중휴거와 연관시키는 것은 용납할 수 없는 성경의 적용이다.

요한이 성령에 감동되어 하늘의 광경을 본다. 보좌가 있었고 그 보좌 위에 앉으신 이가 있다. 이 분은 분명히 제1위 하나님이시다. 이것은 다니엘서 7:9 이하의 장면과 유사하다. 보좌에 앉으신 이의 모양이 벽옥과 홍보석과 같았다. 다니엘서에는 그분이 입은 옷이 흰 눈과 같이 희고 또 머리털은 깨끗한 양털 같았다. 벽옥과 흰 눈의 표현은 서로 보는 관점에 따라 다른 묘사라고 생각된다. 보좌로부터 번개와 음성과 뇌성이 나오고 있었다. 다니엘서에는 불꽃이 흘러나오고 있었다. 이것도 보는 관점에서의 차이로 볼 수 있을 유사한 장면들이라고 생각된다.

보좌 앞에는 수정같은 유리바다가 있으며 일곱 등불 켠 것이 놓여있다. 이때의 '등불'의 헬라어는 1:12에 일곱 교회를 뜻하는 $\lambda \upsilon \chi \nu \iota \alpha s$가 아닌 $\lambda \alpha \mu \pi \alpha \delta \epsilon s$로 사용되었다. 따라서 이 등불은 일곱 교회로 볼 필요가 없다. 계시록 1:4은 보좌 앞에 일곱 성령이 있는 것이 묘사되고 있다. 여기서도 일곱 등불은 교회들을 돌볼 준비를 하고 있는 성령님으로 생각된다(계 5:6은 성령님을 일곱 눈으로 말하고 있으며, 이것 또한 땅의 사역과 관계한 적절한 묘사로 볼 수 있다).

본문에서 다니엘서와 다른 가장 큰 특징은 큰 보좌 둘레에 24 보좌들이 둘러있는 모습이다. 그 보좌들 위에 24장로들이 흰 옷을 입고 머리에 금면류관을 쓰고 앉아있었다. 24장로들은 구약(열두 지파)과 신약(열두 사도)을 대표하는 성도들로 볼 수 있다(계 22: 12, 14; 헨드릭슨, 1975: 101를 참조하라). 이들 24장로들이 하는 일은 보좌에 앉으신 이 앞에 엎드리어 경배하는 것이다. 그들은 끊임없이 자기들이 가지고 있는 면류관을 보좌에 앉으신 이 앞에 던지며 찬양한다: "하나님! 당신이 영광과 존귀와 능력을 받으시는 것이 합당합니다.…" 24장로들이 왕으로서 보좌에 앉아 존귀함만 받고 있는 것이 아니라 모든 존귀와 영광은 하나님께만 돌리며 그에게 찬양드린다.

하나님 보좌 주위에는 24장로들 뿐만 아니라 네 생물들이 있었다. 그들은 사자, 송아지, 독수리, 사람의 모습을 가졌다. 이 네 생물은 에스겔서 1장과 10장에 나타나는 그룹이라는 천사들이다. 그룹은 하나님을 가장 가까이 모시고 있는 천사이다(창 3:24을 참조하라; 성막 지성소의 속죄소 위의 두 그룹을 참조하라). 이 그룹들이 하나님 가까이에서 밤낮 쉬지 않고 하나님께 찬양으로써 영광과 존귀와 감사를 드린다(4:6~9).

이상의 광경은 다니엘서 7장에 묘사된 하늘의 광경과 유사하다. 그러나 다니엘보다 좀더 첨가된 것들이 나타난다. 그것은 신약시대의 구속받은 성도들이 나타나며 또 교회를 위한 성령의 역할 등이 눈에 보이게 다른 점이라고 하겠다. 다니엘이 본 하늘의 야경은 재판이 열리는 법정(法庭)이었다. 요한이 본 것도 크게 다름이 없을 것이라고 기대할 수 있다.

(2) 일곱 인으로 봉해진 책

요한이 또 보매 보좌에 앉으신 이의 오른손에 책이 있었다(1절). 다니엘서 7장에서도 책이 나타난다(10절). 그러나 서로가 다른 점은 다니엘서에서는 책이 펴져 있었고, 계시록에서는 책이 인봉해져 있다. 다니엘서에서는 보좌 앞에 책이 펴 놓였고 짐승이 심판을 받고 있었다. 따라서 그 책은 심판에 관한 책이었다. 계시록에도 하나님 보좌 앞에 두 가지 종류의 책들이 펴져있는 것으로 나타난다: 하나는 생명책이요 다른 하나는 심판에 관한 책이다(계 20:12). 5장에 나타나는 책은 생명의 책이라고 보기보다는 다니엘서 7장의 것과 마찬가지로 심판에 관한 책으로 볼 수 있겠다. 왜냐하면 이 책의 인이 떼어질 때마다 재난들이 나타나고 있기 때문이다. 요한이 본 책의 인이 다 떼어져서 펴질 때에는 다니엘서와 같은 심판이 예상되어진다. 따라서 요한이 본 하늘광경도 법정(法庭)으로 볼 수 있겠다.

(3) 인을 뗄 어린 양

요한이 본 책은 인으로 봉해져 있었다. 한 권세있는 천사가 "누가 책을 펴며 그 인을 떼기에 합당하냐"고 외쳤다. 요한은 아무리 둘러보아도 인을 뗄 권세를 가진 이를 찾을 수가 없었다. 하늘에서도 없었고 땅에서도 없었다. 요한은 당황하였고 크게 통곡했다.

만약 요한의 본 책이 심판의 책이라면 요한이 통곡하는 심정을 이해할 만하다. 요한은 로마의 악한 왕에게 위협을 받고 있다. 요한의 형제들도 세상권세에 의해 고난당하고 있다(1:9). 이제 이 책이 펴져야 그 기록된 대로 성도들을 위협하는 저 악한 왕을 심판할 수 있을 것이다. 책을 펼 권세를 가진 이가 없다는 것은 교회를 위협하는 세상을 심판할 만한 힘이 없다는 의미이다. 어찌 요한이 통곡하지 않겠는가?

그때에 장로 중 하나가 한 분을 소개하였다. 그분은 어린양이었고 일찍 죽임을 당한 것 같았다(6절). 바로 예수 그리스도이다. 세상 왕들을 심판할 권세를 가진 분은 위엄있고 늠름한 모습이어야 할 것이나, 힘없어 보이는 어린양이었다. 그나마도 죽임을 당한 경험이 있는 약한 모습이 아니겠는가? 그러나 그는 다윗의 뿌리로서 세상을 이기기에 합당한 분이었다.

이 어린양이 보좌에 앉으신 이로부터 책을 취하니, 그룹들과 24장로들이 어린양 앞에 엎드리며 경배와 찬양을 드린다: "그가 책을 가지시고 그 인봉을 떼기에 합당하시도다. 일찍 죽임을 당하사 각 족속과 방언과 백성과 나라 가운데서 사람들을 피로 사서 하나님께 드리시고 저희로 우리 하나님 앞에서 나라와 제사장을 삼으셨으니 저희가 땅에서 왕 노릇 하리로다"(9~10절).

특히 24장로들과 요한은 이 어린양이 책을 뗄 때에 더 기뻐하는 것이다. 이 책은 심판의 책이다. 책이 펴질 때에 세상이 심판을 당할 것이다. 그러나 구속받은 성도들은 어린양의 심판을 두려워할 필요가 전혀 없다. 왜냐하면 그가 이미 자기 피로 그들을 구속하여 하나님 앞에 바친 바로 그분이시기 때문이다. 세상이 심판을 당할 때에 구속받은 성도들은 기뻐 날뛰면서 주님을 찬양하고 있다.

24장로들이 향이 가득한 금향로를 가지고 어린양에게 바치는 모습도 나타난다(8절). 이 향은 '성도들의 기도'라고 설명한다. 계시록 6:9~10에는 짐승에게 고난받으며 죽임을 당한 성도들이 제단 옆에서 통곡으로 호소한다(8:3~4을 참조하라). 24장로들이 이 성도들의 원통한 호소를 어린양에게 바친다. 어린양은 이 성도들의 기도의 하소연을 들으면서 세상을 심판하기 위하여 책을 펼 것이다.

다니엘서 7장에는 성도들이 어떤 정해진 기간 동안(세 때 반) 작은 뿔에 의해 환난을 당하였고, 하나님의 심판이 시작되었고, 성도들이 나라를 얻었었다. 계시록에도 성도들이 어떻게 고난을 당하며 성도를 괴롭히는 왕들이 어떻게 심판당할 것인지가 기대된다.

2. 여섯 인들의 비밀(계 6장)

(1) 첫째 인: 흰 말의 환상(6:1~2)

어린양이 일곱 인을 하나씩 뗄 때에 다섯 말들의 환상들이 요한에게 보여졌다. 이 말들은 각기 다른 색깔을 띠고 있다. 만약 흰 말만 나타난다면 흰 것에 특별한 상징적인 의미를 찾을 필요가 없을 것이다. 그러나 본문에 각기 다른 색깔의 말들이 나타나고 있으므로 그 색깔은 분명히 상징적인 어떤 의미를 가지고 있을 것으로 볼 수 있다.

첫번째 환상에서 흰 말이 있는데 그 탄 자가 활을 가지고 면류관을 받고 나가서 이기고 또 이긴다. 이것은 전쟁하는 모습이다. 흔히 첫번째 흰 말은 적그리스도를 상징한다고 주장하기도 한다. 그러나 "적그리스도라면 왜 흰 것으로 표현했을까?"하는 의문이 생긴다. 그들은 혹시 적그리스도의 가장한 모습이라고 말할 것이다. 그러나 본문은 가장했다는 인상을 전혀 주지 않는다. 뒤의 말들을 보면, 색깔이 그 탄 자의 성격을 가장 잘 나타내어 준다. 즉 전쟁에 대한 색깔은 붉은 것이 가장 적당하다. 첫째 말에서 적그리스도에 적합한 색깔은 흰색일 리가 없다. 그리스도에 대한 색깔은 흰색이 가장 합당하다고 생각된다. 계시록에는 주님이 흰 옷을 입으신 분으로 또한 자주 나타나고(1:14; 14:14; 19:11, 14), 성도들이 흰 옷을 입은 것으로 나타난다(2:17; 3:4, 5, 18; 4:4; 6:11; 7:9, 13). 따라서 흰 말은 적그리스도라기보다는 예수 그리스도가 아니면 성도들일 가능성이 더 크다고 본다. 흰 말을 탄 자가 전쟁에서 승리하고 있다. 계시록에서 성도들은 항상 고난을 받고 피해를 받는 것으로 나타난다. 따라서 이러한 승리의 모습은 주님으로 보는 것이 가장 좋을 것이다(Ladd, 1972: 98; 헨드릭슨, 1975: 111 이하를 참조하라).

1장의 주제에서 보았듯이 '승리의 주님'이 계시록의 주제이다 (1:13; 2:26, 27; 3:21; 5:5; 6:16; 11:15; 12:11; 14:1; 14:14; 17:14; 19:11 등을 참조하라). 특히 6장의 첫번째 말의 모습은 19:11 이하의 예수님의 승리의 모습과 거의 같이 나타나는 데에 유의할 필요가 있다. 19:11 이하에 주님이 흰 말을 타고 면류관을 쓰고 전쟁하는 모습으로 나타난다. 이 주님의 전쟁모습은 16장의 아마겟돈 전쟁과 연관되어 있다. 그는 아마겟돈 전쟁을 일으킨 용(사단)과 짐승(적그리스도)과 거짓 선지자들을 잡아 유황불 붙는 못에 던진다(19:19~21). 그는 맹렬한 진노로 세상을 쳐부수고 철장으로 그들을 다스릴 것이다(19:15~16).

계시록 6장의 첫 부분과 19장의 묘사가 같다는 것은 의미가 있다. 계시록은 7의 사이클로 구성되어 있다. 각 사이클은 모두 그리스도의 승리 혹은 세상에 대한 심판으로 시작하여 가운데는 재난과 대환난을 기록하고 있으며 그리고는 다시 주님의 승리 혹은 세상에 대한 심판으로 마친다. 특히 이러한 구조에서 첫 사이클의 첫 번의 것과 마지막 사이클의 마지막의 것이 꼭같이 예수 그리스도가 승리하는 모습으로 시작하고 또 끝마친다. 이러한 구조는 계시록 전체가 '예수 그리스도의 승리'라는 압도적인 주제를 가지고 구성되었음을 잘 보여준다. 사이클의 첫 시작에서 맨 마지막에 있을 그리스도의 승리의 모습을 먼저 보여줌으로써, 우리 주님은 성도들에게 어떠한 환난이 닥치더라도 안심할 것을 확인시켜 주신 것으로 보아야 할 것이다.

(2) 둘째 인: 붉은 말의 환상(6:3~4)

어린양이 둘째 인을 떼실 때에 붉은 말이 나왔다. 이 말을 탄 자가 허락을 받아 땅에서 화평을 제하여 버리며 서로 죽이는 큰 칼을 받았다. 이 붉은 말은 전쟁을 상징하는 것으로 볼 수 있다.
 마지막 때의 징조로서 자주 전쟁의 재난이 주어진다(마 24:7; 계 9:13~21 등). 다니엘서 7장은 성도들의 대환난이 시작되기 전에 적그리스도가 나타나서 세상을 정복하고, 성도들과도 싸워 이겼다(단 7:21, 24; 계 13:7을 참조하라).

(3) 셋째 인: 검은 말의 환상(6:5~6)

셋째 인을 뗄 때에 검은 말이 나왔다. 검은 말은 기근을 상징한다. 예레미야애가 5:10에 주린 자의 피부가 아궁이처럼 검게 변하는 모습을 그리고 있다. 기근은 마지막 때의 징조 중의 하나로서 나타나는 재난이다(마 24:7).

그 탄 자가 손에 저울을 가졌으며, 다음과 같은 소리가 들렸다: "한 데나리온에 밀 한 되요 한 데나리온에 보리 석 되로다"(6절). 밀은 당시에 고급 음식이며 보리는 가난한 사람들이 먹는 양식이다. 한 데나리온은 남자 장정의 하루 품삯이다. 밀 한 되의 값이 한 데나리온이라면 당시의 시세로서는 엄청나게 비싸다. 한 되는 한 사람의 하루 양식에 해당된다. 따라서 남자가 벌어서 한 가족이 먹고 살기에 힘든 상황이다.

또 하늘에서 "감람유와 포도주는 해치 말라"고 외친다. 감람유는 사치에 사용되고 포도주는 연회에 필요하다. 당시 부유한 사람들은 목욕한 후 기름을 몸에 바르고 연회에서 포도주를 즐기는 모습을 우리는 쉽게 연상할 수 있다. 즉 기근 중에서도 사치와 향락은 더욱 심할 것임을 보여주는 말씀이다. 따라서 이때의 기근은 천재지변에 의한 것이라기보다는 인위적인 것일 가능성이 더 많겠다. 곡식도 돈있는 사람은 와서 사먹으라고 외치는 것을 보아서, 부유한 사람들은 풍족한 음식과 사치 그리고 향락에 젖을 것이지만 가난한 사람은 굶주리는 상황을 연상할 수 있다.

특히 계시록 13:17 이하는 짐승(적그리스도)에게 절하는 표가 없으면 매매할 수 없어서 성도들의 굶주림은 더욱 가중될 것이다. 반면에 멸망의 도시 바벨론으로는 상인들이 온갖 보물을 들고 들어가서 치부하고 있는 묘사를 보아서 마지막 때에 얼마나 사치와 향락이 극심할 것인지를 알 수 있다(계 19:11 이하).

(4) 넷째 인: 청황색 말의 환상(6:7~8 상반절)

넷째 인을 떼실 때에 청황색 말이 나왔는데 그 말 위에 사망이라는 이름을 가진 자가 타고 있었다. 본문에서만 볼 때에 청황색 말이 무엇을 상징하는 지를 쉽게 분별하기가 힘들다. 그러나 다른 성경에서 마지막 때에 주어진 징조들을 참조하여 청황색 말은 질병 혹은 온역이라고 볼 수 있다. 주님이 감람산에서 주신 마지막 때에 대한 징조로서 누가복음 21:10에 전쟁, 기근, 온역 그리고 성도들의 환난이 나타난다. 피부병은 청황색의 빛깔로 묘사되기가 가장 합당하다고 생각된다.

(5) 다섯째 인: 짐승이 주는 성도의 환난(6:8 하반절~11)

전쟁, 기근, 온역은 인류공동에게 주어지는 재난들로 생각할 수 있겠다. 그러나 다음에 나타나는 짐승이 주는 재난은 특히 성도들이 당하는 것으로 볼 수 있다. 앞에 나타나는 전쟁, 기근, 온역이 각각 땅 위의 사람들 1/4씩을 각각 죽이는 권세를 가졌었다. 마지막 1/4은 짐승으로서 죽임을 당한다(8 하반절). 짐승에게 죽임을 당하는 사람들이 9절 이하에 묘사된다.

누가 짐승에게 죽임을 당하는가? 그들은 "하나님의 말씀과 저희의 가진 증거를 인하여" 죽임을 당하고 있다. 계시록 1:9에 요한은 "하나님의 말씀과 예수의 증거를 인하여" 환난을 당하는 자들을 '형제'라고 부르면서 편지를 쓰고 있었다. 요한 당시에만 그러한 환난을 당하는 사람들이 있었던 것은 아니다. 거의 모든 시대마다 항상 말씀과 예수의 증거로 말미암아 핍박을 당하는 사람들이 있었다. 그러나 본문은 특히 마지막 때에 '짐승'이라고 불리는 자에게 대환난을 당하는 모습을 증언하고 있다(계시록은 마지막 때 주님의 재림에 대하여 쓰고 있음을 상기하기 바람; 계 1:1~3, 7을 참조하라).

'짐승'은 다니엘서 7장에서 넷째 왕국을 상징하기 위해 등장하였으며, 계시록에서는 본문에서 시작하여 앞으로 자주 등장하게 된다(계 13:1 이하; 14:11; 16:10; 16:12 이하; 19:20; 21:4; 21:10 등). 특히 계시록 13장에서 '짐승'의 활동상황이 자세히 기록되고 있으며, 그때의 '짐승'은 적그리스도이다. 6장 본문에서 '짐승'을 적그리스도라고 단정하기는 조금 성급한 감은 있지만 여하튼 마지막 때에 성도들이 대환난을 당하는 모습은 분명하다.

죽임을 당한 성도들의 영혼이 제단 아래에 있어 큰소리로 외치고 있다: "거룩하고 참되신 대주재여 땅에 거하는 자들을 심판하여 우리 피를 신원하여 주지 아니하시기를 어느 때까지 하시려나이까"(10절). 짐승에게 순교를 당한 사람들을 본문은 제단에 제물로 바쳐진 것으로 간주하고 있다. 구약제사에서 제단에 제물이 바쳐진 후 피는 성전기물에 뿌리고 나머지는 제단 옆에 쏟았다. 이와 같이 순교당한 자의 원한이 제단 아래에 있어서 계속 하나님에게 신원(伸寃)하고 있다. 그들이 신원하는 소리는, 자신들의 억울함을 갚아달라는 것이다. 그들은 왜 하나님께서 잠잠하고만 계시는지 항의한다.

하나님께서는 그들에게 흰 두루마기를 주시면서 순교의 숫자가 차기까지 잠깐 기다리라고 하신다. 흰 두루마기는 의와 거룩을 입는 것을 뜻한다. 그러나 성도들이 어려운 중에 부르짖으나 환난은 잠시 동안 계속될 것이다.

결론적으로 인의 순서에서는 마지막 때에 있을 네 가지 재난이 징조로서 주어진다. 전쟁, 기근, 온역 그리고 성도들의 환난이다. 이러한 네 가지 재난은 구약에서부터 이스라엘 백성들에게 주어지는 재난들로 계속 언급되었다. 레위기 26:14~39은 이스라엘 백성들이 율법을 준행치 않을 때에 기근, 염병이 들 것이고, 대적들의 칼에 죽임을 당하고(전쟁), 포로로 잡혀가 열방 중에 흩어질 것이다. 신명기 28:15 이하에도 그들이 여호와의 명령을 청종치 않으면 기근, 염병, 전쟁 그리고 포로로 잡혀갈 것이 예언되었다. 열왕기하 8:25~53에서도 솔로몬이 성전을 향한 기도에서 이스라엘이 범죄하여 당하는 네 가지 재난들 — 기근, 질병, 전쟁, 포로 — 을 지적하고 있다.

하나님의 계시역사 중에 위의 네 가지는 세상 혹은 이스라엘에게 주는 하나님의 채찍으로 계속 사용되어 왔다. 구약에서는 이스라엘 백성들이 포로로 잡혀가서 이방인들에게 당하는 포로에서의 환난에 가장 큰 관심이 집중되었다. 그러나 구약에서의 '포로'의 재앙이 신약에서는 '성도들의 환난'으로 대치되었으며, 이것이 신약에서의 종말론에 궁극적인 관심을 일으키고 있음을 유의할 필요가 있다.

(6) 여섯째 인: 어린양의 심판(6:12~17)

다니엘서 7장에서 세상 마지막 때에 성도들이 적그리스도에 의해 대환난을 당한 것이 묘사되었다. 결국에는 하나님께서 세상왕국들을 심판하시고 영원한 나라를 건설하여 성도들에게 주셨다(단 7:21~22, 25~27). 계시록 6장에도 마찬가지로 성도들의 대환난 후에 세상에 대한 하나님의 심판이 시작된다.

하나님의 심판은 "지진이 나며 해가 총담같이 검어짐"으로써 시작한다. 혹자는(특히 세대주의자들) '해가 어두워지는 것'은 은혜의 시대가 지나고 환난의 시대가 시작되는 것을 상징한다고 주장한다. 그들은 본문을 7년 대환난의 기간으로 본다. 그러나 구약에서부터 세상 마지막에 있을 '주의 날'(the Day of the Lord)이 해와 달이 어두워지는 것으로부터 자주 묘사된다(습 1:15; 욜 2:2, 31; 3:15; 암 5:18; 학 2:6). 이러한 주의 날은 하나님이 세상을 심판하는 날이다. 더욱 분명한 것은 마태복음 24:29~30의 예수님의 재림이 "그날 환난 후에 즉시 해가 어두워지며… 별들이 하늘에서 떨어지며 하늘의 권능들이 흔들리겠고 그때에 인자의 징조가 하늘에서 보이겠고 그때에 땅의 모든 권속들이 애곡하며…"로 묘사되고 있다. 주님께서 구름을 타시고 세상에 대한 심판주로 오시는 장면이다. '해가 어두워지며'로 시작하는 것은 세상이 교회에 주는 환난이 아니라 주님의 재림과 관계된 세상에 대한 하나님의 심판이다. 이것은 본문을 보아도 분명하다:

"땅의 임금들과 왕족들과 장군들과 부자들과 강한 자들과 각 종과 자주자가 굴과 산, 바위 틈에 숨어 산과 바위에게 이르되 우리

위에 떨어져 보좌에 앉으신 이의 낯에서와 어린양의 진노에서 우리를 가리우라 그들의 진노의 큰 날이 이르렀으니 누가 능히 서리요"(6:15~17).

천체(天體)의 변동, 이것은 유대 묵시문학의 언어이기도 하다. 그러나 이 언어들을 단순한 시적 혹은 상징적인 표현으로만 볼 수는 없을 것이다. 왜냐하면 성경의 많은 곳에서 세상 마지막 때에 하늘과 땅이 흔들리고 자연세계의 대변혁이 있을 것을 기록하고 있기 때문이다(사 34:4; 마 24:29; 히 12:26; 벧후 3:10, 12; 계 21:1). 그렇다고 해서 여기에 기록된 묘사가 문자 꼭 그대로 이루어져야 한다고만 할 수도 없을 것이다. 예를 들면 이사야 11:6~9의 하나님 나라에 대한 묘사에서 이리가 어린 양과 함께 거하고 사자가 어린아이에게 끌리는 모습이 나타난다. 이것을 영적으로 해석하여 현재 교회에서 이루어졌다고 하는 것도 반대하지만, 꼭 이것은 이리와 어린 양이어야 하며, 사자와 어린아이여야 한다는 것도 너무 좁은 견해라고 생각한다. 즉 이사야 본문은 하나님의 나라에 있을 동물들과 동물들 그리고 짐승들과 사람들 간의 평화를 어떤 동물들의 이름들을 들어 묘사하고 있는 것이다. 아울러 계시록의 자연세계의 대변혁도 상징적으로만 볼 수 없으며, 어떤 형태로든 자연세계의 대변혁이 있을 것을 묵시문학의 언어를 이용하여 묘사한 것으로 보아야 한다. 아울러 필자가 강조하고 싶은 것은 세상의 변혁의 모습을 너무 세밀하게 세부적인 그림을 그리는 위험을 범하지 말자는 것이다.

하나님의 심판은 하늘과 땅과 바다와 세상사람들에게 이루어지고 있다(계 8:6~11; 14:7; 16:2~9을 참조하라). 하늘의 별들이 대풍에 흔들려 떨어지는 설익은 무화과처럼 땅에 떨어지며, 하늘은 종이 축이 말리는 것같이 떠나간다. 땅에는 지진이 나며 산들이 옮기운다. 지진은 마지막 날의 하나님의 심판을 위해서 자주 등장하는 요소이다(암 8:8; 겔 38:19; 욜 2:10 등). 바다에는 섬들이 옮기운다. 세상의 군왕들과 각종 사람들은 보좌에 앉으신 이와 어린양의 진노를 무서워하여 굴과 바위 틈에 숨고 있다. 그들은 오히려 산과 바위가 자기들 위에 떨어져 달라고 부르짖고 있다. 어린양의 심판이 너무 무섭기 때문이다.

다니엘서 7장에서 책이 펴 놓였고 세상이 심판당하는 모습과 마찬가지로 계시록 6장에서도 책이 펴지며 세상이 심판을 당하는 모습이 나타나고 있다.

3. 성도들이 천국에 들어감(계 7장)

(1) 심판을 막으려는 악한 천사들(7:1~3)

요한은 마지막 하나의 인을 떼기 전에 잠시 인의 순서를 멈추고 다른 광경을 설명한다. 요한은 세상을 해(害)하려는 네 천사들과 성도들을 보호하려는 한 천사를 본다. 그리고 성도들이 환난에서 나와서 하나님 나라에 참여하는 모습도 본다. 요한은 땅 네 모퉁이에 선 네 천사를 보았다. 그들은 땅의 사방의 바람을 붙잡아 바람이 땅과 바다의 각종 나무들에게 불어 과실을 떨어뜨리지 못하게 막고 있다. '땅의 네 모퉁이' 혹은 '사방의 바람' 등은 유대인들이 흔히 지상세계의 끝을 표현하는 말들이다. 여기에서 '천사'들이 나타나지만 이들은 선한 천사가 아닌 것은 분명하다. 2~3절에 나타나는 해돋는 데로부터 올라오는 '또 다른 한 천사'가 있는데 그가 선한 천사이다. 이 한 천사는 땅과 바다를 해할 권세를 가진 네 천사들로부터 성도들을 보호하는 임무를 띠고 있다. 따라서 네 천사들은 악한 영들이라고 할 수 있다.

네 천사가 하는 일이 무엇인지는 6장과 연관시켜 생각해야 할 것이다. 6장에서 여러 재난들이 땅 위에 있는 사람들을 죽였다. 특히 짐승이 성도들을 죽였다. 다니엘서 7장에서도 '하늘의 네 바람'이 바다에 불어 바다에서 짐승들을 일으켰었다. 이 짐승들이 땅 위의 사람들을 죽였으며, 특히 넷째 짐승의 작은 뿔이 성도들을 괴롭혔었다. 다니엘서 7장에서도 악한 영이 세상에 재난을 주는 시각에서 쓰여졌었다.

계시록 7장에 나타난 네 천사들은 땅을 해하는 권세를 가졌고, 특히 성도들을 죽이려고 할 때에 해돋는 데서부터 온 한 천사가 하나님의 종들의 이마에 인을 쳐서 보호한다(7:3). 7:1에는 이 네 천사가 땅 네 모퉁이에 서서 땅의 사방에서 불어오는 바람을 붙잡아 바람으로 하여금 땅과 바다의 각종 나무를 떨어뜨리지 못하게 한다. 이것은 6:12 이하에 묘사된 보좌에 앉으신 이와 어린양의 심판을 막으려고 하는 행동이다. 6장에서 하나님의 심판을 마치 바람이 선 과실을 떨어뜨리는 것처럼 묘사하고 있다(6:13). 전에 세상을 괴롭히고 성도들을 죽였던 네 천사들의 세력이 이제 하나님이 세상을 심판하기 위해 일으키는 바람을 막으려고 한다. 성도들을 괴롭힌 세상의 군왕들과 권세자들은 아직 설익은 과실과 같이 싱싱하다. 네 천사들은 아직 싱싱한 이 과실나무들에 하나님의 심판이 불어닥치지 못하도록 막으려고 하는 것이다. 그러나 이러한 세력이 하나님과 어린양의 심판을 막을 수 없을 것임이 분명하다.

(2) 십사만 사천 명의 구속받은 성도들(7:4~9)

동쪽에서부터 올라온 한 천사에 의해 인맞은 숫자는 "이스라엘 자손의 각 지파 중에서 십사만 사천"이었다. 이 숫자는 오랫동안 논란의 대상이 되어 왔다. 이단자들이 종종 이 숫자를 자기 무리의 것으로 이용하기도 한다. 여호와증인은 자기 교에 들어온 사람들의 숫자가 십사만 사천이 차면 마지막이 될 것이라고 공언하기도 한다.

그러나 구속받은 성도들의 숫자는 십사만 사천 명만이 아니다. 9절에는 다음과 같이 말한다: "이 일 후에 내가 보니 각 나라와 족속과 백성과 방언에서 아무라도 능히 셀 수 없는 큰 무리가 흰 옷을 입고 손에 종려가지를 들고…" 즉 구속받은 성도는 이스라엘에서 십사만 사천이요, 이방나라들에서는 능히 셀 수 없는 많은 사람들이 참여하고 있다. 따라서 우리는 마지막 때에 구속받을 숫자인 십사만 사천의 숫자에만 너무 집착할 필요가 없겠다.

십사만 사천의 숫자가 과연 문자 그대로 이스라엘을 의미하는지에 대하여 논쟁이 끊어지지 않는다. 헨드릭슨 등은 이 숫자는 "영적 이스라엘 즉 지상의 하나님의 교회를 상징한다"고 주장한다(헨드릭슨, 1975: 131; cf. Hoeksema, 1974: 251 이하). 교회란 이방인들이 주축을 이루고 있다. 그러나 이러한 주장을 받아들이기가 힘든 이유들은 다음과 같다:

① 본문은 이스라엘과 이방인들을 구분하고 있으며, 이스라엘에게 십사만 사천이며, 이방인들 중에서는 숫자를 셀 수 없는 큰 무리라고 말한다.

② 십사만 사천을 그냥 이스라엘의 숫자로만 말하지 아니하고 유다, 르우벤 등의 열 두 지파들의 이름들을 열거하고 있다. 이 숫자를 교회라고 주장하는 사람들은 구속받은 이방인들을 영적인 이스라엘이라고 부를 수 있다는 데에 그 근거를 두고 있다. 그렇다면 유다, 르우벤 등의 열두 지파의 이름들은 또 어떻게 해석해야 할 것인가? 이방인들을 영적인 유다, 르우벤 등으로 해석할 수 있는가?

③ 신약성경에 이방인을 포함한 교회를 이스라엘이라고 부른 곳이 있는가? 혹자는 갈라디아서 6:16에 나타나는 '이스라엘'은 교회를 말하는 것이라고 주장하기도 한다. 그러나 갈라디아 본문은 논란의 대상이 되는 구절로서 꼭 교회라고 볼 수 있는 확실한 근거가 되지 못한다(한정건, 1987을 참조하라).

④ 로마서 9~11장은 하나님이 이스라엘을 버리지 않으셨음을 변증하고 있다. 현재는 이스라엘이 넘어지고 이방인들에게 구원의 흐름이 넘어갔지만 그러나 이방인의 충만한 숫자가 차면 '온 이스라엘'이 구원얻을 것을 바울은 증언한다(롬 11:26; '온 이스라엘'

이라 할 때에 개개인의 모든 이스라엘을 의미하느냐의 문제는 따로 생각해 보아야 할 것이다. 그러나 이방인 후에 구원의 흐름이 이스라엘로 넘어갈 것임은 확실하다. 이를 위한 자세한 논쟁은 한정건, 1987을 참조하라).

마지막 때에 이스라엘의 구원이 중요하게 다루어지고 있는 로마서를 근거로 할 때에 본문도 이스라엘의 구원에 대한 것으로 보아야 할 것이다(Ladd, 1972: 113를 참조하라). 그러나 묵시문학에서 숫자를 취급할 때에 우리는 너무 숫자 그 자체에 집착하지 않는 것이 좋겠다. 과연 각 지파들이 정확하게 일만 이천씩이며, 전체는 꼭 십사만 사천 명으로 보아야 하느냐의 문제이다. 성경의 족보에서는 자주 대칭적으로 숫자를 맞추고 있는 습관이 있음을 유의할 필요가 있겠다. 창세기 계보에서 아담에서 노아까지 10대이고, 노아에서 데라까지 10대였다. 마태복음 1장의 계보에서는 아브라함에서 다윗까지 14대요 다윗에서 바벨론 포로까지 14대 그리고 바벨론 포로 이후 예수님까지가 14대였다. 그러나 실제적으로는 계보들에서 여러 사람들이 빠져있음을 발견하게 된다. 따라서 우리는 이러한 숫자들이 정확한 대수를 증명하려는 의도보다 서로 대칭을 이루는 조화를 중요시하였다고 생각할 수 있다. 계시록 본문에서 각 지파들이 같은 숫자들로서 서로 대칭을 이루고 있다. 따라서 우리는 너무 숫자 그 자체에 집착할 필요는 없을 것이다. 여하튼 본문은 이스라엘에서 어떤 정해진 숫자들이 구원을 받으며 또 이방인들 중에서도 수많은 무리들이 함께 천국에 참여할 것을 말하고 있다.

(3) 천국에 들어감(7:13~17)

구속받은 이스라엘과 이방인들이 흰 옷을 입고 손에 종려가지를 들고 보좌 앞과 어린양 앞으로 나아간다. 장로 중 하나가 "이들이 누구며 어디에서 온 사람인지 아느냐?"고 요한에게 물었다. 그 장로가 요한에게 설명한다: "이는 큰 환난에서 나오는 자들인데 어린양의 피에 그 옷을 씻어 희게 하였느니라"(14절).

혹자는(대체로 세대주의자들) 6:12 이하를 7년대환난 기간으로 또 7장에 나타나는 성도들이 천국에 참여하는 장면은 7년대환난 전에 성도들이 공중휴거된 장면이라고 주장한다. 그들은 성도들이 환난을 받지 않으며 환난 전에 예수님이 공중에 재림하시고 성도들은 휴거되어 올라간다고 말한다. 그들은 계시록의 일곱 사이클을 시간적인 순서로 보는 데서 기인한다(장두만, 1991(10월): 64을 참조하라). 그들은 만약 계시록 7장을 성도들이 마지막 하나님의 나라에 참여하는 것이라면 어떻게 13장 등에서 또다시 세상의 환난이 나타나고 있느냐고 반문한다.

그러나 본인은 계시록의 사이클들이 시간적인 순서로 짜여져 있다고 보지 않는다. 계시록의 7의 사이클은 논리적인 구조라고 생각한다(이 구조에 대하여는 뒤에 다시 설명하도록 하겠다). 환난 전 공중휴거를 주장하는 사람들은 성도들은 대환난을 당하지 않는다고 말하나 7:14에는 천국에 참여하는 사람들이 분명히 "환난에서 나오는 자들"이라고 증언하고 있다. 그리고 본문은 전혀 공중휴거에 대한 말을 하고 있지 아니하다. 여기에 묘사되는 천국은 공중에서 임시로 주님을 만나는 장소가 아니라 하나님의 보좌 앞이며(천국) 이것은 영원한 하나님의 나라가 분명하다.

천국에 참여하는 이들은 큰 환난에서 나왔을 뿐만 아니라 어린양의 피에 옷을 씻어 희게 한 사람들이다. 그들이 하나님 보좌 앞에서 밤낮 하나님을 섬긴다. 그리고 하나님께서는 그들 위에 장막을 치셔서 그들을 보호해 주실 것이다. 그곳에는 다시는 주리거나 목마름이 없을 것이며, 해나 뜨거운 것으로 인한 상함도 없을 것이다. 어린양이 저희의 목자가 되사 성도들을 생명수 샘으로 인도하시고, 하나님께서는 저희 눈에서 모든 눈물을 씻어주실 것이다(7:17). 이들은 환난을 통하여 억울함을 많이 당한 사람들이며, 그들은 눈물로써 하나님에게 억울한 사정들을 호소하였었다. 그러나 하나님께서는 잠시동안만 기다리라고 하셨다. 이제 모든 것은 끝났다. 이제 그들의 눈에서 눈물을 씻어주시고 그들의 원한을 갚아주실 것이다.

4. 일곱째 인의 비밀(계 8장)

이제 마지막 남은 일곱째 인이 떼어진다. 초두에서 말하였지만 만약 모든 인이 떼어지고 책들이 펴진다면 다니엘서 7장에 나타나는 세상에 대한 심판이 있을 것이다. 일곱째 인을 떼니 일곱 천사가 일곱 나팔을 받았다. 나팔은 전쟁에서 경고로 사용되어지는 것이다. 일곱 나팔들은 하나님의 심판에 대한 경고요 또한 대환난에 대한 경고로 사용되어질 것이다.

일곱 나팔이 불리기 전에 한 천사가 향로를 가지고 와서 제단의 불을 향로에 담아간다. 구약성전에서 성소에 있는 향로는 반드시 제단의 제물을 태운 불로 담아가야 한다. 계시록은 천사가 제단 곁에 서서 하나님에게 바쳐드릴 많은 향을 받았다고 한다. 이것은 성도들의 기도들과 합하여 하나님에게 드리고자 함이라고 말한다 (8:3). 성도들의 기도가 어떻게 제단 곁에 있는가? 이것은 계시록 6:9 이하에 짐승에게 죽임을 당한 성도들의 영혼들이 제단 아래에 있어 하나님에게 신원하고 있었다. 천사는 이 순교당한 성도들의 원한맺힌 하소연을 향로에 담아 향기로운 제물로 하나님에게 바치는 것이다.

또 다른 천사가 향로를 가지고 와서 이번에는 제단의 불을 담아 땅에 쏟는다(4~5절). 불이 땅에 쏟아지매 뇌성과 음성과 번개와 지진이 일어나고 있다. 그리하여 7절부터 나팔이 불리워지는데, 나팔이 불릴 때마다 땅에서는 엄청난 재난들이 일어난다. 하나님께서 땅을 심판하시는 것이다. 이러한 하나님의 심판은 제물로 바쳐진 성도들의 기도의 응답이다. 하나님께는 성도들을 태운 불로써 땅에 쏟아 세상을 심판하신다.

첫째 나팔이 불릴 때에 땅이 심판을 당한다(7절). 둘째 나팔이 불릴 때에 바다가 심판을 받는다. 셋째는 물샘근원(즉 생명의 근원)이 심판을 당한다. 넷째는 하늘이 심판을 당한다. 이와 같이 하늘과 땅과 바다와 그 가운데 사는 생물들이 심판을 당한다.

5. 결론

우리는 계시록 4~9장까지를 살펴볼 때에 다니엘서 7장과 깊은 연관을 가지고 있음을 알 수 있다. 다니엘과 계시록은 모두 하나님께서 보좌에 앉으셔서 세상을 심판하신다. 모두 보좌 앞에 펴 놓인 책에 따라 세상을 심판한다. 다니엘서는 책이 펴져있고 세상 왕국들과 적그리스도가 함께 멸망을 당하였다. 계시록은 책의 인이 하나씩 떼어지면서 세상에 일어날 재난들이 나타나고 있었다. 책이 다 펴졌을 때는 다니엘과 마찬가지로 세상의 왕들이 심판당하고 성도들이 하나님 나라에 참여한다.

다니엘서와 계시록은 모두 성도들이 당하는 환난들에 초점을 맞추고 있다. 또 세상을 심판하는 데 중요한 역할을 하실 이가 '인자와 같은 이'(다니엘서)와 '어린양'으로 표현되고 있다. 다니엘서는 메시야가 사람으로 태어날 신적인 존재를 내다보며 예언하고 있으며, 계시록은 이미 사람으로 나셔서 죽임을 당하신 구속자의 의미를 부각시키는 용어선택이라고 생각된다.

계시록은 다니엘서보다 세부적인 면에서 설명이 더 많이 부가되고 있음에도 유의할 필요가 있겠다. 재난에서 전쟁과 성도들의 환난 외에 기근과 질병의 재앙들이 더하고 있으며, 하나님의 심판에서는 하늘과 땅과 바다가 심판당하는 모습 등이 첨가되어 있다. 또한 세밀하게 설명된 부분들도 있다. 그리스도가 권세를 받고 세상을 심판하는 모습, 성도들이 죽임당하는 모습, 세상 왕들이 심판을 무서워하는 모습 등은 다니엘서에 나타나는 것보다 훨씬 더 자세히 묘사되고 있다.

5장
적그리스도의 표상
- 다니엘 8장 -

우리는 본서 2장에서 다니엘서 7장에 적그리스도가 등장하는 것을 보았다. 적그리스도는 넷째 짐승에서부터 나오는 한 작은 뿔로 묘사되었다. 8장에 들어와서도 7장과 유사한 환상이 나타난다. 짐승이 나타나며 또 짐승에서 자라나는 뿔들이 묘사되었다.

1. 수양의 비밀

다니엘은 첫번 환상(단 7장) 3년 후에 다시 한 환상을 보았다. 다니엘이 이 환상을 보았을 때는 수산성에 있을 때였다고 고백한다. 수산은 페르시아의 수도이다. 바벨론에서 높은 지위를 가지고 있었던 학식있는 그였기에 아마도 사신으로서 수산성에 왔을 가능성이 높다. 환상 가운데 자신이 을래강변에 있었고(아마도 티그리스 강과 연결된 운하였을 것임) 먼저 그는 두 뿔 가진 수양을 보았다. 천사가 이 수양은 메데와 페르시아 왕들이라고 해석해 준다. 이 수양이 가진 두 뿔이 특이하게 묘사되고 있다. 하나가 먼저 나서 그것이 길었는데, 뒤에 나온 다른 하나는 먼저 것보다 더 길었다. 만약 양이 두 뿔을 가졌었다고만 한다면 우리는 그 뿔에 특별한 상징적인 의미를 찾을 필요가 없을 것이다. 그러나 뿔들이 정상적인 것이 아닌 특이하게 묘사된 점을 보아서 그것들은 어떤 상징적인 의미를 띠고 있음이 확실하다. 먼저 난 뿔은 메데왕이요 뒤에 난 뿔은 페르시아 왕을 상징하는 것으로 볼 수 있다.

메데인들은 북부 엘람지역에서(현 서북 이란지역) 주전 9세기 이후에 정착해 온 민족이었다. 앗수르가 쇠잔해 갈 때에 이 민족은 대왕국으로 발전하여 갔다. 특히 키악사레스(Cyaxares, 625?~585?)왕 때에는 메데가 바벨론의 나보폴랏살과 동맹하여 앗수르를 넘어뜨렸다. 앗수르가 무너진 후 메데는 바벨론 제국에 크게 위협적인 나라로 성장해 갔다. 바벨론의 느부갓네살 이후 메데는 바벨론을 칠 준비를 했다. 메데왕 아스티아게(Astyages, 585?~550)는 바벨론으로 진군하기 전에 먼저 남쪽에 있는 작은 부족국가 정도의 페르시아에게 함께 바벨론을 치러 갈 것을 제안하였다. 페르시아의 고레스는 거절하였고, 아스티아게왕이 고레스를 치러오는 중에 자기 부하들의 반란으로 죽임을 당한다. 고레스는 가만히 앉아 메데의 군사들의 투항(投降)을 받았으며, 그가 메데의 수도 엑바타나에 입성하여 나라를 접수한 후에, 메데의 군사를 이끌고 세계를 정복하기 시작하였다. 주전 539년에 바벨론을 점령하고 바벨론에 포로로 잡혀온 외국인들을 본국으로 돌아가도록 허락하는 칙령을 발표했다.

이러한 역사적인 기록들과 비교해 볼 때에 본문에 나타난 수양의 첫 뿔은 메데왕으로 볼 수 있고, 뒤에 나온 뿔은 페르시아 왕 고레스로 생각된다. 이 짐승이 서와 북과 남을 향하여 받으니 그것을 당할 짐승이 없었고 임의(任意)로 행하여 스스로 강대하게 되었다(8:4). 고레스가 세계를 정복하여 강대해지는 모습이다.

2. 수염소의 비밀

수양 이후에 한 수염소가 서편에서부터 와서 온 세상을 빠르게 정복한다. 수염소가 수양에게로 가서 수양을 쳐서 땅에 엎드러뜨리고 밟았다. 이 수염소는 두 눈 사이에 현저(顯著)한 뿔이 있었다

(5~7절). 천사는 이 수염소는 헬라왕국이요, 현저한 뿔은 첫째 왕(알렉산더대왕)이라 해석해 준다(21절).

수염소가 심히 강대하여졌을 때에 그 큰 뿔이 꺾이고 그 대신에 현저(顯著)한 뿔 넷이 하늘 사방을 향하여 났다(8절). 해석에서는 네 뿔은 그 나라에서 일어날 네 나라이며 그러나 그 권세가 전보다는 못할 것이라고 하였다(32절).

역사적으로 볼 때에 다니엘서의 예언은 정확하게 성취되었다. 헬라 왕 알렉산더대왕이 20세에 아버지 빌립을 이어 주전 336년 왕위에 오른 후 334년에 페르시아 정복의 길에 나섰다. 그는 소아시아, 이집트, 시리아, 메스포타미아 지역을 장악하고 페르시아를 넘어뜨린 후 카스피 바다 동쪽 박트리아왕국까지 점령하고 거기서 박트리아의 공주와 결혼하였다. 군대가 인더스 강까지 도달하였으나 강을 넘지 않고 회군하여 바벨론에 도착한 후 323년 6월에 죽고 말았다. 그때 그의 나이는 32세였으며, 그의 유일한 후손은 박트리아 공주 록사나(Roxana)에게서 태어난 갓난아이 뿐이었다. 장군들은 그의 후계자를 둘러싸고 분열되기 시작했다. 장군들의 싸움통에 록사나 왕후와 아이는 암살당하고, 알렉산더의 동생도 죽임을 당한 후 나라는 네 조각으로 나누어졌다: 안티고너스(Antigonus)는 메소포타미아에서 지중해에 이르는 중앙의 넓은 지역; 캇산더(Cassander)는 마게도니아; 리시마커스(Lysimachus)는 드라게와 소아시아 지역; 톨레미(Ptolemy)는 이집트와 팔레스틴 남부지역. 네 장군들은 서로가 세력다툼을 벌이다가 결국 안티고너스가 제거되고, 셀루커스장군이 시리아 지역을 차지하여 나라는 셀루커스왕국을 포함한 네 조각이 되었다.

3. 작은 뿔의 비밀

이 예언의 클라이막스는 수염소에 나타나는 한 작은 뿔의 역할이다. 네 뿔 중의 어느 한 뿔에서 한 작은 뿔이 돋아나서 그는 남편(팔레스틴과 이집트쪽)과 동편(메소포타미아)과 또 영화로운 땅 (유대땅)을 향하여 심히 커지더니 하나님까지 대적한다(9~11절). 그가 하나님에게 매일 드리는 제사를 폐하고 성전을 짓밟는다 (12~13절). 이것은 네 왕국 중 시리아 왕국에서 나올 안티오쿠스 4세(Antiochus Epiphanes, 주전 175~164)임이 틀림없다(박윤선, 1985: 147 이하를 참조하라). 그는 이집트 왕국과의 전쟁에서 돌아가는 길에 유대땅에 들어와 성전을 짓밟고 성전 뜰에 주피터 신상을 세워 거기에 제사하였다. 그리고 유대인들에게 유대종교를 금하고 헬라신을 섬기도록 강요하였다. 이것은 마카비상·하서에 세밀히 기록되었다(그에 대한 역사적인 사실들은 11장에서 상세하게 설명하겠다).

한 천사가 다른 천사에게 "멸망케 하는 죄악(우상을 세운 일)을 행하는 일과 성소를 짓밟는 일이 어느 때까지 이르겠느냐?"고 물었을 때에 그 다른 천사가 2,300주야(晝夜)까지라고 대답하였다. 이 숫자는 하루를 주(낮)와 야(밤)로 구분하여 계산한 것으로서 1,150일과 같다고 하겠다. 이것은 3년이 조금 넘는 정도의 기간이며, 안티옥커스 에피파네스에 의해 이것은 성전이 더럽혀져서 마카비인들이 다시 회복할 때까지의 기간과 대략 일치한다(마카비인들에 대하여는 11장에서 취급하도록 하겠다).

우리는 다니엘서 8장의 한 작은 뿔에 대한 묘사가 7장의 한 작은 뿔에 대한 예언에 이어서 기록되고 있다는 것에 유의해야 할 것이다. 7장과 8장의 작은 뿔이 서로 공통된 점을 가지고 있다. 둘 다 뿔을 상징적으로 사용하고 있으며 또한 이 뿔이 작은 뿔로 묘사되고 있다. 그러나 둘 다 자라며 강성해져서 세상을 정복하고 있다. 둘 다 하나님을 대적하며, 하나님 종교를 위협하고, 하나님 백성들을 괴롭히고 있다.

이상의 유사한 점들에도 불구하고 두 뿔들은 근본적으로 서로 다른 점을 가지고 있다. 7장에는 네 짐승 중 마지막 짐승에서 작은 뿔이 나타났으며, 8장에는 둘째 짐승에서 나타났다. 7장의 넷째 짐승은 로마왕국이었으며, 7장의 작은 뿔은 마지막 왕국(로마왕국)에서 일어날 적그리스도였다. 그러나 8장의 둘째 짐승은 헬라왕국이었으며, 적그리스도가 아닌 안티오쿠스 4세였다. 7장과 8장의 왕국들을 서로 비교한다면, 7장의 둘째 짐승(곰)이 8장의 첫째 짐승(수양)이며, 7장의 셋째 짐승(표범)이 8장의 둘째 짐승(수염소)이다. 따라서 두 작은 뿔들은 매우 유사하나 그러나 같은 인물은 아니다.

또한 다른 점은 7장의 작은 뿔은 열 뿔 사이에서 나왔지만 8장의 것은 네 뿔 중의 하나에서 나왔다. 이것은 8장의 안티오쿠스 4세는 네 나라로 나누어진 것 중의 한 나라(셀루커스왕국)에서 나왔지만 7장의 적그리스도는 여러 나라로(10개국?) 나누어진 그 사이에서 나타났다.

7장과 8장의 두 환상들에서 이렇게 다른 두 인물들을 왜 거의 비슷하게 작은 뿔로 묘사하였겠는가? 8장의 작은 뿔이 7장과는 동일 인물은 아니지만 서로 연관이 있는 것은 분명하다. 다니엘서의 구성면에서 볼 때에 다니엘은 적그리스도를 7장에서 소개하였다. 그리고는 그에 대한 설명을 8장에서 안티오쿠스 4세를 그와 대조시켜 설명하고 있는 것이다. 다른 말로 하면 안티오쿠스 4세는 적그리스도의 표상으로서 다니엘에게 인용되고 있다는 것이다. 안티오쿠스 4세는 적그리스도를 설명해 주기 위해 도입된 것이다.

6장
전쟁에 대한 환상
- 다니엘 10~12장 -

1. 환상의 도입(서론)

　다니엘서 10~12장은 한 환상의 예언으로 구성되어 있다. 10장은 이 환상의 서론으로서 이 환상의 주제가 나타나며 환상이 어떻게 주어지는가에 대하여 배경적인 설명이 있다. 이 환상의 주제는 10:1에 나타나는 것과 같이 '큰 전쟁에 대한 것'이다. 따라서 이 환상은 주로 전쟁들이 기록될 것이다. 그러나 10장에서 이 전쟁은 단순한 세상 왕국들간의 전쟁이 아니라 영들의 전쟁임을 암시하고 있다.

　다니엘이 힛데겔(티그리스) 강가에 있을 때에 한 세마포 옷을 입은 천사가 나타났다. 그는 말일(末日)에 이스라엘 백성이 당할 일을 다니엘에게 전해주러 왔다고 말한다(10:14). 그 천사가 오는 중에 페르시아 군(君, prince)이 21일 동안 그를 막아 그는 페르시아왕들과 머물러 있었다. 그런데 군장(軍將) 중 하나인 미가엘이 그를 도와주므로 빠져나올 수 있었다(13절). 우리는 '군장 중 하나인 미가엘'이란 말에서 군(君)은 천사인 것을 알 수 있다. 따라서 페르시아 군(君)도 천사로 보아야 할 것이다. 다니엘에게 왔던 천사가 이제 돌아가서 페르시아 군(君)과 싸우러 갈 것이다. 그러면 헬라 군(君)이 이를 것이다(20절). 다니엘에게 왔던 천사가 이 군(君)들과 싸울 것인데, 천사를 도와서 그들을 대적할 자는 '너희 군(君) 미가엘'이다. 이때에 '너희'란 이스라엘 백성들을 말한다. 이스라엘의 군(君)은 세상 왕이나 혹은 장군이 아니라 천사 미가엘이다. 따라서 페르시아 군(君)과 헬라 군(君)도 모두 천사들로 보아야 한다. 실제 이 세상 왕국들 간에 전쟁이 있을 것이나 그 배후에는 그 나라들을 대변하는 천사들의 전쟁이 있음을 본문이 보여주고 있다.

2. 페르시아의 역사

11:2 이하에는 페르시아에서부터 헬라나라에 이르는 역사가 예언적으로 주어진다. 2절의 '페르시아에서 또 일어날 세 왕'과 그 다음에 일어날 넷째 왕이 누구를 뜻하는 지를 정확하게 집는 데는 어려움이 있다. 대체로 세 왕들은 켐베이시스(Cambyses: 529~522), 다리오 1세(Darius: 522~486), 크세륵세스 1세(Xerxes: 486~465) 등으로 간주한다. 그 후 왕들은 연약하였고 페르시아는 기울어지기 시작하였다. 따라서 네 번째 왕은 다리우스 2세(Darius II Nothus: 423~404)로 보며, 그의 때에 다시 국력이 잠시 왕성하여져서 그리스의 일부를 정복하고 소아시아 지역에 페르시아의 통치권을 확립했다. 그러나 때로는 앞의 세 왕은 켐베이시스 다음에 그의 형 스메르디스(Smerdis)를 삽입하기도 한다.[1]

---

1) 실제로는 스메르디스는 켐베이시스가 비밀리에 암살하였고 켐베이시스가 말년에 이집트를 정복하기 위해 원정갔을 때에 장군 가우마타(Gaumata)가 스메르디스의 이름을 가장하여 반란을 일으켜서 스스로 왕으로 군림하였고, 켐베이시스는 원정에서 돌아오는 도중 객사하였다. 켐베이시스를 따랐던 장군 다리오가 수도로 진격하여 가짜 스메르디스(Pseudo-Smerdis)를 몰아내고 왕위에 올랐다.

따라서 세 왕은 켐베이시스, 스메르디스(Pseudo-Smerdis, 가짜 스메르디스), 다리오 1세를 꼽을 수 있겠다. 넷째는 크세륵세스 1세로서 성경에는 아하수에로왕으로 불린다. 그의 시대는 부요하고 왕의 권세가 컸으며, 그리스를 침입하여 마라톤 전쟁을 일으켰다. 뒤의 계산이 더 바람직하다고 생각된다.

3. 헬라의 역사

"장차 한 능력 있는 왕이 일어나서 큰 권세로 다스리며…"(11: 3)는 헬라의 알렉산더대왕이다. "그가 강성할 때에 그 나라가 천하 사방으로 나누일 것이다"(4절). 알렉산더가 천하를 정복한 후 죽고 그 이후 나라가 여러 갈래로 갈라짐을 말한다. "왕권은 그의 후손에게로 돌아가지도 않고 그의 뜻하던 바대로 되지 않을 것이다"(4 하반절). 알렉산더의 유일한 후손인 갓난아이가 있었으나 그 아이가 암살당하고 결국 알렉산더의 대망은 무너지고 왕권은 분산되어 나라가 조각나고 알렉산더의 동생까지도 죽임을 당하고 말았다.

5절의 '남방의 왕'은 이집트의 톨레미왕을 말한다. 그가 강할 것이나 그 군들 중에 하나는 그보다 더 강하여 권세를 떨칠 것이다(5절). 이것은 셀루커스 장군을 가리킨다. 그는 처음에 안티고너스의 휘하에 있다가 쫓겨나서 이집트의 톨레미에게로 갔다. 톨레미의 장군으로서 그는 안티고너스를 무너뜨리는 데 큰 공헌을 했으나 결국 톨레미와 갈라져서 시리아 지역에 독자적인 셀루커스 왕국을 창설하였다. 셀루커스 1세 (주전 312~281)는 점점 국력을 확장시켜 나갔으며 톨레미 1세(주전 319~283)의 가장 위협적인 존재가 되었다. 톨레미 2세(Ptolemy II Philadelphus: 주전 283~247)는 매우 유능한 왕으로서 시리아 왕국을 침입하여 안티옥커스 2세(주전 261~46)에게 승리한 후 평화협정을 맺었다(주전 255). 톨레미는 자기의 딸 버니게(Bernice)를 안티옥커스 2세에게 주고 화친을 맺었다(6 상반절). 그러나 안티옥커스 2세는 버니게에게 싫증을 느낀 후 소아시아로 쫓겨간 본처 라오디게를 찾아갔으나 라오디게는 남편을 살해한 후(246년) 수도 안디옥에 있는 버니게와 그의 아들마저 암살하고 자신의 아들 셀루커스 2세(주전 246~226)를 왕위로 올렸다(6 하반절). 아버지를 뒤이어 막 왕위에 오른 톨레미 3세(주전 247~221)는 누이의 암살소식을 듣고 시리아를 침입하여 셀루키아와 안디옥성을 함락했다(7절). 이후로 얼마 동안 양쪽은 전쟁이 없이 서로 군사력을 준비하였다.

    셀루커스 왕가의 가장 유능한 왕으로 꼽히는 안티옥커스 3세(주전 223~187)가 왕 위에 오른 후 시리아 지역의 이집트 점령지를 회복하였고 남쪽을 향하여 진군하였다(10절). 이집트의 톨레미 4세(221~205)도 유능한 왕으로서 군사를 정비하여 보병 7만, 마병 5천, 전투용 코끼리 73두 등을 거느리고 북쪽을 향하여 진군하였다(217년). 안티옥커스 3세도 보병 6만, 마병 6천, 코끼리 102두 등을 거느리고 진군하였다. 처음에는 이집트가 우세하여 안티옥커스가 퇴진하였고 팔레스틴은 다시 이집트가 완전히 장악하게 되었다(11 하반절~12절). 201년에 안티옥커스는 다시 공격을 시작하여 요단강 상류의 전투에서 승리한 후 팔레스틴으로 밀고 내려왔다(13~16절). 이때에 팔레스틴 주변 민족들이 안티옥커스 3세를 도왔으며 특히 유대인들도 안티옥커스를 도와 이집트군을 팔레스틴에서 몰아내는 데 큰 역할을 하였다(14절). 그러나 유대인들은 자기들이 원하는 독립은 얻지 못하고 이제부터는 더 악랄한 시리아 왕국의 지배하에 들어가는 결과가 되었다(14 하반절). 안티옥커스 3세는 이집트 본국으로는 진군하지 않고 톨레미의 화친을 받아들였다. 안티옥커스는 자기의 딸 클레오파트라 1세(Cleopatra)를 톨레미 5세에게 아내로 주고 동맹을 맺었다. 사실 안티옥커스는 딸이 가서 자기 자신의 뜻대로 이집트를 장악게 할 욕심이었다. 그러나 딸이 아버지의 뜻을 좇지 않고 남편을 더 위하였으므로 안티옥커스의 계획은 실패하고 말았다(17절).

이때에 유럽에서는 로마가 이탈리아지역을 통일한 후 그리스를 거쳐 소아시아로까지 세력을 확장해 오고 있었다. 안티옥커스 3세는 급하게 기수를 북으로 돌려 196년 시리아군대와 헬레스폰트(Hellespont) 해협에서 로마와 대접전을 벌였다. 이 전쟁에 서로마군대에게 패해 안티옥커스는 소아시아로 물러났으며, 191년에 굴욕적인 평화조약에 서명하였다(18절). 그는 많은 조공을 바쳤으며, 자기의 둘째 아들을 로마에 볼모로 주었다. 안티옥커스 3세는 전력 보강을 목적으로 돈을 모으기 위해 지방으로 순회를 나섰다가 페르시아의 수사근방의 한 신전에 들어가서 보물을 탈취하다가 그 마을 주민들에 의해 죽고 말았다(19절).

그 뒤를 이은 셀루커스 4세(주전 187~175)도 지방을 돌면서 재물을 모으기 위해 급급하다가 반란에 의하여 암살당하고 말았다(20절). 로마에서 포로생활을 하던 안티옥커스 3세의 둘째 아들이 풀려나와 귀향하는 도중에 자기 형이 암살당한 소식을 듣고 사람들에게 동정적인 호소를 하여 사람들을 모아서 안디옥으로 향하였다. 그는 교묘한 꾀로 안디옥을 점령하여 왕위를 차지했다. 그가 유명한 안티옥커스 4세(Antiochus Epiphanes, 주전 175~164)이다. 다니엘서는 그를 '비천한 사람'으로서 나라의 영광이 그에게 주어지지 않았지만 그가 평안한 때를 틈타서 궤휼(詭譎)로 나라를 얻을 것으로 말하고 있다(21절). 그에게 에피파네스(Epiphanes)라는 별명이 붙어 있는데 이것의 기원에 대한 두 가지 견해가 있다: 첫째로, 에피파네스란 '하나님의 현현'이라는 어원에서 나왔으며 이것은 자신을 신격화하기 위해 본인이 붙인 이름이라는 주장이다. 그러나 역사적인 기록을 살펴볼 때에 이것을 확증지을 증거를 찾기 힘들다. 마카비서와 성경기록을 볼 때에 그는 오히려 헬라신을 섬겼다; 둘째로 에피파네스란 '미치광이'(the mad)라는 뜻으로 다른 사람들이 그를 조롱하는 의미로 붙였다는 설이 있다. 아마도 뒤의 의미가 맞을 것 같다.

안티옥커스 에피파네스는 173년에 이집트를 제일차로 침입하였다(25절). 169년에 이르러 알렉산더 가까이 진격하였을 때에 그와 이집트왕 톨레미 6세는 서로 화친을 맺기로 하고 술자리를 가졌다. 두 왕들은 서로 마음 속에 상대방에 대한 음모를 가지고 잔치상에 앉았다. 술이 얼큰하게 된 때에 먼저 안티옥커스가 자기 편에 신호하여 술자리에 있는 이집트 장군들을 처형하였다. 그러나 톨레미왕은 간신히 도망하여 목숨을 건졌다(26~27절). 일을 뜻대로 성사시키지 못한 그는 군대를 철수하였다. 돌아오는 도중에 그는 유대에 들러 예루살렘의 성전금고를 탈취하는 등 횡포를 부렸다.

안티옥커스 에피파네스는 168년에 제이차로 이집트를 침입, 알렉산드리아 4마일까지 진격하였다. 이집트 수도의 함락을 눈앞에 둔 때에 로마군대가 알렉산드리아에 도착하였다(30 상반절). 로마의 장군 가이우스(Gaius Popilius Laenas)가 안티옥커스를 만나 이집트에서 철수할 것을 명령하였다. 안티옥커스는 생각해 보겠다고 했으나 로마 장군은 안티옥커스 주위에 금을 긋고 확답을 주기 전에는 그 금을 벗어나지 못한다고 강요하였다. 안티옥커스는 굴욕적으로 이집트에서 군사를 철수하였다(30 하반절). 때마침 예루살렘에서 전에 폐위된 대제사장 야손이 반란을 일으켰다는 소식을 듣고 돌아오는 길에 예루살렘으로 진군해 들어가 많은 사람들을 학살하고 여자와 아이들을 노예로 팔았으며, 성을 불태웠다. 성전으로 들어가서 더 이상 하나님에게 제사를 드리지 못하게 금하고, 성전뜰에 주피터 신상을 세워놓고 돼지로 제사를 드리고, 돼지즙으로 성전기물들에 뿌리는 불경스러운 일들을 행했다. 성경은 이렇게 진술한다: "성소 곧 견고한 곳을 더럽히며 매일 드리는 제사를 폐하며 멸망케 하는 미운 물건을 세울 것이며 …"(31절). 여기서 말하는 '멸망케 하는 미운 물건'은 주피터 우상을 말한다. 그는 칙령을 발표하여 유대종교를 금하고 안식일을 지키지 못하게 했으며, 거룩한 음식과 부정한 음식을 구분하는 유대인의 규례를 폐하였다. 그리고 유대인들에게 많은 세금을 부과하였다. 이러한 사건들은 외경인 마카비상·하서에 자세히 기록되어 있다.

그 시대의 예루살렘성전 대제사장들은 극히 부패하여 시리아 왕에게 돈을 주고 대제사장권을 사는 추태들을 보였다. 야손이 안티옥커스 4세에게 뇌물을 주고 전통적으로 대제사장직을 계승한 오니아스 3세에게서부터 대제사장직을 탈취했으며, 메넬라우스는 야손보다 더 많은 뇌물을 주고 제사장직을 샀다. 안티옥커스 4세가 예루살렘으로 들어왔을 때에 메넬라우스는 오히려 그를 영접했으며, 헬라왕의 편에 서서 자기 백성을 괴롭혔다(30 하반절). 이때에 많은 사람들이 헬라의 앞잡이가 되어 자기 백성들을 탄압하고 유대종교를 행하는 사람을 고발하여 박해하고 죽였다(32, 34절). 이때에 모딘이란 작은 동리에서 헤스몬 가문의 제사장 맛다디아스(Mattathias)가 헬라신을 섬기기를 거절하고, 유대인 관리를 죽이고 아들들을 데리고 광야로 도망갔다. 이들이 마카비인들이다(32 하반절). 그들은 광야에서 율법을 행함으로써 자신들을 정결케 하며 연단하여 헬라군대와 대항하여 싸웠다(35절). 164년 12월에 마카비인들이 성전을 다시 탈환하여 하나님께 드리는 제사가 재개되었다.

11:2에서 시작된 페르시아-헬라의 긴 역사는 여기에서 끝난다. 이 역사적인 개요는 전쟁을 주요 주제로 하여 취급하고 있다. 이 역사의 클라이막스는 안티옥커스 4세이다. 그가 어떻게 이집트와 전쟁했는지, 또한 이러한 전쟁의 와중에 그가 어떻게 예루살렘과 그 성전을 훼파하고 유대인들에게 어떠한 환난을 주었는 지가 초점으로 다루어지고 있다.

4. 적그리스도의 출현(단 11:36~11:39)

다니엘서 11:36은 '이 왕이'라는 말로 시작한다. 문맥으로 볼 때에 '이 왕'은 35절까지의 내용에 있는 안티옥커스 4세를 가리키는 것 같다. 따라서 어떤 주석가들은 36절 이후의 이 사람을 안티옥커스 4세라고 주장한다(Montgomery, 1979: 460 이하; 박윤선, 1985: 195 이하). 그러나 교부 제롬 이후 칼빈, 카일, 영(E. J. Young) 등을 거치면서 전통적으로 이 사람은 적그리스도로 해석되어 왔다(Young, 1980: 246 이하). 사실 본문을 자세히 살펴볼 때에 36절 이후에 묘사된 왕은 안티옥커스 4세는 아닌 것이 분명하게 드러난다. 우리는 다음과 같은 점에서 이 왕이 안티옥커스 4세와 동일 인물이 아닌 것을 증명할 수 있다.

첫째로, 본문에 나타나는 왕은 자기 스스로를 높여 신들보다 크다고 하며(36절), 자기 조상들의 신을 돌아보지 아니하고(37절) 그 대신에 열조가 알지 못하는 신 곧 세력의 신을 공경할 것이다(37절). 그러나 다니엘서 8장과 11장과 마카비서 등에서 나타나는 바에 의하면 안티옥커스 4세는 자기 조상들의 신(헬라신들, 특히 제우스와 주피터)들을 성전에 세우고 섬겼으며, 유대백성들에게 헬라신을 섬기도록 강요했다. 따라서 본문의 정황을 보아서 안티옥커스 4세라고 할 수 없다.

혹자는 안티옥커스 4세의 화폐에서 'Theos'(神)라는 글자가 새겨져 있으며, 제우스의 초상화가 담겨있음을 이유로 그가 자신을 신격화하였다고 주장한다(Montgomery, 1979: 461를 참조하라). 그러나 제우스의 초상화가 담겨있음은 그가 제우스신을 중히 여겼다는 증거가 되지 본인을 제우스신으로 표현했다는 증거는 되기 힘들다. 특히 마카비서에 의하면 그는 유대인들에게 철저히 헬라종교를 섬기도록 강요하였지 자신을 신격화한 것은 나타나지 않는다. 그리고 본문은 "자기 조상들의 신들을 돌아보지 아니하고" 또 "조상들이 알지 못하는 신을 공경할 것이다"(37절)고 말하고 있는 것을 보아 이 구절들은 안티옥커스 4세의 행동과는 전혀 다름을 알 수 있다.

자기 스스로 신이 되며 또한 세력의 신까지 섬기는 상황은 계시록 13장에서도 나타나고 있다. 계시록은 용(사단)과 짐승(적그리스도)이 세상사람들에게 경배를 받으며 특히 적그리스도는 자신의 우상을 만들어 놓고 모든 사람들에게 절하도록 강요한다. 데살로니가후서 2:4에도 적그리스도로 추정되는 불법의 사람이 자신이 하나님보다 더 높아져서 경배를 받는다.

둘째로, 본문에는 그가 이집트를 침입하여 이집트를 정복하고 리비아와 구스(이디오피아)까지 굴복시킨다(40~43절). 그러나 안티옥커스 4세는 두 번에 걸친 이집트의 원정에서 이집트를 정복하지 못하였으며, 리비아와 구스에는 그 근방이라도 가보지 못하였다. 따라서 이 본문은 안티옥커스 4세가 아닌 것이 확실하다.

이러한 왕은 여태까지 이 지상에 나타나지 않았으며, 따라서 교부 제롬(1978: 124 이하) 이후 전통적인 신학자들은 '이 왕'을 앞으로 나타날 적그리스도로 보는 견해가 옳다고 생각한다.

5. 마지막 전쟁(11:40~12:1 상반절)

적그리스도가 마치 물이 넘침같이 여러 나라를 점령하여 지나갈 것이며 그가 또 '영화로운 땅' 즉 유대땅으로 들어갈 것이다. 이때에 유대 주위에 있는 '에돔, 모압, 암몬'(이스라엘 주변 아랍국가들) 사람들은 재난을 면할 것이다. 그가 이집트와 리비아, 구스까지 점령했을 때에(리비아와 구스는 당시에 남쪽의 끝으로 여겼다) 동북에서부터 반란이 일어났다는 소식이 들려와서 그가 분노하여 무리들을 다 진멸하고자 군사를 몰고 북쪽으로 올라갔다. 그리하여 적그리스도와 그의 군사들이 진을 친 곳이 '바다와 영화롭고 거룩한 산 사이'이다. '영화롭고 거룩한 산'은 성전이 있는 시온산이며, 이것은 예루살렘을 뜻한다. '바다'는 사해바다, 갈릴리 혹은 지중해 중의 어느 하나로 추측해 볼 수 있겠다. 여하튼 반란이 일어난 곳은 예루살렘이며, 적그리스도의 군대가 싸우러 간 곳이 이스라엘땅이다. 이것은 계시록 16장에 나타나는 아마겟돈 전쟁과 관련이 있는 것으로 생각된다(이 부분은 계시록 16장에서 취급할 것임).

다니엘서 10장에서 시작된 환상의 주제는 '전쟁'이었다. 천사는 다니엘에게 '전쟁에 관한 일'을 계시해 주러 왔다고 하였다(10:1). 11장에서부터 많은 전쟁들이 나타났다. 이제 11장 마지막 절들에서 이 전쟁들의 이야기가 절정에 도달하였다. 이것은 모든 전쟁들의 마지막이 될 것이다. 적그리스도의 군대들이 예루살렘을 중심으로 포진하였고, 이것이 그의 마지막이 될 것이다: "그의 끝이 이르리니 도와줄 자가 없으리라"(11:45 하반절).

이때에 유대민족을 호위하는 대군 미가엘이 일어날 것이다(12:1 상반절). 10장에서 여러 나라들에는 그들을 호위하는 영(君)들이 있었다. 이 세상왕국들의 싸움 너머에는 이들 왕국들을 돕는 영들의 싸움이 있는 것이다. 적그리스도를 돕는 영이 계시록 13장에는 용으로 나타난다. 본문에서 적그리스도의 군대가 예루살렘을 포위하였을 때에 이스라엘의 군(君)인 미가엘이 더 이상 잠잠히 있지 않고 행동하기 위하여 일어날 것이다. 이것이 모든 전쟁의 끝이 될 것이다.

6. 대환난(12:1 하반절~12:13)

그때에 대환난이 있을 것이며, 이는 "개국 이래로 그때까지 없던 환난일 것이다"(12:1). 이 환난은 앞 절들에 있었던 전쟁과 관련이 있다. 11:41에 적그리스도는 세상을 점령하고 유대땅까지도 들어갔다. 따라서 그의 점령과 함께 환난이 시작되었을 것이다. 이 환난은 유대가 생긴 이래로 없었던 가장 극심한 것이 될 것이다.

이때에 유대인들 중에 깨어있어 영생을 받는 자들이 있을 것이요, 영원히 부끄러움을 입을 사람들도 있을 것이다(12:2). 영원히 부끄러움을 입을 사람들은 마카비시대(안티옥커스 4세 시대)의 예를 보아서 하나님과 민족을 배반하여 외국군대에 붙어 치부(致富)하고 자기 민족을 학대한 적의 앞잡이들이 많이 있었음과 비교할 수 있다. "지혜 있는 자는 궁창의 빛과 같이 빛날 것이요"(12:3) 에서의 '지혜 있는 자'들은 우상숭배를 거절하고 믿음을 지키기 위해 환난을 당하고 순교당한 사람들을 말한다. 이것은 광야로 도망가서 자기의 몸을 정결케 한 마카비인들에게 붙여진 명칭이기도 하다(11:33, 35 등). 이러한 대환난 가운데서도 그들은 여호와 종교를 지키고 사람들을 하나님께 돌아오도록 하는 역할을 감당하고 있다(12:3 하반절).

다니엘에게 예언해 주는 천사는 다니엘에게 "마지막 때까지 이 말을 간수하고 이 글을 봉함하라"고 한다("conceal these words and seal up the book until the end of time") (12:4 상반절). 이것은 이 글을 봉함하여 마지막 때까지 간수하라는 말씀이다. 이 비밀을 감추어 두라는 것이다. "많은 사람이 빨리 왕래하며 지식이 더하리라"(4 하반절)에서 '왕래한다'는 말은 여행한다는 뜻이 아니다. 히브리어 SHATAT는 영어로 'search'로 해석되는 말이다("so many will search here and there to increase knowledge"). 즉 마지막 때에는 사람들이 여기저기를 많이 연구하여 지식이 급증할 것이라는 의미이다. 다니엘시대 당시에는 이러한 환상의 계시들을 이해하지 못할 것이다. 그러므로 이 계시를 봉함하여 마지막 때까지 감추어두라는 말씀이다. 마지막 때가 되면 사람들이 종말에 대한 지식이 급증할 것임으로 그때에는 이러한 계시들을 이해할 수 있을 것이라는 뜻이다.

다니엘은 이 전쟁과 환난이 언제 끝이 날 것인지를 천사에게 물었다(6절). 천사는 하늘을 가리켜 맹세하며 대답하였다: "반드시 한 때 두 때 반 때(세 때 반)를 지나서 성도의 권세가 다 깨어지기까지니 그렇게 되면 이 모든 일이 다 끝나리라"(7절). '한 때 두 때 반 때'의 기간은 7:26에 적그리스도가 성도들에게 환난을 주는 기간으로 이미 나타났다. 이 기간은 계시록 12장에 다시 나타나며, 계시록에서는 1,260일과 같은 기간으로 나타난다(이것은 계시록 12장에서 다루도록 하겠다).

다니엘이 이 계시를 듣고도 깨닫지 못하였다(8절). 따라서 다니엘은 다시 이것의 결국이 어떻게 될 것인지를 물었다. 그러나 천사는 다니엘에게 그냥 가라고 명령한다. "대저 이 말은 마지막 때까지 간수하고 봉함할 것이니라"(9절). 다니엘은 이 모든 종말에 대한 예언들을 이해하지 못한 것이다. 그러나 마지막 때에는 사람들이 이것을 이해할 수 있을 것이다. 따라서 그냥 그때까지 봉함하여 두고 더 이상 알려고 하지 말라고 하신 것이다. 오늘날 마지막 때에 살고 있는 우리들은 구약 뿐만 아니라 신약의 말씀까지 가지고 있으며, 성경연구에 대한 지식도 날로 높아가고 있다. 따라서 다니엘 때보다 훨씬 더 많은 것을 이해할 수 있을 것이다. 그러나 적그리스도가 나타나고 예수님의 재림이 바로 임박하여서는 다니엘서에 기록된 종말에 대한 예언들을 더 확실하게 이해할 수 있을 것으로 믿는다.

7. '멸망케 할 미운 물건'(12:11~13)

적그리스도가 이스라엘을 점령하고 성도들의 대환난이 있으며, 이 환난은 성도의 권세가 다 깨어지기까지 계속될 것이다(12:7). 그리고 다니엘서의 가장 독특한 사건이 말해진다: "매일 드리는 제사를 폐하며, 멸망케 할 미운 물건을 세울 때부터…"(12:11). 다니엘서 8:13과 11:31에서 이미 나왔던 구절이다. 앞의 두 구절들에서는 안티옥커스 4세가 예루살렘 성전을 더럽히고, 하나님에게 제사를 드리지 못하게 금하고, 주피터 신상을 성전 뜰에 세워 그곳에 제사를 드린 사건을 가리켰다. 그러나 11:36 이후는 안티옥커스 4세가 아닌 아직 이 세상 역사 속에서 일어나지 아니한 한 사람임을 밝혔다. 그리고 필자는 이것은 적그리스도로 봄이 타당하다고 말하였다. 본문은 적그리스도에게도 안디옥커스 4세와 꼭 같은 묘사를 하고 있다. 그가 하나님에게 드리는 예배를 금지시키며, 우상을 세울 것이다. 데살로니가후서 2장과 요한계시록 13장에서 적그리스도가 자기가 스스로 성전에 앉아 자기를 하나님이라 일컫고 자기의 신상을 만들고 거기에 절하도록 강요하는 모습과 일치한다.

그가 미운 물건(우상)을 세울 때부터 1,290일을 지낼 것이며, 기다려서 1,335일까지 이르는 사람은 복이 있다고 말한다(11~12절). 여기에 나타나는 날 수는 삼년 반보다 조금 더 많으며, 다니엘 8:13에 나타나는 안디옥커스 4세가 성전을 더럽힌 기간인 1,150일보다 더 많은 숫자이다. 또한 계시록 11장과 12장에 나타나는 1,260일과도 조금 차이가 난다. 혹자는 계시록 11장과 12장은 대환난의 전 삼년 반의 기간으로 본다. 그러나 전 삼년 반으로 보아야 할 뚜렷한 근거는 없다. 여기에서 우리는 이러한 숫자들은 신비의 숫자임을 고백하지 않을 수 없다. 너무 무리하게 이러한 숫자를 풀다가는 잘못을 범하기가 쉽다. 따라서 필자는 무리한 시도를 하지 않고 그냥 두기를 원한다. 우리들은 적그리스도가 나타나고 난 이후에야 이러한 숫자가 어떤 기간을 의미하는지를 확실하게 알 수 있을 것이다. 단지 우리가 추측해 볼 수 있는 것은 적그리스도가 우상을 세우는 시기에서 시작하여 유대에서 반란이 일어날 때까지를 어느 한 기간으로 볼 수 있으며, 다시 적그리스도가 유대를 향하여 전쟁을 일으켜서 예루살렘을 포위하고, 마지막 적그리스도의 군대가 멸망당할 때까지를 또 다른 하나의 기간으로 추측해 볼 수 있지 않을까 생각한다.

8. 결론

다니엘 10장에서 12장까지는 한 환상으로 이루어져 있지만 그러나 두 부분으로 나누어져 있다. 이 환상의 주제는 전쟁이었다. 첫 부분에서는(11:35까지) 안티옥커스 4세가 이집트를 대항하여 싸우는 전쟁이 그 극치를 이루고 있고, 그 전쟁 속에서 예루살렘이 점령되고 성전이 더럽혀졌다. 성전에는 우상이 놓여져서 우상에게 제사가 드려졌다. 이 환상의 후반부에는 적그리스도의 활동이 나타난다. 안디옥커스 4세와 거의 유사한 성격의 소유자이며 하는 행동도 거의 같이 나타난다. 이 두 인물들은 서로가 대칭적으로 묘사되고 있다. 따라서 안티옥커스 4세는 적그리스의 표상으로서 본문에 사용되었으며(박윤선, 1985: 153를 참조하라), 전자는 후자를 설명하기 위해 이용되었다고 할 수 있다. 이것은 다니엘서 7장과 8장에서와 비슷한 구조라고 생각한다. 7장에 나타난 적그리스도와 거의 같은 모습이 8장에서 나타났다. 그러나 8장에서는 안티옥커스 4세가 분명하였다. 따라서 거기에서도 안티옥커스 4세는 7장에 등장한 적그리스도를 보충설명해 주는 역할을 하고 있다고 보아야 한다.

7장
'70' 이레의 예언
- 다니엘 9장 -

1. 머리말

　다니엘 9장은 신구약 성경을 통하여 가장 해석하기 어려운 장으로 간주된다. 그러나 이 본문은 종말론을 푸는 데 매우 중요한 위치를 차지한다. 9:27은 예수님이 감람산 강화(마 24장)에서 마지막 때에 대한 징조의 예언에서 인용하고 있기 때문에 이 본문은 마태복음 24장을 푸는 귀중한 열쇠가 된다. 그 뿐 아니라 계시록에서 나타나는 적그리스도와 그의 활동기간과 연관이 있는 것으로 간주될 수 있기 때문에 본문은 계시록을 해석하는 데도 중요한 지침이 되어질 수 있다. 따라서 종말론을 엮어나가기 위해서 다니엘 9장의 해석은 넘어야 하는 가장 어려운 산이라고 할 수 있다.
　본문이 분수령이 되어 본문해석에 따라 이후의 종말론을 어떤 성격으로 풀이해 나갈 것인지가 결정된다고 해도 과언이 아니다. 이미 본서 1장에서 본인은 다니엘 2장을 예수님 초림을 염두에 둔 영적인 하나님 나라로 볼 것인지, 아니면 재림을 염두에 둔 세상 끝까지의 역사적인 사건으로 해석할 것인지를 심각하게 다루었다. 사실 2장을 초림이냐 재림이냐로 그처럼 서로 팽팽하게 밀고 당기는 논쟁을 벌이는 이유는 2장의 해석이 9장을 어떻게 해석할 것이냐에 영향을 미치기 때문이다. 앞에서도 언급하였지만 간하배 선교사는 다니엘서에 대한 그의 저서를 『다니엘서의 메시야 예언』이라고 이름을 붙이면서, 2장을 초림으로 해석한 것에서 시작하여 9장도 물론 메시야의 초림으로 해석하고 있다. 그의 그와 같은 견해는 영(E. J. Young)에서 따왔으며, 박윤선 박사 같은 한국의 계약신학자들도 거의 그와 같은 견해에 동의하고 있다.

그러나 본인은 앞 장들에서 2장을 초림으로 보는 것이 얼마나 인위적인 해석이며 또 7장과 비교해 볼 때에 그들의 주장이 얼마나 일관성이 없는 것인지를 증명하였다. 따라서 본인은 신학을 앞세워 성경을 그러한 방향으로 유도하려는 것보다 성경본문에 있는 그대로의 참뜻을 해석해야 할 것과, 또한 성경은 성경으로 해석해야 하는 원리에 따라 그 본문의 해석을 뒷받침해 줄 수 있는 다른 본문의 조명을 받아 해석해야 할 것을 강하게 주장한 바가 있다.

이 장에서도 본인은 다니엘 9장을 해석하면서 먼저 9장 자체의 본문을 있는 그대로 충실하게 해석한 후, 성경으로 성경을 해석하는 원리에 따라 다른 성경구절들과 비교검토해 보도록 하겠다.

2. 예언의 도입과 주제

다니엘서 9장은 다니엘이 70년 만에 예루살렘의 황폐함이 마칠 것에 대한 예언(렘 25:11~12; 29:10)을 회상하면서 시작된다(단 9:2). 다니엘은 다리오왕 원년에[1] 이 70년 포로의 기간이 다 차고

---

[1] 9:1에 쓰여진 "메데 족속 아하수에로의 아들 다리오가 갈대아 나라 왕으로 세움을 입던 원년"에 대하여 많은 의문점이 제기된다. 혹자는 이 다리오는 페르시아의 세 번째 왕인 다리오 1세(주전 522~486) 혹은 다리오 2세(423~404)로 보기도 한다. 그러나 대부분의 보수신학자들은 페르시아가 바벨론을 멸망시킨 뒤 바벨론 지역의 왕으로 세움을 입었던 사람으로 보든지 혹은 고레스의 메데 이름이 다리오로 불리워진 것으로 추정한다. 후자의 것이 타당한 이유는 이스라엘 70년 포로의 끝과 관련된 것은 고레스 원년이며 또한 본문에서 "갈대아 왕으로 세움을 입던 원년"이란 말

있음을 깨달아 알고는 하나님께 기도하기 시작한다. 기도의 내용을 혹자는 회개의 기도이며 죄용서함을 그 목적으로 한다고 생각하기 쉽다. 그러나 기도의 목적은 2절의 "예루살렘의 황무함"(2 하반절)에 대한 간구이며, 다니엘의 관심은 단순한 죄용서함이 아니라 '이스라엘의 회복'에 있다. 이것은 다니엘의 기도 중에서도 여실히 나타나고 있다:

"…주의 분노를 주의 성 예루살렘, 주의 거룩한 산에서 떠나게 하옵소서 이는 우리의 죄와 우리의 열조의 죄악을 인하여 예루살렘과 주의 백성이 사면에 있는 자에게 수욕을 받음이니이다"(16절).
"…주의 얼굴 빛을 주의 황폐한 성소에 비춰시옵소서"(17 하반절).
"…우리의 황폐된 상황과 주의 이름으로 일컫는 성(城)을 보옵소서"(18절).

다니엘은 이렇게 기도를 끝맺는다:

"주여 들으소서 주여 용서하소서… 이는 주의 성과 주의 백성이 주의 이름으로 일컫는 바 됨이니이다"(19절).

결국 다니엘이 죄를 용서해 달라는 이유는 '주의 성'(예루살렘)과 '주의 백성'(이스라엘)을 위해서이다. 지금 거룩한 성은 황폐되어 있으며, 백성들은 포로로 잡혀가서 고난을 당하고 있다. 그 이유는 그들이 주께 범죄하였기 때문이다(7절). 죄를 범한 결과가 이러할 것이라는 것은 이미 모세의 율법에 예언되어진 것이다(11절; 레 26:31~33; 신 28:64). 이제 그들이 포로에서 돌아가며, 예루살렘이 회복되기 위해서는 하나님의 죄용서함이 선행되어야

이 이를 잘 나타내고 있다. 따라서 '아하수에로의 아들'이란 말은 후에 복사자가 임의로 삽입한 것으로 볼 수 있다(이에 대해 자세한 것은 Baldwin, 1978:23~29를 보라).

한다. 따라서 다니엘이 회개의 기도를 드리는 것은 단순히 죄를 용서받기 위함이 아니라, 이스라엘의 회복을 위함임이 명백하다.

다니엘이 이스라엘의 죄를 자복하고, 하나님의 '거룩한 산을 위하여' 하나님 여호와 앞에 간구할 때에(20절), 가브리엘이 빨리 날아와서 하나님의 계시를 주었다. 다니엘이 기도를 시작할 즈음에 가브리엘은 소식을 전할 명령을 받았으며, 다니엘의 기도에 즉각적인 응답으로 하나님의 계시가 주어지고 있다. 따라서 가브리엘이 24절 이하에 주는 '70 이레'에 대한 예언은 다니엘의 기도에 대한 하나님의 대답이며, 이것은 다니엘의 요청 즉 '이스라엘의 회복'에 관한 응답으로 주어진 것임을 분명히 인식해야 할 것이다. 따라서 9장 전체의 주제는 '이스라엘의 고난'과 '회복'이다.

3. 다니엘 9:24

(1) 24절에 나타나는 '70 이레' 예언의 주제

"네 백성과 네 거룩한 성을 위하여 70 이레로 기한을 정하였나니 허물이 마치며, 죄가 끝나며 죄악이 영속되며 영원한 의가 드러나며 이상과 예언이 응하며 또 지극히 거룩한 자가 기름 부음을 받으리라"(9:24).

가브리엘이 주는 예언은 9:24~27까지이며 그 중에 24절은 서론으로서 이 예언의 총요약을 담고 있다. 우리는 먼저 24절에서 앞으로 전개될 전체적인 예언의 주제를 파악해야 할 것이다. 영(1980: 197~201), 간하배(1988: 191~197), 박윤선(1980: 490) 등은 본문은 메시야적 내용을 담고 있으며, 그리스도의 초림과 관계된 일이라고 한다. 그 근거로는 '허물이 마치며', '죄가 사해지는 것', '영원한 의가 드러나는 것' 그리고 '기름부음 받은 자(메시야)' 등에 대한 말들에서 그들은 찾는다. 이것들은 그리스도의 초림에 관계된 일들이며, 하나님께서 정하신 기간에 메시야의 구속사업이 완성됨을 이 예언이 목적한다고 주장한다(간하배, 1988: 197).
 그러나 우리가 9장 전체에서 다니엘의 기도를 볼 때에 '죄사함'은 이스라엘의 회복에 필요한 전제조건이지 그 자체가 목적이 아님을 밝혔다. 다니엘의 기도에서 메시야 초림에 대한 그 어떠한 기대의 증거는 나타나지 않는다. 다니엘은 예레미야가 예언한 70년 포로의 기간이 이제 끝난 것을 깨닫고 이스라엘의 회복을 생각하며 기도하였다. 하나님의 대답은 그 회복의 때가 바로 지금이 아니라 그것을 위해 70 이레의 기간이 정해졌음을 알린다. 따라서 이 70 이레의 기간은 궁극적으로 이스라엘의 회복에 대한 것이지, 메시야가 태어날 것에 대한 기간으로 주어진 것으로 볼 수 없다. 물론 가브리엘의 대답에서(24절) 이스라엘의 회복은 메시야의 역할을 통하여 이루어질 것이며, 그 백성들의 죄악이 사해짐으로써 이루어질 것이다.

(2) '70 이레'의 의미

 '70 이레'에서의 '이레'를 실제의 숫자로 간주하기도 하며 또 다른 편에서는 상징적인 의미로 보는 견해도 있다. 만약 실제의 숫자로 보는 경우에는 이레를 '七日'이든지 아니면 '七年'으로 계산할 수 있을 것이다. 이때에 '七日'로 본다면 70의 7곱은 490일밖에 되지 않으므로 이것이 이스라엘 회복에 대한 기간으로서 합당한 것으로 생각할 수 없으며, 따라서 '이레'는 '7년'으로 본다. 이러한 견해는 칼빈, 헹스턴버그 등의 보수 신학자들의 전통적인 견해라고 할 수 있다.
 이에 반(反)하여 혹자는 '70 이레'를 실연수로 보지 않는다. 그들은 '이레'가 앞에 나와 있으며, '7×70'은 완전한 완성을 의미하는 완전수이며 그러므로 이것은 '신적인 사역을 완성하는 기간'을 의미하는 영적인 것으로 해석해야 한다고 주장한다(간하배,

1980: 188~189).

 우리는 결론을 내리기 전에 먼저 '70 이레'라는 숫자가 왜 사용되었는지에 대해 근본적인 이유를 이해하는 것이 필요하다. '70'이라는 숫자는 '70년' 포로기간에서 나온 것이 분명하다. 다니엘은 이 70년 포로기간이 끝나야 하는 시기에(메데왕 다리오 원년 혹은 바사왕 고레스 원년) 예레미야의 예언을 깨달아 알게 되었다(단 9:1). 우리는 다니엘의 때에 이스라엘 사람들이 '70년'의 포로기간을 어떻게 이해했는지를 살피는 것이 중요하다.

 역대기는 이 기간은 '안식년'의 기간으로 인식한다:

"이에 토지가 황무하여 안식년을 누림같이 안식하여 70년을 지내었으니 여호와께서 예레미야의 입으로 하신 말씀이 응하였더라 바사왕 고레스 원년에 여호와께서 예레미야의 입으로 하신 말씀을 응하게 하시려고 …"(대하 36:21~22).

 70년 포로기간이 안식년으로 이해된다는 것은 아이러니컬하다. 상식적으로 볼 때에 이스라엘 백성에게 안식년은 쉼과 풍요의 기간이어야 한다(출 23:10, 11). 그러나 역대기는 반대로 그들에게 고난과 학대의 기간을 안식년으로 말하고 있다. 이것은 레위기에 기록된 안식년에 대한 예언을 그들이 이해하여 자기들의 상황에 적용한 것이다.

 레위기 25장에서부터 안식일, 안식년, 희년에 대한 율법이 주어진다. 특히 안식년에 대한 규례는 레위기 25장에서 매우 자세히 다루어지고 있다. 여호와께서 안식일과 안식년 그리고 희년의 법을 제정하시고 이 법도를 행하고 여호와의 규례를 잘 지켜 행하면 이스라엘 백성들은 그 땅에 안전히 거하며, 풍성한 산물을 거둘 것에 대한 축복을 주셨다(레 25:18~22; 26:3~13). 그러나 그들이 이 모든 명령을 준행치 아니하여 언약을 배반하면, 그들의 파종이 헛되며(기근), 질병이 그들을 칠 것이고, 그들이 대적들에게

패하며, 성읍은 황폐하고 그들은 열방 중에 흩어질 것이다(26:14~33). 끝으로 레위기는 이렇게 진술한다:

"너희가 대적의 땅에 거할 동안에 너희 본토가 황무할 것이므로 땅이 안식을 누릴 것이라 그때에 땅이 쉬어 안식을 누리리니 너희가 그 땅에 거한 동안 너희 안식 시에 쉼을 얻지 못하던 땅이 그 황무할 동안에는 쉬리라"(레 26:34~35).

이스라엘 백성들이 하나님께서 주신 안식의 법도와 다른 율법들을 준행하지 아니하므로 땅은 학대를 당할 것이다. 그러나 하나님은 그 백성들을 멀리 포로로 잡혀가게 하여 억지로 땅이 안식을 얻게 할 것이다. 이때에 땅은 쉼을 얻을 것이나 백성들은 고난을 당할 것이다(레 26:38~39).

그러나 역대기는 여기에서 끝나지 않는다. 비록 그들이 여호와의 규례를 멸시하여 그 땅에서 쫓겨나고 "땅이 황폐하여 안식을 누릴 것이요 그들은 자기 죄악으로 형벌을" 받을 것이나(26:43), 하나님은 그들의 조상 아브라함과 이삭과 야곱과 맺은 언약을 생각하여 그 땅을 권고하겠다고 하신다(26:42). 그리하여 그들을 다시 옛 언약의 땅으로 인도하시겠다고 약속하셨다(26:44~45).

역대기는 바벨론 포로에서 귀환(歸還)하는 백성들이 기록하였다. 그들은 이 레위기의 안식에 대한 사상을 잘 이해했으며, 그들은 70년 포로기간을 레위기가 말한 대로 안식의 기간으로 간주를 하고 있다. 그들이 포로에서 귀환하며 옛 토지를 다시 찾는 혁신적인 사건을 레위기의 약속의 성취로 이해했음이 틀림없다.

레위기에서의 토지의 회복과 포로의 귀환은 희년으로써 가장 잘 설명되어져 있다. 희년은 안식년을 일곱 번 계수한다(레 25:8). 일곱 안식년이 지난 다음해 즉 제50년째는 나팔을 전국에서 불면서 희년을 알린다.

"…너는 나팔소리를 내되 전국에서 나팔을 크게 불지며 제50년을 거룩하게 하여 전국 거민에게 자유를 공포하라 이 해는 너희에게 희년이니 너희는 각각 그 기업으로 돌아가며 각각 그 가족에게로 돌아갈지며…" (25:9~10).

역대기를 기록하였던 때인 고레스 원년은 바로 다니엘이 기도를 시작한 해이며, 다니엘이 기억한 '70년'은 당시의 사람들에게는 안식년으로 간주되었다. 이러한 면에서 볼 때에 다니엘 9:24의 '70 이레'는 곧 바로 '안식기간 × 7'로 이해할 수 있을 것이다. 다니엘은 바로 그때를 안식년의 끝으로 보았지만 하나님의 대답은 그것이 완전한 것은 아니며 오히려 이 안식의 기간이 일곱 번 더 있어야 이스라엘의 완전한 회복이 있을 것으로 대답하는 것이다. 즉 이스라엘 회복에 대한 다니엘의 청원에 대하여 하나님은 '일곱 안식년' 뒤에 있을 희년과 대비(對比)하여 완전한 회복이 이루어질 것을 말씀하신 것이 분명하다. '70년'은 안식년으로 간주되었지만 그러나 이 안식년은 땅이 황폐하며, 이스라엘 백성들은 고난의 기간이 될 것이다. 이렇게 고난의 기간은 일곱 번이나 계속될 것이며, 그 후에 참 회복이 이루어질 것이다.

'70 이레'를 히브리 원어가 의미하는 대로 번역한다면 '70의 일곱 번'으로 하는 것이 좋다(간하배, 1980: 187). '일곱'이 '70'보다 먼저 쓰여짐으로써 '일곱 번'에 강조점이 주어지고 있다고 보아야 한다. 간하배는 이 '일곱 번'이라는 말을 '7년'이라는 구체적인 기간으로 볼 수 없으므로 따라서 '70 이레'는 년을 기본단위로 하지 않는다고 변론한다. 사실 '7'에 년이라는 기본단위를 붙일 수 없으며, 이는 단지 '일곱 번'으로 해석하는 것이 당연하다. 그러나 우리는 '70'이라는 숫자는 분명히 구체적이고 실제의 연수임을 알 수 있다. 이 '70'은 다니엘 9:2에 나타나는 분명한 구체적인 연수이며, 24절의 '70 이레'는 '70년의 일곱 번'으로 간주할 수 있다. 따라서 그 전체를 구체적인 연수로 보아야 한다.

간하배는 '7'이라는 숫자가 가지는 의미는 하나님의 완전한 활동기간을 나타내기 위함이므로 실제의 어떤 기간보다는 영적으로 해석해야 한다고 한다(간하배, 1980: 189~190). 사실 우리는 너무 지나치게 문자에만 집착하여, '490년'이라는 정확한 숫자를 산출해 내는 성급함은 없어야 할 것이다. 그러나 하나님이 '70'과 '7'이라는 숫자를 사용하여 어떠한 '기간'을 설명하고 있는 것은 사실이다. 그리고 이 기간이 셋으로 구분되고 있으며, 이 세 구분된 기간의 시작과 끝이 설명되고 있다. 따라서 우리는 지나치게 숫자에 집착하는 것은 반대하지만, 또한 이것을 영적인 의미로만 보는 것도 받아들일 수가 없다.

결론적으로 '70 이레'의 예언은 성도들의 고난과 회복이 주제이다. 9장은 다니엘이 70년 포로기간이 이제 끝날 때임을 생각하고 기도했지만 그러나 하나님은 이스라엘 고난의 끝을 위해서 '70 이레'가 정해졌음을 알려준다. 물론 이스라엘의 회복은 메시야의 활동과 관련이 있는 것임에는 틀림없다. 그러나 본문이 메시야의 '속죄' 사역을 그 목적으로 생각하여 예수님의 초림을 예언하는 것으로 보는 것은 타당하지 못하다. 본문은 "기름부음 받은 자가 끊어져 없어질 것"으로 말하고 있으며(26절) 따라서 예수님의 초림이 그 마지막이 아님이 분명하다. '70 이레'는 '70년의 일곱 번'으로 해석해야 하며, 따라서 이것은 실연수를 가리키는 것으로 보아야 한다.

4. '7 이레'와 '62 이레'에 대한 해석(단 9:25~26)

"너는 똑똑히 알아라. 너희가 돌아가 예루살렘을 재건하라는 말씀이 계신 때부터 기름부어 세운 영도자가 오기까지는 칠 주간이 흐를 것이다. 그 뒤에 육십이 주간 어려운 시대가 계속되겠지만, 그 동안에 성을 재건하게 될 것이다. 이렇게 육십이 주간이 지난 다음…"(공동번역에서).

우리는 이 어려운 구절을 해석함에 있어서 유의해야 할 것은 성경을 너무 신학적인 편견에 잡혀 편의주의적으로 해석해서는 안된다는 것이다. 먼저 우리는 지금까지 제안되어 온 여러 가지 해석들을 살피면서 그 타당성을 논한 후에 가장 합당한 해석방법을 채택해야 할 것이다.

(1) '69 이레'를 고레스 원년으로부터 시작하는 계산

이 견해는 한 이레를 7년으로 보고; 앞의 '일곱 이레'와 '62 이레'를 합하여 연수를 계산하는 방법이다. 이 방법은 행스턴버그(Hengstenberg)에서 영(E. J. Young)에 이르기까지 전통적인 보수주의학자들에 의해 주장되어 왔다. 영은 특히 '일곱 이레'와 '62 이레'를 나누는 것은 문맥에 맞지 않다고 단언한다(1980: 205). 그는 '영이 났다는' 것은 하나님께서 말씀을 발하신 것으로 해석함이 타당하나, 이는 하나님이 이방인인 고레스왕을 감동시켜서 하나님의 뜻에 맞는 말을 선포하게 한 것으로 볼 수 있다고 말한다.

```
    BC538           483(69 × 7)         BC55
——————+————————————————————————+——————
  고레스 원년         '69 이레'
  (스 1:1-3)
```

이 설은 '영이 날 때'란 말을 고레스왕의 선포로 해석하여 매우 합리적인 것 같으나, 고레스는 성전을 재건하라고 했지 성을 중건하라는 내용이 없기에 그 타당성에 의문이 제기된다. 또한 '69 이레'의 끝이 메시야 탄생(혹은 사역)과 관계가 되어져야 하나, '69 이레'가 주전 55년에 끝나므로 예수 그리스도의 초림연대와 일치되지 않는 단점을 지니고 있다. 영(Young)은 이 기간을 고레스 원년에서 시작하여 예수님까지로 보며, 그 숫자에는 상징성의 의미가

큼으로 정확한 연도를 찾는 것은 무의미하다고 말함으로써 수치가 맞지 않는 난점을 극복하려고 한다(1980: 206). 영(Young)이 실제로 숫자로 계산을 하고 있으면서도 또 뒤에 가서는 그것은 상징적인 것에 지나지 않는다고 말하는 것은 자체가 모순을 안고 있는 것 같다. 또한 이 계산은 '70 이레'를 세 구분하지 않고 두 구분만 하고 있으므로 바람직하지 않다.

박윤선 박사는 고레스왕으로부터 시작하지만 '일곱 이레'와 '62 이레'를 구분하여 고레스왕에서부터 성전중건까지를 '일곱 이레' (49년) 또 예루살렘 중건에서 예수님의 초림까지를 '62 이레'로 해석한다. 이 이론은 영의 논리보다 진일보한 제안이기는 하지만 문제가 다 해결되는 것은 아니다. 즉 고레스 원년에서 성전건축이 완성된 다리오 2년(주전 약 520년)까지는 18년의 간격밖에 되지 않으며, 느헤미야의 성전건축(약 445년)까지는 너무 긴 기간이 된다. 따라서 이 계산도 완전하지 못한 것 같다.

(2) '69 이레'를 느헤미야의 귀환으로 시작하는 계산법

앤더슨(Sir Robert Anderson, 1915)이 계산해 낸 이후 최근의 복음주의 학자들로부터 제일 많은 지지를 받고 있는 설이라 할 수 있다. 앤더슨(Anderson)은 '69 이레'를 예루살렘을 중건하라는 영이 난 때부터 메시야의 죽음까지로 보며, 이 기간을 느헤미야가 귀환한 아닥사스다 제20년(주전 445)에서부터 예수님이 죽은 해로 생각되어지는 주후 32년까지로 환산해 낸다. 정상적으로는 주전 445년에서 '69 이레'인 483년을 더하면 주후 39년이 되어 너무 늦은 날짜가 나온다. 그러나 앤더슨은 계시록과 창세기에서 사용된 특수한 연도계산법을 사용했고, 이를 '예언적 월력'(prophetic year)이라고 불렀다. 이 방법에서 그는 일 년이 365 1/4일인 태양력을 환산하는 대신 360일을 일 년으로 계산했다. 그 근거로는 계시록 11:2에서 42달이 3절에서 1,260일과 동일시되고 있으며,

이는 한 달에 30일로 계산된 것이다(앤더슨, 1915: 72). 또한 창세기 노아홍수 사건에서도 이런 계산법이 나타나는데, 홍수가 2월 17일에 시작했으며, 7월 17일에 방주가 땅에 닿았다. 창세기 7:24과 8:3에는 이 기간을 150일로 말하고 있으며, 이것은 한 달에 30일로 계산된 것이다(McClain, 1940: 21를 참조하라).

BC445 3월 15일	476년(30일을 한 달로 계산한 69 × 7)	AD32 4월 6일
아닥사스다 20년(느 2:1-8)	69 이레	예수님의 예루살렘 입성

앤더슨은 아닥사스다왕이 느헤미야에게 고향으로 가도 좋다고 허락한 것을 니산월 첫째 날로 잡고(서력으로 환산하면 3월 15일), 그로부터 30일을 한 달로 69 이레를 계산하면 정확하게 예수님이 예루살렘을 입성한 주후 32년 4월 6일이 된다고 한다.

이 계산법은 한때 큰 호응을 얻었으나 역시 약점이 없는 것이 아니다.

첫째로, 느헤미야 2장에서 니산월만 기록하지 첫날로는 말하지 않는다. 만약 아닥사스다왕의 조서가 첫날에서 일주일만 늦어도 '69 이레'는 예수님의 십자가 사건 이후로 끝나게 될 것이다.

둘째는, 과연 다니엘이 '예언적 월력'을 사용했는가에 대하여 매우 의심스럽다. 고고학과 탈무드 등에서 나타나는 유대인 월력에는 달의 주기를 따라 일년에 354일로 계산하고 있으나, 2년에 한 번씩 윤달을 두어 긴 세월을 본다면 태양력의 365 1/4일과 꼭 맞추어져 있다.

셋째로, 최근의 연구결과에 의하면 서기원년은 실제 예수님의 탄생과 3~5년 차이가 있다는 것으로 판명되어지고 있다. 따라서 예수님이 십자가에 죽으신 연도는 주후 32년이 아니라 주후 28년 혹은 29년이라는 것이 거의 정설로 받아들여지고 있다. 따라서 앤더슨의 이론은 여지없이 무너지고 만다.

(3) '69 이레'를 느헤미야로 시작하는 안식년 주기에 따른 계산법

뉴만(Robert C. Newman, 1982)은 '69 이레'를 느헤미야의 귀환에서부터 시작하여 안식년 주기로 계산해가는 새로운 방법을 제시한다. 옛 유대인의 안식년에 대한 중요한 자료는 마카비상 6:49, 53~54에서 찾아볼 수 있다. 마카비서는 그때가 안식년이었기에 시리아군을 대항한 전쟁에서 크게 어려움을 겪는 상황을 기술한다. 같은 6장의 20절에는 그때가 셀루키드(Seleucid) 왕조의 150년으로 말하고 있으며, 따라서 그 해는 주전 163/2(혹은 주전 162/1)로 계산되어진다. 현대 유대인들이 가지고 있는 안식년 전통을 거슬러 계산해가면 164/3이 안식년이 된다(Encyclopedia Judaica, 14: 585). 만약 마카비서에 나타난 안식년이 주전 163/2라면, 현대까지 전해지고 있는 유대인의 안식년과는 단지 1년의 차이가 날 뿐이다.

뉴만은 주전 445년으로 시작하여 '69 이레'를 다음과 같이 계산한다.

```
BC449  BC445  442    435 ------------ AD21    28  AD30   AD35
  +------+-----+------+-------------------+-----+----+-----+
      첫이레    둘째이레  -------------------  68이레    69이레
```

이 계산에 의하면 69번째 이레 중간에 그리스도가 죽으신 것이 된다. 따라서 문제는 '69 이레 후'라는 본문을 어떻게 해석하느냐 하는 것이다. 뉴만은 69번째의 이레가 이미 시작했기에 '69 이레 후'라는 말이 성립된다고 주장한다. 그 예로서 주님이 부활한 것을 장사한 지 '3일 후'라고 마태복음 27:63과 마가복음 8:31에 말하고 있으며, 이는 '제3일에'(마 20:19; 막 9:31)라는 말과 같이 취급되어진다는 것이다(Newman, 1982: 7).

만약 우리가 본문에서 '69 이레'를 두 구간으로 구분하지 않는 것을 허용한다면 이 계산법은 그럴듯하게 보인다. 그러나 '69 이레 후'라고 다니엘이 말할 때에 과연 예수님의 부활이 '3일 후'라고 사용한 것과 같은 뜻으로 다니엘도 생각했었는가 하는 의문은 계속 남는다.

(4) '69 이레'를 에스라의 귀환으로부터 시작하는 해석

가끔 '69 이레'를 에스라가 귀환한 아닥사스다 제7년(주전 458)부터 계산하여 주후 26년에 예수님이 실제 공사역을 시작할 무렵까지 잡기도 한다.

```
  BC458              483(69×7)           AD26
──────┼──────────────────────┼──────────────────────┼──────
아닥사스다 7년         '69이레'        예수님의 공사역시작    예수님의 죽음
(스 7:6-7, 11-13)
```

이 이론은 '69 이레'의 끝은 잘 맞으나 시작이 왜 에스라의 귀환에서부터 되어야 하느냐에 대한 의문에 대답할 길이 없다. 에스라는 성의 건축과 관련되지 않았으며, 단지 종교개혁에만 머물렀다. 따라서 이 설의 지지도는 낮을 수밖에 없다.

(5) 마지막 '한 이레'를 안티옥커스 4세에 맞춘 계산법

이 설은 자유주의 신학자들의 공통적인 주장으로서, '70 이레'의 예언은 안티옥커스 4세 때까지 다 이루어졌다는 것이다. 첫번 '7 이레'의 시작은 '70년 포로' 시작에서부터 예루살렘성이 재건될 것이라는 예레미야의 예언의 때 즉 주전 586년에서 시작하여 고레스 원년인 주전 538년까지이며, '62 이레'는 고레스 원년에서부터 마카비시대의 대제사장 오니아스 3세가 죽은 때까지이고, 마

지막 한 이레는 안티옥커스 4세의 활동시대로 본다(Montgomery, 1979: 378~389).

```
BC587      49년   538              BC171         BC163
─┼─────────┼─────┼────────────────┼─────────────┼─
예레미야 예언  '7이레'  고레스원년  '62이레'  오니아스 3세 죽음  안티오쿠스 4세 죽음
(렘 32:1이하)
```

이 계산법을 볼 때에 '7 이레'의 기간은 그 숫자가 정확하게 맞으나 고레스 원년에서 오니아스 3세의 죽음까지의 기간은 '62 이레'보다 훨씬 짧은 것에 대한 대답을 제시하지 못한다.

자유주의 신학자들이 이 설을 주장하는 이유는 다니엘서는 이미 이루어진 사실을 기록한 것이며, 그 기록의 시기는 마카비시대의 것으로 간주하는 데 기인한다. 그러나 다니엘 2장과 7장은 헬라왕국들 너머 로마제국에 대해서까지 말하고 있으며, 7장에서 한 뿔이 안티옥커스 4세가 아닌 네 번째 왕국에서 일어나는 적그리스도가 분명하므로 다니엘의 모든 기록을 이미 이루어진 것으로만 보려고 하는 그들의 사상을 받아들일 수 없다. 따라서 9:26의 메시야도 오니아스 3세라고 볼 수가 없다.

(6) '70 이레'를 세 구분하는 새로운 계산법

앞의 여러 계산법들에 만족함을 얻지 못한 우리는 새로운 확실한 계산법을 찾을 수밖에 없다. 먼저 본인은 이 어려운 본문을 해석하기 위해서 본문을 가장 자연스럽게 읽기를 제안한다. 그리고 본문을 위해 성경 다른 부분에서의 도움을 얻는 것도 필요할 것이다.

먼저 본문은 '70 이레'를 세 구분하고 있음을 유의해야 할 것이다. 흔히 학자들은 어떤 정해진 기간에 맞추기 위해 본문이 말하는 구분들을 무시하고 인위적으로 앞의 두 기간을 한꺼번에 계산

한다. 그 대표적인 예로 KJV(the King James Version)과 NASB(the New American Standard Bible)이다. 한글 개역판도 여기에 속한다. 이 성경들은 '예루살렘을 중건하라는 영이 날 때부터 메시야가 올 때까지'를 '일곱 이레'와 '62 이레'로 묶고 있으며, 그때에 곤고한 중에 성이 중건될 것으로 부차적으로 설명하고 있다. '70 이레'를 몇 구분으로 나누는가의 문제는 본문 해석에 있어서 매우 중요하다. 본문은 '7 이레', '62 이레' 그리고 '한 이레'로 삼분(三分)하고 있다. 영어성경 RSV(the Revised Standard Version)와 한글 공동번역은 '7 이레'와 '62 이레'를 구분하고 있으며, '7 이레'의 기간은 영이 날 때부터 기름부음 받은 자가 일어나기까지이며, '62 이레'는 곤고한 동안에 성이 중건되는 기간으로 분리한다. 맛소라 사본은 '일곱 이레'에서 큰 쉼표(Athnah)가 있으며, 이에 따르면 후자의 번역이 자연스럽다고 할 것이다. 따라서 성경본문이 세 구분하는 것을 그대로 받아들여 성경을 자연스럽게 해석해야 할 것이다.

첫째 기간은 "예루살렘을 재건하라는 말씀이 계신 때부터" "기름부음 받은 자"가 올 때까지이다: "… 너희가 돌아가 예루살렘을 재건하라는 말씀이 계신 때부터 기름부어 세운 영도자가 오기까지 칠 주간이 흐를 것이다"(25절, 공동번역). 25절의 "영이 날 때부터"(from the word went forth; 공동번역: "말씀이 계신 때부터")의 히브리어 דָּבָר은 하나님의 말씀으로 성경에 보편적으로 사용되었으며, 이는 "하나님의 말씀이 선지자를 통하여 말해졌다"는 것이 어느 왕의 말 선포보다도 합당한 해석이 될 수가 있다(영, 1980: 205; 간하배, 1988: 198). 다니엘이 9장을 예레미야의 예언을 기억하면서 시작하고 있다는 점과 연관시켜 볼 때에 이것은 예레미야를 통한 하나님의 말씀의 선포로 보는 것이 타당할 것이다. 예레미야서에는 여러 번 포로귀환과 유대땅의 회복에 대한 기록이 나타난다. 29:10~14에 시드기야시대에 주어진 예언으로 그들이 포로에서 돌아올 것에 대하여 말하고 있다(날짜는 정확하게 주어지지 않음). 32장은 시드기야 제10년에 주어진 예언으로 가장 확실하게 포로귀환과 유대땅들의 회복에 대한 말씀이 주어진다:

"…베냐민 땅과 예루살렘 사방과 유다 성읍들과 산지의 성읍들과 평지의 성읍들과 남방의 성읍들에 있는 밭을 은으로 사고 증서를 기록하여 인봉하고 증인을 세우리니 이는 내가 그들의 포로로 돌아오게 함이니라 여호와의 말이니라"(렘 32:44).

만약 '일곱 이레'의 시작을 예루살렘과 유대땅 전역의 회복에 대한 말씀이 주어진 시드기야 제10년으로 보면 49년(7×7)은 고레스왕 원년에 마치게 된다. 다니엘서 본문에서 "기름부음 받은 자"에 해당하는 히브리어는 구약성경에서 약 40번 나오나, 대부분의 영어번역 성경들이 본문과 이사야 45:1(고레스왕에 대해)에서만 '메시야'로 번역한다. 이사야 41장에서 48장까지 고레스왕이 주요 역할자로 등장하면서 선지자의 관심을 모은다. 이사야 41:2~3에서 고레스왕은 동방에서부터 오는 의인이며 위대한 정복자로 묘사된다. 그리고 계속해서 고레스는 41:25에 나타나며, 44:28에는 고레스의 이름이 직접 나오면서 '나의 목자', '나의 모든 기쁨을 성취할 자'로 극찬하며, 그로 인하여 예루살렘이 중건되며, 성전의 기초가 놓여질 것으로 예언한다. 45:1에는 그를 '기름받은 자' 즉 '메시야'로 일컫는다. 45:4에는 "내가 나의 택한 이스라엘을 위하여 너(고레스)를 지명하여 불렀다"고 한다. 그 외에도 46:11; 48:14~15 등에도 고레스의 역할이 계속 관심의 대상이 되었다(MacRae, 1977: 23~30를 참조하라).

문제는 과연 다니엘이 이사야서를 알고 있었는가 하는 질문이다. 예레미야서를 잘 알고 있었던 다니엘이 이사야서를 알고 있었을 가능성은 얼마든지 있으며 또한 이사야에게 영감으로 고레스를 '메시야'라고 부르게 하신 그 하나님이 직접 다니엘에게도 그와 같은 예언을 하게 하셨을 가능성은 충분히 있지 않겠는가?

두 번째 기간인 '62 이레'는 성을 중건하던 때로 특징지어진다. 이 기간의 시작이 언제인지는 확실하게 꼬집지 않으며, 또 끝도 정확하게 주지 않는다. 그러나 이 기간이 끝난 후에는 메시야가 끊어져 없어질 것이며 예루살렘이 훼파될 것이다.

성의 재건은 느헤미야시대의 것과 마카비시대의 일을 생각할 수 있을 것이다. 느헤미야는 주전 445년에 예루살렘으로 귀환하여 성을 재건했으며, 433년경 페르시아로 돌아갔다가 약 430년경에 다시 예루살렘으로 돌아와서 사역하였다. 느헤미야가 언제까지 예루살렘에서 총독으로 재임했는지는 이집트에서 발견된 엘레판틴(Elephantine) 문서들의 도움으로 추정할 수 있다. 느헤미야 12:22, 23에는 요하난이 레위자손의 족장으로 기록되어 있으며, 13:28~29에는 대제사장 엘리아십의 손자 요야다의 아들 요하난이 호론 사람 살발랏(성을 건축하는 것을 방해한 사마리아의 총독)의 사위가 되었으므로 느헤미야가 내어쫓았다고 기록하고 있다. 엘레판틴 문서에서는 408년에 요하난이 대제사장으로 기록되어 있다. 따라서 요하난이 쫓겨난 사건은 408년 이후였을 것이며 408년까지는 느헤미야가 살아있었다는 증거가 된다. 또한 엘레판틴 문서에서는 407년에 바고아스가 유다총독으로 기록되고 있다. 따라서 느헤미야의 총독재위 기간은 408년까지였음을 추정할 수 있다 (Bright, 1972: 402). 따라서 '62 이레'의 시작은 445년에서 408년까지 넓게 잡을 수 있을 것이다. 만약 주전 445년에서 시작한다면 둘째 기간의 끝은 약 주전 1년이 될 것이고, 408년으로부터 시작한다면 예수님의 공사역의 시작시기인 약 주후 27년이 될 것이다.

마지막 '한 이레'는 한 왕이 언약을 맺는 것에서부터 시작하며, '정한 종말'로써 끝을 맺는다. 따라서 '70 이레'를 세 구분하여 도표를 그린다면 다음과 같다.

```
BC587    49년   BC538  BC408   434년    AD27 AD30    7년
├─────────┼───────┼──────┼────────┼────────┼─────┼───────┤
예레미야   '7이레'  고레스  느헤미야  '62이레'  예수님 십자가  '한이레'
예언(렘32장)       원년    사역              공사역
```

이 이론의 단점은 '7 이레'와 '62 이레' 사이와 '62 이레'와 마지막 '한 이레' 사이의 간격을 어떻게 메우느냐일 것이다. 그러나 '70 이레'가 연속적으로 계속되어진다면 490년 밖에 되지 않으므로 연속적이 될 수 없다. 만약 이것을 다니엘이 예언하는 고레스 원년에서 시작한다 해도 '62 이레' 후에 기름부음 받은 자가 끊어진다는(26절) 메시야의 초점과 연관시킨다면 너무 작은 숫자이다. 따라서 각 기간마다 간격이 당연히 요청된다고 하겠다. 또한 '62 이레'의 시작을 408년으로 고정시킬 수 있느냐는 문제가 제기될 수 있을 것이다. 그러나 408년은 가능성의 맨 마지막에 해당되며, 그보다 얼마든지 앞당겨질 수도 있을 것이다. 본문은 이 둘째 기간의 시작과 끝에 대해서는 뚜렷한 언급이 없음을 명심해야 할 것이다. 그러나 분명한 것은 '62 이레'의 끝은 예수님의 죽음과 예루살렘 멸망(주후 70) 그 이전이어야 한다.

이 이론의 장점은 본문이 '70 이레'를 세 구분하고 있는데 부합한다는 것이다. 본문은 분명히 '7 이레'와 '62 이레'를 구분하여 말하고 있다. 만약 이 두 구간에 아무런 특징도 없고 불필요한 것이라면 본문이 왜 구태여 구분을 주고 있겠는가? 본문이 세 기간으로 나누는 것은 분명히 각 기간마다 주어지는 어떤 특징을 말하려는 의도가 있을 것이다.

우리는 앞서 다니엘 9장의 주제가 '이스라엘의 고난'과 '회복'임을 밝혔다. 따라서 이 주제에 맞추어 우리는 세 기간들의 특징을 살펴야 할 것이다. 첫번째 기간에는 바벨론 포로에서 겪는 이스라엘의 고난이며, 두 번째는 전쟁으로 인한 고난의 기간이며, 세 번째는 적그리스도로부터 당하는 고난으로 요약될 수 있을 것이다. 그리고 각 고난의 끝에는 메시야적인 사역으로 인한 '회복'

이 예상되어진다. 그러나 그러한 회복은 일시적인 혹은 부분적인 것에 불과하며 궁극적인 회복은 마지막 종말에 가서 이루어질 것이다. 다시 설명한다면 첫번째 고난 이후 고레스에 의해 이스라엘이 회복될 것이 예상되어진다. 그러나 여기에서 이스라엘의 완전한 회복이 이루어질 수 없는 것은 곧 이어서 다시 성이 중건되고 해자(적군으로부터 성을 보호하기 위하여 성 바깥쪽에 도랑을 만들고 물을 채우는 것)를 만들 것이라는 것을 보아서 알 수가 있다.

학개와 스가랴서에서 그들이 포로에서 귀환하였지만 아직 완전한 회복을 가지지 못하고 오히려 미래를 바라보고 있음을 알 수 있다. 특히 스가랴의 첫번째 환상에서(슥 1:8~17) 땅을 두루 다녀보고 온 천사가 여호와의 사자에게 "온 땅이 평온하고 정온하더라"고 보고한다. 이를 다른 말로 하면 온 땅이 "안식을 즐기고 있다"는 말이다. 그런데 여호와의 사자가 부르짖는다: "70년이 되었는데도 어찌하여 예루살렘과 유다성읍을 긍휼히 여기지 아니하나이까?" 70년의 안식기간은 온 땅이 평온을 누리는 대신 이스라엘에게는 고난의 기간이다. 그러나 70년이 이미 지난 스가랴의 때에도 아직 그 안식의 기간이 끝나지 않고 있음을 스가랴서는 지적하고 있다.

두 번째 기간은 성이 재건되고 해자가 만들어지는 것을 보아서 전쟁의 기간임을 알 수 있다. 이 전쟁으로 인한 이스라엘의 고난은 마카비시대에 그 극치를 이루었다. 헬라와 로마국으로 인한 전쟁의 고난 뒤에 메시야의 탄생으로 이스라엘은 큰 기쁨과 기대를 가질 수 있었을 것이다. 누가복음 1~2장은 이것을 "이스라엘의 위로"(눅 2:25), "그 종 이스라엘을 도우시고 긍휼히 여기시고 기억하심"(1:54), "백성을 속량하시고 원수의 손에서 구원하심"(1: 68, 71), "예루살렘의 구속"(2:38) 등으로 묘사하고 있다. 그러나 다니엘 본문은 '62 이레' 이후 메시야의 죽음을 언급함으로써 또 성과 성전이 파괴될 것임을 말함으로써 또 다른 암흑의 시대가 예상됨을 암시한다. 결국 메시야의 초림이 '70 이레' 후에 예상되는 이스라엘의 완전한 구속의 때가 아님을 말한다. 완전한 이스라엘의 구속은 다음에 남은 '한 이레'의 고난의 기간이 지난 후 완성될 것이다.

'한 이레'에서도 이스라엘에게 고난이 예상되어진다. 이 기간 중에 하나님께 드리는 제사와 예물이 금지될 것이며, 미운 물건이 세워지며, 성이 황폐케 될 것이다. 이 고난의 기간은 정한 때까지 계속되어 종말이 이를 것이다(단 9:27). 이로써 '70 이레'는 끝날 것이고, 백성들의 죄악이 영원히 속함을 받을 것이며, 거룩한 성이 회복될 것이다(24절).

5. '한 이레'

"그가 장차 많은 사람으로 더불어 한 이레 동안의 언약을 굳게 정하겠고 그가 그 이레의 절반에 제사와 예물을 금지할 것이며 또 강포하여 미운 물건이 날개를 의지하여 설 것이며 또 이미 정한 종말까지 진노가 황폐케 하는 자에게 쏟아지리라 하였느니라"(단 9:27).

이 구절은 본문에서 가장 핵심적인 부분이며, '70 이레' 예언의 클라이맥스를 이루는 부분이다. '한 이레'에 대하여 논하기 전에 먼저 '62 이레'와 '한 이레' 사이에 있을 사건을 살펴보기로 하자.

'62 이레' 후에 두 개의 중요한 사건이 일어날 것이다. 첫째는 메시야가 끊어져 없어질 것이다. 여기에 언급된 메시야는 예수 그리스도를 뜻함이 분명하다 할 것이다. 여기에 나오는 '끊어지다'는 말은 레위기 7:20에 '사형'(死刑)에 사용된 말이다. 따라서 자연적인 죽음보다는 강압적으로 죽임당함을 암시한다고 할 것이다(영, 1980: 206). 둘째로 한 왕에 의하여 성과 성전이 훼파될 것이다. 이것은 주후 70년에 디도 장군에 의해 예루살렘이 멸망당한 사건을 가리키는 것이 분명하다(박윤선, 1980: 496; 간하배, 1988: 206~208). '62 이레'가 지난 후에 이처럼 중요한 사건들이 있고, 그리고는 '한 이레'가 시작된다. 따라서 '62 이레'와 '한 이레' 사이에는 간격(gap)이 있음이 분명하며 두 간격에 메시야가 죽임을 당하고 성이 파괴되는 사건들이 들어있다. 또한 '62 이레'가 지났는데도 여전히 이스라엘의 고난은 계속될 것임이 그 뒤의 사건들로 보아서 예상되어진다. 그리고 27절에 '한 이레'가 시작된다.

이 한 이레에서 중점적으로 다루어져야 할 것은 이 기간 동안 일어나는 사건이 예수 그리스도의 사역을 말하는 것인지, 아니면 적그리스도의 활동을 말하는 것인지를 밝히는 것이다. 또한 이 '한 이레'는 언제 시작될 것이며, 얼마만한 기간이 될 것인지도 생각해 보아야 할 것이다.

(1) '그'란 누구인가?

다니엘 9:27은 종말론을 푸는 데 가장 귀중한 열쇠가 된다. 이 중요한 구절의 해석에서 보수주의 학자들인 영(1980), 간하배(1988) 그리고 박윤선 박사(1967) 등은 본문에 나타나는 '그'를 그리스도로 보며 27절은 그리스도가 행하는 일로서 그의 초림과 관계된 것으로 해석한다. 따라서 전체적으로 성경의 종말론을 초림중심으로 영적인 해석을 하려는 경향을 보인다. 그와 반대로 27절에 나오는 '그'를 적그리스도로 보고 마지막 때에 있을 역사적인 사건으로 보려는 노력들이 있다.

① 문맥에서 본 해석

'한 이레'에서 일어나는 사건의 주체는 3인칭 남성단수이다. '그가' 누구인지 밝히는 것은 본문을 해석하는 데 중요하다. 문맥상으로 볼 때에 주어인 '그'는 세 가지 가능성을 가진다고 생각되어진다. 하나는 앞에 나온 메시야이든지, 아니면 앞 절에서 성과 성전을 훼파한 '한 왕'이든지 또 가능한 것은 히브리어의 성격상

독립 인칭대명사가 나타나지 않고 동사에 묻혀있는 — 3인칭의 주어는 뚜렷하게 누구를 지칭하는 것보다 — 막연한 어떤 사람을 가리키는 것 등으로 생각해 볼 수 있다.

영, 간하배, 박윤선은 '그'를 메시야로 보며, 27절의 사건들은 메시야적인 사역으로 해석한다. 그들에 의하면 "언약을 굳게 정하겠고"는 언약을 맺는 데에 사용되는 관용적인 용어인 כָּרַת בְּרִית 가 아니다. 따라서 이 구절은 언약을 새롭게 체결하는 것이 아니라 이미 있는 언약을 확증한다는 의미로 받아들여야 한다는 것이다(간하배, 1988: 211). 그리고 언약과 관계된 것은 하나님 혹은 예수님과 관련된 것이라고 주장한다. "제사와 예물을 금지할 것이며"는 예수 그리스도께서 구약의 제사제도를 완전히 폐지시키신 것이라고 한다. '미운 물건'은 그리스도께서 속죄의 죽음을 죽으신 뒤에도 그를 믿지 않는 사람들이 성전에서 계속 제사를 거행할 때 그것은 우상숭배와 같은 가증한 것임을 의미한다고 말한다(박윤선, 1967: 501; 간하배, 1988: 215).

그러나 위의 논리는 여러모로 미흡한 점이 많다. 먼저 '그'를 메시야로 본다면, 앞 절에서 메시야가 끊어져 없어졌는데 어떻게 그가 또다시 등장하여 사역하는가? 간하배는 27절이 시간적으로 26절 이후라고 할 수 없다고 말한다. 그의 주장대로 만약 27장이 26장 앞에 간다면 '70 이레' 전체의 본문은 메시야가 죽고, 예루살렘이 멸망하는 것으로 끝나고 만다. 그러면 9장 처음부터 시작된 이스라엘의 회복은 어떻게 되는 것인가? 이들의 이론에 따르면 본문은 '거룩한 성'의 회복으로 본문이 마무리되는 것이 아니라 예루살렘의 멸망으로 끝나버리는 싱거운 구성이 되어버린다.

우리는 본문의 문맥으로 살피면, '그'는 앞 절에 나타나는 '한 왕'을 대변하는 자이든지, 아니면 적어도 앞의 것들과 관계없는 어떤 제3자의 출현으로 보는 것이 타당할 것이다. 다니엘 11장에도 이와 비슷한 내용이 담겨져 있다. 11:35에 '이 왕'이라고 시작하지만 그는 앞에 나타나는 안티옥커스 4세가 아니라 그와 거의 같은 성격의 소유자가 분명하였다. 따라서 9:27의 '그'도 앞에 나타난 '한 왕'과 동등한 인물이라기보다는 그를 대변하는 같은 성격의 소유자로 볼 수 있을 것이다. 그가 '한 이레' 동안 백성들과 언약을 맺음으로써 백성들에게 유화정책을 펼 것이 예상된다. 그러나 '한 이레' 절반에 그는 변하여 하나님께 드리는 제사와 예물을 금지할 것이고, '미운 물건'을 세울 것이며, 성을 황폐케 할 것이다. '미운 물건'은 다니엘 8장과 11, 12장에서 보았듯이 우상을 말한다. "날개를 의지하고 선다"는 것은 세력을 근거로 하여 우상을 세운다는 것이다. '날개'는 다니엘 7:4, 6에서 힘을 상징하여 사용되었다. 그가 자기의 힘을 의지하여 우상을 세우고 성을 황폐케 할 것이나, 이와 같이 황폐케 하는 자에게 하나님의 마지막 진노가 그 위에 내릴 것이다(27 하반절).

이와 같은 해석은 앞선 박윤선 박사등의 해석과는 서로 상반되는 차이를 보이고 있다. 한쪽에서는 그리스도의 사역으로 보는 반면 또 한 쪽에서는 적그리스도의 사역으로 본다. 우리가 만약 어떤 구절이 애매하여 해석하는 데 어려움에 봉착한다면, 성경은 성경으로 해석하는 개혁주의 성경해석 원리를 적용하여 다른 성경구절들의 도움을 받아 해석하도록 해야 할 것이다. 다행히도 27절의 어구가 다니엘서 다른 곳에 세 번 나타나며 또한 마태복음 24:15에서도 이 구절이 인용된다. 따라서 우리는 성경의 다른 부분들에 나타나는 이러한 어구들이 과연 예수 그리스도를 의미하는지 아니면 대적자를 의미하는지를 살핌으로써 본문의 참뜻을 확증해야 할 것이다.

② 다니엘 8, 11, 12장과 비교연구

다니엘 9:27에 나타나는 어구가 8장에서 비슷하게 나타났었다. 8장은 헬라의 네 왕국 중 시리아 왕국에서 나올 안티옥커스 4세(Antiochus Epiphanes)에 대한 묘사였다. 그가 예루살렘에 들어와서 성전에서 "매일 드리는 제사를 제하여 버렸고 그의 성소를 헐었으며"(11~12절), '망하게 하는 죄악' 즉 주피터 우상을 세웠다(13절).
　다음으로는 11:31~32에 기록되었으며, 이것도 안티옥커스 4세에 관한 것이었다. 그는 이집트와의 전쟁에서 귀환하는 길에 예루살렘으로 입성하여 성전을 더럽히고, '매일 드리는 제사를 폐하며', '멸망케 하는 미운 물건'을 세웠다. 이때에도 '미운 물건'은 주피터 신상이었다.
　다니엘 12:11에도 다니엘서의 독특한 구절이 다시 나타난다: "매일 드리는 제사를 폐하며 멸망케 할 미운 물건을 세울 때부터…" 8장과 11장에서는 이러한 행동을 한 사람이 안티옥커스 에피파네스였지만 12장에서는 마지막 때에 일어날 적그리스도임을 이미 증언하였다. 이것은 9:27을 그리스도의 사역으로 보는 영과 간하배 선교사도 동의하였다.
　요약하면 8장의 안티옥커스 에피파네스는 7장에서 등장한 적그리스도를 보충설명하기 위하여 등장한 적그리스도의 표상이었고, 11장의 안티옥커스는 12장의 적그리스도를 설명하기 위해 도입된 적그리스도의 표상이었다.
　이상에서와 같이 꼭 같은 절구가 다른 곳에서는 적그리스도 혹은 적그리스도의 표상인 안티옥커스 에피파네스에게 사용되었다면 이곳에서는 어떻게 그것과 정반대로 메시야에게 적용시킬 수 있겠는가? 따라서 성경으로 성경을 해석할 때에 이곳도 하나님과 반대되는 세력 즉 적그리스도로 봄이 타당하다.

③ 마태복음 24:15과 비교연구
　우리는 위에서 다니엘서 7~12장에서 "멸망의 가증한 것이 거룩한 것에 서는" 장면들이 연속적으로 묘사되었고, 이것은 적그리스도에 대한 것임을 밝혔다. 다니엘 9:27의 것도 적그리스도의 행동으로 보아야 한다고 주장하였다. 그러면 신약성경은 우리의 이러한 주장을 어떻게 증언해 주는지를 살피고자 한다.

본서의 다음 장에서 다루겠지만 마태복음 24장은 예수님의 감람산 강화라고 불리워지는 장이다. 주님께서 제자들에게 '주의 임하심'과 '세상 끝'에 관한 징조를 주시면서 다니엘서의 구절을 인용하신다: "그러므로 너희가 선지자 다니엘의 말한 바 멸망의 가증한 것이 거룩한 곳에 선 것을 보거든…"(마 24:15). 우리는 다니엘 9장의 논쟁과 연계시켜 다니엘 9장이 메시야의 사역을 말한 것이며 예수님께서도 자신의 사역을 증명하기 위하여 이 구절을 인용한 것인지 아니면 다니엘서가 적그리스도를 말하였고, 예수님도 하나님을 대적하는 자의 소행으로 사용한 것인지를 살핌으로써 다니엘 9장의 뜻을 확증지어야 할 것이다.

마태복음 24장은 예루살렘과 성전이 멸망될 것을 예수님이 예언하시는 것으로부터 시작한다. 그러나 제자들이 감람산에서 예수님에게 묻는 것은 그때가 언제이며 '주의 임하심'과 '세상 끝'에는 무슨 징조가 있겠는가고 묻는다. 주님은 마지막 때에 대한 징조로서 전쟁, 기근, 지진, 온역(눅 21:11) 그리고 성도들의 대환난을 말씀하셨다(24:7~11). 특히 마태복음 24장의 핵심적인 내용은 성도들의 환난이다. 15절에는 다니엘의 독특한 구절이 인용되면서, 이와 함께 대환난이 시작하고 있다. 16절 이하는 다니엘이 예언한 것이 이루어지는 것을 보거든 급히 도망할 것을 권고한다. "지붕 위에 있는 자는 집 안에 있는 물건을 가지러 내려가지 말며", "밭에 있는 자는 겉옷을 가지러 뒤로 돌이키지 말라"고 한다. "이는 그때에 큰 환난이 있을" 것이기 때문이다(16~19절). 이러한 환난은 예수님의 재림으로 끝이 나고 있다: "그날 환난 후에 즉시 해가 어두워지며…그때에 인자의 징조가 하늘에서 보이겠고…인자가 구름을 타고 능력과 큰 영광으로 오는 것을 보리라"(29~30절).

그러면 과연 그들이 그것을 보면 빨리 도망을 가야 할 표적인 "다니엘의 말한 바 멸망의 가증한 것이 거룩한 곳에 서는 것"은 과연 무엇을 뜻하는 것인가? 다니엘 9장에서 영, 간하배, 박윤선 등이 말하는 것처럼 예수님이 성전제사를 폐하셨는데 계속 유대인들이 제사를 드리는 것을 의미하는가? 예수님이 과연 자기가 죽은 후에도 계속 유대인들이 제사를 지내는 것을 보면 급히 도망을 가라고 말씀하셨는가? 제자들은 이 유대인들의 계속적인 제사를 징조로 삼아 이것을 보았기 때문에 급하게 피했는가? 우리는 제자들이 이것을 예표로 삼아 급하게 피한 증거를 찾아볼 수 없다. 사도행전을 볼 때에 오히려 베드로와 요한이 계속 제사가 드려지고 있는 성전에 기도하러 올라가고 있었으며(행 3장), 바울은 서원한 몇 사람들에게 결례를 행하면서까지 성전의식에 참여하고 있었다(행 21:17~26). 따라서 결코 예수님께서도 다니엘의 예언을 박윤선 등이 주장하는 의미로 인용한 것이 아님을 알 수 있다. 예수님께서 의미하신 것은 적그리스도 혹은 그리스도의 반대자가 성전에 우상을 세우는 것을 보거든 이제 성도들의 환난이 시작될 것임으로 빨리 도망하라는 말씀이 분명하다(한정건, 1989를 참조하라).

④ '그'에 대한 요약

결론적으로 이제 우리는 '그를' 예수 그리스도가 아닌 적그리스도로 봄이 합당함을 요약하고자 한다.

첫째로, '70 이레'(70×7)의 예언에서 '69 이레' 이후에 메시야가 끊어져 없어지고(26절), 한 왕(로마의 장군)이 예루살렘을 훼파하고 난 다음에 마지막 한 이레가 시작되고 있기 때문에 27절에 나타나는 언약을 맺고 또 파기하는 인물을 예수님의 초림으로 보기는 힘들다. 만약 27절의 마지막 한 이레를 26절의 예수님의 죽음 앞으로 옮긴다면(실제로 문맥상에서 불가능하지만), 다니엘 9장 예언의 전체는 예수님의 죽음과 또한 한 장군이 예루살렘을 멸망시키는 것으로 끝나버리기 때문에 본문 전체의 문맥을 고려할 때에 합당하다고 볼 수가 없다.

둘째로, "제사와 예물을 금지하고 미운 물건을 세우는 것"은 다니엘서의 다른 세 곳에서 적그리스도 혹은 적그리스도의 표상인 안티옥커스 4세에게 사용된 것인데 꼭 같은 구절인 이곳에서만 반대로 그리스도의 사역으로 해석한다는 것은 성경은 성경으로 해석해야 하는 성경해석학의 대원칙을 무시한 것이라고 할 것이다. 우리는 성경의 어떤 부분이 해석하기에 애매하고 또 해석에 있어서 두 가지가 가능한 경우라면 같은 말이 쓰여진 다른 곳의 도움을 받아 성경을 해석해야 함이 당연함은 정당한 성경해석의 원리라고 생각되어진다

셋째로, 본문을 그리스도의 사역으로 보는 것은 다니엘 7장 이후에 전개되는 주제와 다니엘서 구조와도 맞지 않다. 다니엘서 2~6장은 세상역사를 말하면서 하나님께서 세상왕국을 흥하게 하고 폐하게 하시는 것이 주제였으며, 7~12장은 하나님의 반대세력이 하나님의 나라를 대적하여 나라들을 일으키는 것이 그 주제였다(이것은 앞 장들에서 밝혔음). 이러한 주제에 따라 7장에서 적그리스도가 등장하고 있고, 8장에서는 안티옥커스 4세를 등장시켜 적그리스도를 보충설명한다. 또 10~12장도 적그리스도에 대하여 초점을 맞추고 있다. 이러한 전체의 흐름에서 9장을 예수님의 초림의 사역이라고 주장하는 것은 다니엘서 주제의 흐름을 파악하지 못한 결과라고 할 수밖에 없다. 다니엘이 7장에서 등장한 적그리스도가 12장까지 일관성있게 가장 큰 이슈로 말해지고 있으므로 이러한 다니엘서 전체의 문맥으로 보아서 9장도 적그리스도에 대한 설명으로 봄이 타당하다.

넷째로, 다니엘 9장의 주제는 성도들의 고난이 언제 끝나는가에 대한 것이며(특히 2절을 참조하라) 또 '70 이레'를 셋으로 구분하여 모두 환난을 주제로 다루어지고 있다. 따라서 마지막 구분인 '한 이레'도 적그리스도에 의한 성도의 고난으로 봄이 타당하다.

다섯째로, 9:27 마지막은 황폐케 하는 자에게 하나님의 진노가 쏟아질 것으로 마치고 있다. 혹자는 이것은 유대인들이 예수님 죽음 이후에도 성전에서 제사를 드리는 것을 말한다고 주장하나 유대인들의 제사는 오래 전(모세 때부터)부터 행해왔지 '한 이레 절

반'에 와서야 세우는 것으로 볼 수가 없다. 또 옛부터 행해오던 유대인들의 제사는 하나님에게 예배하였던 것이지 하나님을 대적하기 위하여 특별하게 세운 것으로 볼 수 없다. 그리고 이 유대인들이 황폐케 하는 자로 생각할 수도 없다. 따라서 이 황폐케 하는 자는 하나님을 대적하기 위해 '미운 물건'(우상)을 세우는 자로서 하나님의 백성을 대적하는 자이며, 그에게 최후의 하나님의 진노의 심판이 내릴 것으로 본문은 묘사하고 있다. 이러한 최후의 대적자와 심판을 받는 자는 적그리스도임이 틀림없다.

(2) '한 이레의 절반'

다니엘 9:27에서는 적그리스도가 활동하는 기간을 '한 이레'의 기간으로 말하고 있다. 그러나 이 기간이 언제 시작할 것인지는 확실하지 않다. 분명한 것은 '62 이레' 직후로 연결되는 것이 아니다. '62 이레' 이후 그리스도의 죽음과 예루살렘의 멸망이 가운데 끼어있다. 따라서 마지막 '62 이레'와 '한 이레' 사이에는 간격(gap)이 있음이 필연적이다.

적그리스도로 인한 성도들의 환난의 기간이 '한 이레'의 절반이다. 만약 '70 이레'를 실연수로 본다면, '한 이레'는 7년이 될 것이다. 간하배는 '70 이레'는 실연수로 볼 수 없으며, 상징적인 수에 불과하다고 한다. 그렇다면 마지막 '한 이레'도 상징적인 숫자로 볼 수밖에 없다. 그러나 우리가 앞에서 보았듯이 '70 이레'는 바벨론 70년 포로로부터 출발한 계산이며, 따라서 실연수로 볼 수 있다. 또한 영, 간하배, 박윤선도 '7 이레'와 '62 이레'를 합한 '69 이레'를 고레스 원년에서 시작하여 예수님의 사역 바로 앞까지로 계산을 한다. 만약 앞의 숫자들이 실연수로 간주될 수 있으면, 마지막의 것도 실연수로 봄이 가능할 것이다. 많은 성경학자들 특히 세대주의자들은 본문을 근거로 하여 적그리스도로 인한 '7년 대환난'설을 주장한다. 이 7년 중 전삼년 반은 평화의 시대요(적그리스도가 하나님의 백성들과 언약을 맺음) 유혹의 기간으로 그리고 후삼년 반은 대환난의 기간으로 간주되기도 한다. 소위 불리워지는 '7년 대환난'은 매우 타당한 근거를 가지고 있다고 생각된다.

그러나 우리는 어떤 한 중요한 학설을 세울 때에 보다 더 확실히 하기 위해 어느 한 곳의 애매한 부분을 근거로 하여 설정하기보다는 다른 구절들을 비추어 보아서 확인하는 것이 매우 중요하다. 대환난이 7년이라는 것은 성경 다른 곳에는 전혀 나타나지 않는다. 따라서 대환난이 7년일 가능성은 충분히 인정하면서도 본인은 좀더 세심한 주의를 기울이기를 원한다. 7년이라는 것보다 더 확실한 것은 삼년 반의 기간이라고 할 수 있다. 다니엘 9:27 본문도 '한 이레' 전체가 대환난의 기간으로 말하지 않는다. '한 이레의 절반'에 적그리스도는 제사를 금하고 미운 물건(우상)을 세울 것이다. 따라서 우리의 관심을 7년보다는 '한 이레의 절반'에 쏟기를 본인은 원한다. '한 이레'를 7년으로 본다면 이레의 절반은 삼년 반이 될 것이다.

다니엘 본문에서 이 절반의 기간에 적그리스도가 대환난을 일으키고 있음을 본 바와 같이, 다니엘서와 요한계시록에 자주 적그리스도가 성도들에게 환난을 주는 어떤 일정한 기간이 자주 나타난다. 다니엘 7장에서는 작은 뿔로 묘사된 적그리스도는 '한 때와 두 때와 반 때'(세 때 반) 동안 성도들을 괴롭힐 것이다(단 7:25). 다니엘 12장은 적그리스도에 의한 성도들의 환난의 기간을 '한 때 두 때 반 때'를 지나야 할 것을 말하며(12:7), 이를 구체적으로 1,290일과 1,335일로 다시 주고 있다(이미 이 기간들은 다니엘 12장에서 다루었음을 참조하기 바람).

요한계시록에서 '삼년 반'의 기간이 여러 번 나타난다. 계시록 11:2은 거룩한 성이 마흔두 달(삼년 반) 동안 짓밟힐 것이고, 두 증인이 1,260일(삼년 반) 동안 예언할 것이다. 계시록 12:6은 용이 남자를 낳은 여자를 1,260일(삼년 반) 동안 핍박할 것이다.

12:14에는 이것을 '한 때와 두 때와 반 때'로 말한다. 따라서 '한 때와 두 때와 반 때'는 삼년 반에 해당한다고 보아야 할 것이다. 계시록 13:5은 짐승이 하나님을 대항하고 성도를 괴롭히는 기간을 '마흔두 달'(삼년 반)로 증언한다. 이 짐승은 용에게 '능력과 보좌와 큰 권세'를 받으며(13:2), 온 백성들이 용과 짐승을 경배한다. 거의 모든 주석가들은 이 짐승을 적그리스도로 보며 따라서 여기에 나타나는 삼년 반은 적그리스도의 활동의 기간으로 간주해야 할 것이다.

이상에서 우리는 적그리스도의 활동기간이 '삼년 반' 혹은 그와 유사한 기간들이 말해지고 있는 데에 유의할 필요가 있을 것이다. 따라서 다니엘 9:27의 '한 이레의 절반'은 '삼년 반' 혹은 적어도 그와 유사한 기간으로 보는 것이 타당할 것이다.

우리가 성경의 다른 구절들에 비추어 볼 때에 '한 이레' 중 '후 삼년 반'은 적그리스도가 활동하는 기간임을 확실하게 알 수 있다. 본문에서는 '전삼년 반' 동안에 '그'(적그리스도)가 사람들과 더불어 언약을 정하는 일을 한다. 따라서 이 기간을 '유혹의 기간'으로 볼 수도 있겠다. 그러나 '전삼년 반'은 성경의 다른 곳에 확실한 증언을 주는 곳이 없음을 인식해야 하고 이 부분에 대해서는 매우 조심성있게 말할 필요가 있다.

6. 맺는 말

다니엘 9:24~27은 말세론에 있어서 매우 중요한 구절이다. 다니엘 9장은 다니엘이 예레미야가 예언한 포로의 70년 기간이 마쳐감을 인식하여 하나님에게 이스라엘의 회복을 위한 사죄의 기도를 드림으로써 시작한다. 다니엘의 기도목적은 사죄 그 자체가 아니라, 사죄의 결과로 얻을 예루살렘과 이스라엘 백성들의 회복이다. 따라서 9장의 주제는 이스라엘(혹은 하나님의 백성)의 고난과 회복이다.

다니엘의 기도의 응답에서 하나님은 '70년'이 끝난 지금이 바로 그 회복의 때가 아니라 '70 이레'의 기간이 정해졌음을 알린다. 이 '70 이레'는 레위기 25장에 기록된 희년을 염두에 둔 계산임이 틀림없다. 이스라엘 70년 포로기간은 레위기에 예언된 땅의 안식기간이며, 이 안식기간의 일곱 번 뒤에 희년과 같은 완전한 회복이 있을 것임을 예언한 것이다.

'70 이레'는 세 구분으로 나누어진다. 대부분의 학자들은 본문의 세 구분을 무시하고 처음 두 기간들을 하나로 계산을 하는 잘못을 범한다. 그러나 본문이 세 구분을 하는 의미가 분명히 있음을 알아야 한다. 세 기간으로 나누어진 것은 각 기간마다 특징있는 고난을 염두에 두었기 때문이다. 첫번째의 '7 이레' 동안에는 바벨론 포로의 고난이며, 두 번째의 '62 이레'는 전쟁으로 인한 고난이며, 마지막 '한 이레'는 적그리스도에 의한 성도들의 고난이다. 각 고난 뒤에 회복의 희망이 보이는 것도 사실이다. 그러나 첫번과 두 번째의 기간 마지막에 있을 희망은 완전한 것이 못되며, 세 번째의 고난 후에야 비로소 모든 고난이 끝을 맺으며, 완전한 회복이 예상된다.

마지막 '한 이레' 동안에 있을 중요한 사건 중에 "제사가 폐해지며 미운 물건이 서는" 것은 다니엘이 네 번에 걸쳐서 거론할 정도로 다니엘서의 핵심적인 구절이다. 9장 외의 다른 곳에서 이 특이한 구절은 적그리스도 혹은 적그리스도의 표상에게 사용되었다. 또한 이러한 구절은 마태복음 24장에서도 나타나며, 이것도 하나님의 반대세력(적그리스도)에 의한 행동이며, 이 사건과 함께 대환난이 시작되고 있다. 따라서 다니엘서와 마태복음이 모두 종말론에서 적그리스도가 초점으로 모아지고 있음이 인식된다. 이러한 것은 요한계시록에도 마찬가지이다. 특히 계시록 13장은 계시록의 클라이맥스에 해당하며, 적그리스도의 삼년 반 동안의 활동에 대해 구체적으로 묘사하고 있다.

다니엘 9장은 종말론에 대한 해석의 중요한 분기점이다. 본문을 예수 그리스도 초림중심으로 해석하는 사람들은, 다른 종말론적인 성경구절들도 마지막에 일어나는 사건들보다 이미 예수님에게서 이루어졌거나, 교회에서 이미 영적으로 이루어진 것으로 해석하려는 경향을 가진다. 반면 본문을 적그리스도로 해석하는 사람들은 많은 종말론적인 해석을 주님이 재림할 임박한 시기에 있을 미래적이요 역사적인 종말론으로 해석하려는 경향을 가진다. 우리는 본문을 논하면서 다니엘 9:27이 예수 그리스도의 사역이 아니라 적그리스도의 활동임을 증명했다. 따라서 종말론을 너무 영적으로 해석하는 것보다 역사적으로 일어날 미래의 사건으로 해석해야 할 것이다.

8장
감람산 강화
- 마태복음 24장 -

1. 서론

　마태복음 24장은 종말론에서 중요한 위치를 차지한다. 이 한 장에 종말에 대한 모든 예언들이 농축되어 있기에 흔히 마태복음 24장을 다 해석하면 종말론에 대해서 다 논하였다고 할 정도이다. 그 뿐 아니라 본문은 다니엘서의 핵심적인 부분과 연관을 가지고 있으며, 이는 또 요한계시록과도 관계가 있다. 이렇게 본문이 담고 있는 내용의 중요성과 또 종말론에서 차지하는 본문의 위치가 큰데도 한국교회에서는 본문이 잘 다루어지지 않을 뿐 아니라 또 너무 쉽게 해석되어버리는 경향이 있는 것 같다.
　본문의 해석에서 가장 논란이 되어지는 것은 본문이 주후 70년의 예루살렘 멸망에 관한 예언인지 아니면 세상 종말에 관한 예언인지 하는 문제이다. 이것은 다니엘서를 어떻게 해석할 것인지(특히 다니엘 9장을 예수님 초림에 관한 것으로 볼 것인지 아니면 마지막 때에 일어날 적그리스도로 볼 것인지), 이와 관련하여 계시록의 많은 예언들을 종말에 있을 역사적 사건으로 볼 것인지 아니면 영적으로 이미 이루어진 사건으로 볼 것인지에 대한 문제와도 결부되었다고 생각된다.
　기독교의 전통적인 관례에서는 본문이 세상 종말에 관한 예언으로 받아들여져 왔다. 그러나 현대에 이르러 슈바이처(A. Schweitzer) 등의 '임박한 종말론'(the imminent eschatological sayings of Jesus)이 대두되면서부터(Schweitzer, 1954: 357 이하) 자유주의 신학자들은 본문을 예루살렘 멸망을 겨냥한 임박한 종말에 대한 예언으로 보기 시작하였고, 이러한 견해는 현대의 계약신학자들 중에서도 세대주의자들의 종말론적인 사고방식을 반박하기 시작하면서 받아들여지는 경향이 있다고 하겠다. 우리는 본 논문에서 예수님의 감람산 강화가 주후 70년의 예루살렘 멸망을 위해 주어졌는지 아니면 세상 종말에 관한 것인지 혹은 두 사건의 관계는 어떠한 지를 살피며 또 세상 종말에 관한 예언들이라면 어떠한 일들을 우리는 예상하면서 준비해야 할 지를 알아보고자 한다.

2. 감람산 강화의 도입

(1) 예루살렘 멸망에 대한 예수님의 예언(마 23:29~39)

감람산 강화는 마태복음 23장에서 예수님의 성전에서의 말씀과 관련이 있다. 주님께서는 성전에서 일곱 번에 걸쳐 서기관들과 바리새인들에게 화가 있을 것임을 말씀하셨다. 29절에는 그들이 옛 순교당한 선지자들의 무덤을 꾸미면서 만약 자기들이 옛 시대에 살았다면 선지자들이 피를 흘리지 않았을 것이라고 하였다. 그러나 주님은 그들에게 "너희가 조상의 양(量)을 채우라"고 직설적으로 말씀하셨다. 즉 조상부터 하나님의 종들을 죽여 온 그 숫자를 이제 마지막 선지자까지 죽여서 채우라는 말씀이다. 하나님께서 선지자들을 보내매 "그 중에서 더러는 죽이고 십자가에 못 박고 그 중에 더러는 너희 회당에서 채찍질하고 이 동네에서 저 동네로 구박하리라"고 꾸짖으신다(34절). 주님의 말씀 중에 "십자가에 못 박고"는 주님 자신의 죽음을 연상하여 하신 말씀이며, 회당에서 구박하는 것은 예수님의 제자들을 유대인들이 핍박할 것에 대한 예언적인 말씀으로 볼 수 있다. "의인 아벨의 피로부터 성전에서 죽임을 당한 사가랴까지의 피의" 대가가 이제 마지막 피의 양을 채울 그 세대에게로 돌아갈 것이다(35~36절).

37절에서 주님은 예루살렘이 멸망당할 것을 탄식하시면서 말씀하셨다. 예루살렘의 멸망과 함께 그들의 집이 황폐하여 버린 바 될 것이다. 이어서 주님은 자신의 운명에 관하여 말씀하셨다: "내가 너희에게 이르노니 이제부터 너희는 찬송하리로다 주의 이름으로 오시는 이여 할 때까지 나를 보지 못하리라"(39절). 여기에서 주님은 사람들이 자신을 얼마간 보지 못할 것을 말씀하신다. 그러나 얼마 후에는 다시 오셔서 볼 것임도 말씀하신다. 지금은 백성들이 주님을 배척하고 있다. 그러나 주님이 다시 오실 때에는 백성들이 자신을 "주의 이름으로 오시는 이"로 찬송하면서 맞이할 것이다. 이때에 주님이 가신 후 다시 오심은 오순절날 성령강림으로 오시는 것을 의미하는지 아니면 마지막 종말의 재림을 염두에 두고 하신 말씀인지를 분별해야 할 것이다.

주님은 세상을 떠나시기 전에 "내가 너희를 고아와 같이 버려두지 아니하고 너희에게로 오리라"고 말씀하셨다. "조금 있으면 세상은 다시 나를 보지 못할 터이로되 너희는 나를 보리라"고도 말씀하셨다(요 14:18~19). 이것은 성령강림으로 주님이 제자들과 함께 하시는 영적인 임재를 의미함이 분명하다. 위의 구절을 근거하여 혹자는 마태복음 23:39의 주님이 오시는 것도 영적인 임재로서 오순절 성령강림으로 이루어졌다고 주장할 수 있을 것이다. 그러나 본문의 문맥으로 볼 때에 이것은 불가능하다. 본문은 현재 주님이 배척당하고 있음을 말씀하셨다. 주님은 그들의 손에 죽임을 당할 것이다. 그 결과 예루살렘성이 무너지는 형벌을 당할 것이다. 그런데 주님이 다시 오실 때에는 사람들이 주님을 참 메시야로 영접할 것이다. 하지만 오순절에는 이와 같이 현재 배척하던 사람들이 주님의 오심을 보면서 "주의 이름으로 오시는 이여"라고 환영하였다고 볼 수 없다. 이것은 주님의 재림을 의미함이 분명하다(Hendrickson, 1973: 840 이하를 참조하라). 본문은 예루살렘 멸망과 주님의 재림이 함께 어울려져 있다.

(2) 성전에 대한 제자들의 자랑과 예수님의 대답

감람산 강화는 제자들이 예수님께 성전건물을 가리켜 보이려고 하는 데서부터 시작한다. 제자들은 거대하게 자리잡고 아름다운 돌과 재료들로써 꾸며진(눅 21:5) 예루살렘 성전을 예수님에게 자랑한다: "선생님이여 보소서 이 돌들이 어떠하며 이 건물들이 어떠하니이까?"(막 13:1). 아마 제자들은 성전에서 예수님의 예언의 말씀에 마음들이 무거웠을 것이며, 그들은 주님의 기분을 전환해 주기 위해 성전에 대한 말을 끄집어 내었을 것이다.

그러나 예수님이 보는 그 건물에 대한 견해는 제자들과는 달랐다: "네가 이 큰 건물들을 보느냐 돌 하나도 돌 위에 남지 않고 다 무너뜨려지리라"(막 13:2). 오히려 예수님은 제자들의 근시안적인 생각, 즉 외형만 보고 그것에 대해 경외심을 가지는 그들의 태도를 꾸짖으신다: "너희가 이 모든 것을 보지 못하느냐…"(마 24:2).

성전을 바라보며 자랑하던 제자들은 예수님의 대답을 듣고는 더욱 침울해 하였을 것이다. 제자들의 마음에는 주님을 보지 못하리라는 말씀과, 예루살렘이 멸망할 것과 그리고 주님이 다시 오실 것에 대한 말씀으로 번민이 가득하였을 것이다. 감람산에 올라갔지만 제자들은 제대로 기도를 할 수가 없었을 것이다. 그들은 다시 조용히 주님에게 나아갔다. 그리고 다음과 같이 질문하였다: "우리에게 이르소서 어느 때에 이런 일이 있겠사오며 또 주의 임하심과 세상 끝에는 무슨 징조가…"(마 24:3).

(3) '주의 임하심'(Parousia)과 '세상 끝'

제자들의 물음은 "어느 때에 이런 일이 있겠사오며"라고 시작한다. 이런 일은 성전이 무너지는 것과 주님이 다시 오시는 것을 두고 한 말이다. 제자들은 이 예루살렘의 멸망과 '주의 임하심'을 '세상 끝'으로 이해하였고 이때를 알 수 있는 징조를 묻는다. 제자들이 왜 '예루살렘 멸망'과 '주의 임하심'과 '세상 끝'을 한꺼번에 보았는가? 제자들의 이와 같은 인식을 이해하기 위해서는 그 당시 쿰란문서들과 유대인의 묵시적 문학작품에서 나타나는 유대인들의 종말론적인 사상들을 이해해야 할 것이다.

① 제자들의 이해의 배경

세상에 대한 심판과 하나님의 백성들에 대한 구원을 그리는 긴박한 말세론적 사상은 당시의 쿰란공동체에서 가장 뚜렷하게 나타나고 있다. 그들은 자신들이 마지막 세대에 살고 있는 것으로 생각하면서 임박한 전쟁과 세상종말을 예언하고 있다(Lasor, 1972: 93 이하를 참조하라). 특히 'War Scroll'(1QM)에서는 벨리알을 대장으로 하는 악의 무리들과 미가엘이 인도하는 하나님에 속한 무리들의 전쟁을 묘사하고 있으며, 이 종말적인 전쟁의 결과는 하나님의 통치가 확립됨으로써 끝이 난다(1QM 17:5~8). 4QAmram(b)은 어둠의 왕자로 불리워지는 멜기레사와 빛의 왕자(본문이 파괴되어 그의 이름은 나타나지 않는다)와 싸우는 전쟁이 묘사된다. 11QMelchizedek은 'War Schroll'에서 나타나는 미가엘의 위치에 멜기세덱을 대신하여 놓고 마지막의 전쟁과 심판을 그리고 있다(한정건, 1986: 156 이하를 참조하라).

쿰란공동체는 지상에서 악한 무리들이 선한 무리들(쿰란의 사람들 스스로를 지칭함)과 전쟁하는 역사적인 사실을 승화시켜, 적군들을 벨리알과 같은 악령의 세력의 종들로서 묘사하며, 자신들을 돕는 영물로서는 천사들을 채택하고 있다. 결국 종말에 있을 전쟁은 하늘세력들의 전쟁으로 연결되어 천사장이 그들에게 승리를 안겨주고 하나님이 통치하시는 나라를 이루어 줄 것을 기대한다. 쿰란공동체는 자신들이 벨리알 즉 악의 세력이 통치하는 시대에 살고 있다고 믿었다(1QS 2:19; CD 12:23; 1QM 14:9; 11QMel 2:4). 하나님께서 잠시 동안 벨리알이 왕성하도록 허락하셨다. 어두움의 아들들이 거의 막바지에 이르러 자기들의 승리를 기대하고 있을 때에 하나님의 심판이 천사장 미가엘 혹은 멜기세덱을 보내어 그들을 심판하고 하나님의 통치를 확립한다(한정건, 1986: 158). 특히 11QMel에서는 멜기세덱이 희년을 선포하고 이스라엘을 압제자로부터 구원하며 이스라엘 백성들에게 기업을 돌려주며 악한 무리들을 심판하러 올 종말론적인 왕(왕적인 메시야)으로서 그려지고 있다.

쿰란 외에 1세기 전후의 유대인 문학작품에서도 천상의 존재로서 세상을 심판할 메시야적인 묘사는 흔히 볼 수 있다. 특히 에녹 1서 37~71장(일명 Similitudes, 비유들), 에스드라 2서 그리고 바룩 2서 등에서는 종말론적인 메시야를 '인자'(the son of man) 혹은 '사람과 같은 이'라고 불리워지는 분으로 묘사하고 있다. 위의 책들에서 '인자'는 처음부터 계셨으며, 지금은 숨겨져 있으나 앞으로 세상의 마지막에 나타나셔서 세상을 심판하실 분으로 묘사된다(Mowinckel, 1955을 참조하라). 특히 에녹 1서 37~71장에서는 '인자'가 구름을 타고 와서 악한 무리들을 심판하는 장면을 그리고 있다(Vermes, 1978을 참조하라).

그 당시 제자들의 주위에 이러한 종말적인 사상이 만연해 있었을 뿐만 아니라 예수님도 자주 이와 비슷한 종말적인 말씀을 해왔음을 볼 수 있다. 마태복음 19:28에 주님께서는 멜기세덱 혹은 에녹서에서의 '인자'와 같은 심판자로 보좌에 앉으신 모습과 왕국과 승리를 자기의 백성에게 주는 것을 묘사하고 있다: "세상이 새롭게 되어 인자가 자기 영광의 보좌에 앉을 때에 나를 좇는 너희도 열두 보좌에 앉아 이스라엘 열두 지파를 심판하리라." 마태복음 16:27, 28은 가장 확실히 이러한 종말적인 말씀으로 여겨진다: "인자가 아버지의 영광으로 그 천사들과 함께 오리니 그때에 각 사람의 행한 대로 갚으리라 진실로 너희에게 이르노니 여기 섰는 사람 중에 죽기 전에 인자가 그 왕권을 가지고 오는 것을 볼 자들도 있느니라"(막 9:1을 참조하라).[1]

결론적으로, 당시 유대인들에게 종말론은 보편적인 사상이었다는 점과 또한 예수님께서도 종말적인 말씀을 해왔음을 볼 때에 제자들이 종말적인 사상에 익숙해 있었으리라고 쉽게 생각되어질 수 있을 것이다. 세베대의 아들의 어머니가 자기의 두 아들을 "주의 나라에서 하나는 주의 우편에, 하나는 주의 좌편에 앉게"해 달라는 요청도(마 20:21) 그들의 종말적인 인식을 단편적으로 나타내어 주는 것이라고 하겠다. 이러한 제자들에게는 예루살렘의 멸망은 세상 끝의 사건으로 받아들여졌고, 이것이 '주의 강림'으로 연결되어지는 것은 자연스러운 현상이라고 생각되어진다.

제자들이 예루살렘의 멸망을 주의 임하심과 세상 끝으로 연결시키는 것은 그 당시 유대인들의 사상에 젖어있던 그들의 선입관념에서 나온 것 같다. 그럼에도 불구하고 예수님은 그들의 생각이 잘못되었다고 수정하시지 아니하시고 그대로 답해주시는 것을 볼 때에 예수님의 이후의 설명은 분명히 '주의 임하심'과 '세상 끝'에 관한 일들을 그들에게 설명해 주시는 것이 분명하다고 할 것이다.

---

[1] 마가복음 9:1에는 "하나님의 나라가 권능으로 임하는 것을…"이라고 말한다. 많은 주석가들은 이 구절은 예수님이 승천하여 하나님 우편에 앉으셔서 다니엘 7장에 예언된 왕국을 받으시는 것으로 보기도 한다. 우리는 여기에서 이 구절과 관련된 '긴박한 종말론'(imminant eschatology)에 대하여 논하고자 하지는 않는다. 그러나 헨드릭슨(Hendrickson)의 이 구절에 대한 논증에 유의해 볼 필요는 있을 것이다: "In Mark 8:38 and 9:1, Jesus regards the entire state of the exaltation, from his resurrection to his second coming, as a unit. In 8:38, he refers to its final consummation; here in 9:1, to its beginning. It seems that Jesus does not want to separate the end from the beginning of the kingdom"(1975: 333; cf idem 1973: 659).

그러나 우리는 예수님 이후의 설명이 과연 예루살렘 멸망과 관련된 것인지(특히 예수님의 승천과 오순절 강림을 의미하는 것인지) 아니면 예수님의 재림과 이 세상의 종말에 관한 것인지를 가리기 위해서는 우선 '주의 임하심'의 말 자체가 무슨 뜻으로 사용되는지를 살펴보아야 할 것이며 또 '세상 끝'은 무슨 의미인지를 관찰해 보아야 할 것이다.

② 주의 임하심(παρουσία)
어떤 학자들은 본문에 언급된 'παρουσία'(주의 임하심)는 예수님의 재림이 아닌 영적인 강림(즉 오순절의 성령강림)을 의미한다고 주장하기도 한다(Oepke, 1986: 864 이하; Beasley-Murray, 1954: 167 이하; idem, 1978: 565 이하; De Young, 1960: 93 이하; France, 1971: 229 이하를 참조하라). 그들의 주장은 마태복음 24장이 전적으로 예루살렘 멸망에 대한 예언이라는 것과 'παρουσία'의 용어 자체가 가지는 의미에서 재림과 특별히 연관시켜야 할 이유가 없다고 보기 때문이다. 그러나 우리는 이 용어가 성경에서 어떻게 사용되고 있는가를 살펴봄으로써 재림과 어떤 관계가 있는지를 밝혀야 할 것이다.

헬라어 παρουσία는 일반적인 의미로는 'presence'(being there) 혹은 'coming'의 뜻을 가졌다. 또한 그 당시에 전문적인 용어(technical term)로서 사용될 때는 "왕이나 통치자가 자기의 통치지역에 도착하는" 것을 위해 사용되었다(Braumann, 1976: 900). 신약성경에 사용되는 경우 동사형의 'παρεμι'는 '함께 있다' 혹은 (너희에게로) '가겠다' 등으로 사용되어진다(고전 5:3; 고후 10:2, 11; 11:9; 13:2, 10; 갈 4:18, 20; 요 11:28; 행 10:33; 24:19; 계 17:8 등등). 명사 'παρουσία'가 신약성경에 사용된 회수는 총 24회로서 바울에 의해서 열네 번 사용되었고(고전 15:23; 16:17; 고후 7:6 이하; 10:10; 빌 1:26; 2:12; 살전 2:19; 3:13; 4:15; 5:23; 살후 2:1, 8 이하), 마태복음 24장에서 네 번 그리고 나머지는 공동서신들에 나타난다(약 5:7 이하; 벧후 1:16; 3:4, 12; 요일 2:28). 이 중에서 바울이 자신 혹은 그의 동료들에게 사용할 때는 '함께 있다'(presence) 혹은 '도착'(arrival)의 의미로 사용하였다(고전 16:17; 고후 7:6 이하; 빌 1:26; 2:12). 그러나 예수님에게 'παρουσία'가 사용되는 모든 경우에서는 임박한 그의 '강림'을 기대하면서 사용되었다(살전 2:19; 3:13; 4:15; 5:23; 살후 2:1, 8; 고전 5:23; 약 5:7 이하; 벧후 1:16; 3:4, 12; 요일 2:28 등) (Braumann, 1976: 900). 마태복음을 제외한 서신들에서 이 용어가 사용된 모든 경우에 예수님의 '강림'에 대한 고대는 예수님의 재림을 의미함이 명확하다.

서신들에서 모든 경우에 'παρουσία'는 예수님의 재림을 예상하면서 사용되었는데, 복음서에서 유일하게 네 번 나타나는 마태복음 24장에서는 과연 오순절 성령강림으로 이 용어가 사용되었는지 아니면 재림의 의미로 사용되었는지를 살펴보아야 할 것이다. 본문 27절에 나타나는 'παρουσία'는 '인자의 임함'이 골방이나 들에 나타나는 것이 아니라 공중에 나타날 것이라고 말한다. 이 '인자의 임함'은 29절 이하에서 자세히 묘사되었다: "그때에 인자의 징조가 하늘에서 보이겠고 … 인자가 구름을 타고 능력과 큰 영광으로 오는 것을 보리라"(30절). 이러한 문맥에서 볼 때에 본문 27절의 '인자의 임함'은 예수님의 재림을 의미함이 명확하다. 다음으로는 37절과 39절에도 'παρουσία'가 사용되었다. 37절은 '인자의 임함'이 노아의 때와 같을 것임을 경고하였다. 이것은 주님의 재림에 대한 경고임이 분명하다. 39 하반절에 '인자의 임함'을 두 사람 중에 한 사람은 구원을 받고 한 사람은 버림을 받을 것을 예를 들어 말한다. 이것도 재림 때의 현상이 분명하다. 42~44절은 갑자기 임할 인자에 대한 예가 도둑의 비유로써 계속되어진다: "그러므로 깨어 있으라 어느 날에 너희 주가 임할는지 너희가 알지 못함이니라.…" 또 45~51절의 주인의 기다리는 종의 비유도 주의 강림하실 그날이 언제인지 모르는 상태에서 깨어서 기다릴

것을 경고한다. 이상의 비유들은 모두 주님의 재림에 대한 교훈이 틀림없다.[2]

따라서 마태복음 24장에 나타나는 네 번의 경우 중에서 세 번에서 'παρουσία'는 예수님의 재림을 뜻하는 것이 분명하다.

그러면 24:3에 언급된 'παρουσία'는 어떤 의미로 우리가 추정할 수 있겠는가? 24:3은 앞으로 기록될 내용들의 서론(introduction)에 해당한다고 할 것이다. 따라서 뒤에 기록된 같은 용어가 주님의 재림을 의미한다면 이들의 내용들을 시작하면서 사용된 3절의 경우에는 재림의 의미로 사용된 것이 아니라는 주장은 성립되기 힘들다. 감람산 강화가 재림에 관한 것이라는 강한 뒷받침은 25장에 나타나는 비유들에서도 찾을 수 있다. 25장의 열 처녀 비유와 달란트 비유도 주님의 재림을 기다리는 사람들의 준비에 대한 교훈이며, 염소와 양의 비유도 주님의 재림으로 시작하는 것이 틀림없다: "인자가 자기 영광으로 모든 천사와 함께 올 때에 자기 영광의 보좌에 앉으리니…"(마 25:31).

결론적으로 로마왕국에서 '왕의 오심'에 사용된 이 용어는 마태등의 기독인들에게서 그들의 왕인 '그리스도의 오심'에 연관지어 사용되고 있다고 할 것이다(McNeile 1980: 345). 예수님에게 사용된 'παρουσία' 용어의 모든 경우는 한결같이 주님의 재림을 염두에 두고 있고 또한 마태복음 24장에서 나타나는 'παρουσία'도 3절 이외의 모든 경우에 다 주님의 재림을 의미하고 있음이 분명하다. 따라서 24:3에 도입된 'παρουσία'도 재림을 의미한 것 이외의 것으로 생각하기에는 불가능하다.

---

2) 박윤선 박사는 마태복음 24장의 징조들에 대한 구절들에서는 주후 70년의 예루살렘의 멸망에 관한 것으로 주장을 하다가 37절 이후의 주님의 강림에 대한 비유들에 대해서는 예수님의 재림을 가리키는 교훈으로 말한다 (1964: 732 이하).

③ '세상 끝'
예수님의 제자들은 예수님으로부터 예루살렘이 멸망할 것을 듣고는 이를 '세상 끝'으로 이해하면서 예수님에게 그 징조에 관하여 묻는다. 어떤 학자들은 'παρουσία'의 경우와 마찬가지로 여기에 사용된 '세상 끝'을 예수님의 재림으로 인한 끝으로 보지 않고 '한 세대(구약의 세대)의 끝'으로 이해하려고 한다(Beasley-Murray, 1954: 167~169). 그들의 주장은 마태복음 24장은 유대인들이 메시야를 거절한 죄악으로 그들에게 심판을 경고하며 오순절을 통한 성령강림을 약속한 내용이라는 것이다.
'세상 끝'의 술어가 24장 안에서 유일하게 14절에 나온다: "이 천국복음이 모든 민족에게 증거되기 위하여 온 세상에 전파되리니 그제야 끝이 오리라" 이 구절에 대해서도 Boersma등은 오순절의 성령의 역사에 적용시키려고 애쓴다. 그는 당시의 사람들에게서의 '온 세상'은 로마의 세계 즉 지중해 연안이라고 한다. 그리고 오순절에 예루살렘에 각 지역의 사람들이 모였고, 이들을 통하여 복음은 주후 70년 이전에 당시의 '온 세상'으로 전파되어 본문의 예언이 이루어졌다고 한다(Boersma, 1978: 79, 1078). 그리고 바울이 스페인을 방문하고자 한 것은(롬 15:23, 24) 이 복음이 '온 세상'에 전파되어야 함을 이루기 위함이었고 또 이것이 이루어졌으면 약 주후 66년경이었으므로 이것으로써 마태복음 24:14이 성취되었다고 주장한다(Boersma, 1978: 79).
그러나 우리는 바울이 스페인까지 갔다는 확실한 증거를 찾을 수 없고 하나님께서 바울을 통하여 복음이 세상 끝까지 다 증거되었다고 확인해 준 사실도 없다. 혹시 바울 자신이 스페인까지 가서 복음전파의 완성을 이루려는 욕망이 있었는지는 모른다. 그러나 하나님의 뜻은 바울은 로마에서 마쳐야 되며 복음전파의 완성은 앞으로의 세대들에게 넘겨주셨음이 사도행전의 마침에서 분명히 나타난다고 할 것이다. 헨드릭슨은 모든 민족과 온 세상에 복음이 전파되는 것은 몇 달, 몇 년이 걸리는 것이 아니라 수백 년 이상의 오랜 기간이 예상됨이 사실이라는 견해를 밝힌다. 그는 예수님께서 말씀하신 뜻은 세상의 역사가 끝나는 것은 복음이 온 세상으로 전파되어야 함을 전제한 것이라고 주장한다(Hendrickson, 1973: 854). 박윤선 박사도 이 부분에서는 세상의 종말로 본다: "이것을 유대 민족의 말로(예루살렘의 멸망)에 앞서 복음이 모든 나라 민족들에게 전파되리라는 의미로 보는 학자가 있다. 그러나 그보다도 세상의 종말에 앞서 복음이 세계만방에 전파될 것을 가리킨 듯하다"(박윤선, 1964: 725).

마태와 누가가 그들의 복음서들을 기록한 것은 이미 오순절이 지났고 또한 주후 70년이 지난 후임이 분명하다. 만약에 3절의 '주의 강림'과 '세상 끝'이 오순절을 통하여 이루어진 것이라면 복음서 저자들이 이미 이루어진 것에 대하여 썼다고 해야 한다. 그러나 우리는 사도들이 주님의 감람산 강화를 기록하는 목적은 이미 이루어진 것에 대한 진술보다는 앞으로 있을 일들에 대한 세상 마지막의 징조를 주기 위해 쓰고 있음이 분명하다 할 것이다(McNeile, 1980: 344를 참조하라). 우리들은 '세상 끝'은 주님이 구름을 타고 영광으로 오셔서 세상을 심판하고 택한 자들을 모으는 것으로(24:29~31) 이루어질 것임을 확신한다.

결론적으로, 감람산 강화는 예루살렘 멸망으로부터 시작하나 예수님의 재림까지 포함하고 있다. 이를 단순히 오순절과 주후 70년의 사건만으로 한정시키려는 시도는 받아들일 수 없다. 따라서 마태복음 24장은 분명히 예루살렘 멸망에 관한 자료들도 포함하고 있겠지만, 본 장의 궁극적인 목적은 주님의 재림 때에 관한 징조를 주기 위함이다.

3. 미혹에 대한 경고(4~6절)

제자들의 마지막 때의 징조에 대한 질문에 예수님께서는 먼저 그들이 미혹을 받지 말 것을 경고하신다. 많은 사람들이 주의 이름으로 와서 자기가 그리스도라고 미혹할 것이다. 난리(전쟁, 재난 등)의 소문이 퍼질 것이나 아직은 마지막 때가 아니므로 미혹받지 말라고 하신다. 이 주님의 경고는 아이러니칼하다. 거짓 그리스도가 일어나는 것이 말세의 징조가 되나 그러나 아직은 그때가 아니라는 것이다. 또 전쟁과 재난 등이 일어나서 사람의 마음들이 동요할 것이며, 이러한 현상들이 일어나더라도 아직은 그때가 아니라는 것이다.

데살로니가후서 2장에서도 이와 유사한 경고가 주어진다. 데살로니가 교회에 지금이 바로 주의 강림하실 때라고 영으로, 말로나 혹은 편지로써 미혹하는 자들이 있었다. 그러나 쉬 동심하거나 두려워하지 말라고 경고한다. 누가 어떻게 말하여도 미혹당하지 말라고 한다(살후 2:1~3). "먼저 배도하는 일이 있고 저 불법의 사람 곧 멸망의 아들이 나타나기 전에는 이르지 아니하리라"(3절). 이 불법의 사람은 거의 모든 주석가와 성경사전들이 적그리스도로 간주한다. 4절은 이 불법의 사람(적그리스도)에 대하여 설명한다. 그는 자신을 하나님으로 칭하며, 자존하여 하나님 성전에 앉아 경배를 받는다. 바울은 이러한 일이 '나타나기 전에는' 주의 강림이 이르지 아니할 것이니 미혹함을 받지 말라고 경고한다.

데살로니가후서 2장의 교훈과 마찬가지로 마태복음 24:4~6도 미혹당하지 않도록 경고를 준다. 많은 재난들과 난리들이 일어나며, 이로 인하여 주님이 강림할 때라는 소문이 난무할 것이다. 특히 거짓 그리스도들이 나타나서 미혹하는 일들이 허다할 것이다. 그러나 아직 마지막 때는 아니므로 성도들이 미혹을 당하지 말라고 하신다.

이러한 경고를 주고 난 이후에 주님은 마지막에 대한 징조를 주심을 우리는 유의해야 할 것이다.

4. 마지막 때의 징조(7~14절)

"민족이 민족을, 나라가 나라를 대적하여 일어나겠고 처처에 기근과 지진이 있으리니 이 모든 것이 재난의 시작이니라 그때에 사람들이 너희를 환난에 넘겨주겠으며…"(7~8절).

(1) 하늘과 땅의 큰 징조들

구약과 신약에서 나타나는 종말론의 묵시적인 묘사(apocalyptic descriptions of eschatology)에서 흔히 등장하는 것이 지진과 하늘의 징조들이다. 구약에서부터 나타나는 '주의 날'(the day of the Lord)은 주님께서 자기 백성을 방문하는 날이며 자기의 백성을 적에서 혹은 죄에서 구원해 주실 것이다(사 29:6; 35:4; 59:40; 참고 사 11:11~16; 렘 33:16; 욜 3:16~21; 미 5:7~8). 그날은 이방인들의 구원도 예상되어진다(슥 2:10 이하; 참고 사 66:18 이하). 또한 그날은 악한 자들에 대한 심판이 있을 날이다(사 2:12~21; 26:21 이하; 64:1 이하; 암 5:18~20; 습 1:7, 14; 욜 2:10~11; 3:11~15; 슥 3:8; 14:3 등). 이 날은 어두움이요 빛이 아닐 것이다(암 5:18; 욜 2:2). 태양이 대낮에 지며 백주에 땅이 캄캄케 될 것이다(암 8:9; 욜 2:10, 31; 3:14, 15; 슥 14:6 이하). 이 두려운 심판의 날에는 하늘에 징조 뿐만 아니라 땅에서도 지진으로 징조를 보일 것이다(욜 2:10; 3:16; 암 8:8). 여호와께서 감람산에 서실 것이고 큰 지진이 있어 산과 골짜기가 동서로 갈라질 것이다(슥 14:4 이하). "그날 환난 후에 즉시 해가 어두워지고…" 인자가 구름을 타고 오실 것이다(마 24:29 이하). "큰 지진이 나며 해가 총담같이 검어지고 온 달이 피같이 되며 하늘의 별들이" 떨어지는 징조와 함께 보좌에 앉으신 이와 어린양의 심판이 시작될 것이다(계 6:12~17). "번개와 음성들과 뇌성이 있고 또 큰 지진이 있어" 큰 성 바벨론이 하나님에게 심판을 받을 것이다(계 16:17~21; 참고 11:13).

이상에서 본 바와 같이 마지막 때인 주의 날에 대하여 하늘의 징조로서 해가 어두워지는 것과 또 땅에서의 징조는 지진으로 묘사되고 있으며, 이 두 개의 징조들은 하늘과 땅에 대한 심판을 대변하고 있다고 할 것이다.

(2) 네 가지 환난

자연이 보여주는 징조 외에 땅 위의 사람들(특히 성도들)이 당하는 재난도 마지막 때의 중요한 징조로서 말해진다. 이는 곧 전쟁, 기근, 온역(눅 21:11에 삽입되었음)과 성도의 옥에 갇힘이다.
요한계시록 6:3~11에서도 붉은 말(전쟁), 검은 말(기근)(5~6절), 청황색 말(질병) 그리고 짐승에 의해서 성도들이 죽임을 당하는 네 가지 재앙들이 나타났다. 마태복음 본문에서 네 가지 재난들 중에 성도의 환난에 제일 큰 관심이 모아진다. 8절의 "전쟁, 기근과 지진, 온역들이 있으리니 이는 재난의 시작이니라"라는 말씀에서 볼 때에 앞의 세 가지의 것들은 제일 큰 재난인 마지막의 것을 알려주는 전초전의 역할을 하고 있음을 알 수 있다: "그때에 사람들이 너희를 환난에 넘겨주겠으며 너희를 죽이리니 너희가 내 이름을 위하여 모든 민족에게 미움을 받으리라"(9절).
박윤선 박사는 이 재난들은 "아직 세상 끝의 징조는 아니고 예루살렘 멸망에 대한 징조가 될 뿐이라"고 하며 또 신자들이 핍박을 받는 것도 "역시 예루살렘 멸망에 대한 징조이다"라고 말한다. 물론 전쟁, 기근, 환난 등은 예루살렘 멸망 때에도 있었던 일들이었다. 그러나 앞에서 보았듯이 요한계시록에서 네 가지 징조가 나타나고 있으며 또 종말에 대한 많은 구절들에서 성도가 받는 환난이 기록되고 있다. 따라서 본문에서 '주의 임하심'과 '세상 끝'에 관한 징조로 주는 이러한 재난들이 예루살렘 멸망 때에만 한정되고 마지막과 관계없다는 주장은 받아들일 수가 없다. 박윤선 박사

자신도 14절에 '복음이 온 세상에 전파되는 것'은 세상 끝의 사건으로 본다. 한 문맥 안에서 성도의 환난은 세상 끝의 사건이 아니고 복음이 증거되는 부분은 세상 끝의 사건으로 말하는 것은 자기 모순이라고 생각된다.

29절 이하는 '그날 환난 후에' 즉시 하늘에서 징조가 있고 예수님이 구름을 타고 능력과 영광으로 오시는 장면이 묘사되었다. 이것은 분명히 주님이 재림하시는 모습이다. 주님의 재림이 '그날 환난 후 즉시'라고 묘사된 것은 '환난'이 마지막 때에 있을 것임을 말하는 것이 분명한 일이다.

(3) 성도의 배교

마지막 때에 성도들이 서로 미워하고 잡아 넘겨주는 배교하는 일이 일어날 것이다(11절; 참고 살후 2:3). 교회 안에서도 불법이 성하고 사랑이 식어질 것이 예상된다(12절). 이러한 배도의 행위는 다니엘서에서 적그리스도의 표상으로 사용된 안티옥커스 4세 때의 사건에서도 잘 묘사되고 있다. 안티옥커스 4세가 이집트를 향한 2차 원정에서 로마군대의 방해로 퇴군해 오는 길에 예루살렘으로 입성했을 때 거룩한 언약(하나님과 맺은 언약)을 배반하는 자들을 앞세워 예루살렘 성전을 더럽힐 뿐만 아니라(단 11:30) 온 유다땅에 유대종교를 멸하려고 했다.

마지막 때에 일어나는 적그리스도는 종교적인 활동을 한다. 그는 자존하여 성전에 앉아 자기를 하나님이라 할 것이다(살후 2:4; 계 13:15). 이러한 종교적인 활동은 바로 하나님과 하나님의 천군 천사들을 훼방하면서 이루어질 것이며(계 13:6; 단 7:25), 그렇기 위해서는 여호와의 종교를 방해하여 성전에 가증한 우상을 세울 것이다(마 24:15; 단 9:27; 11:31; 12:11).

이러한 때에 일어나는 현상 중 하나는 교회에서 일부가 적그리스도의 앞잡이가 되는 일이다. 그들은 참 신앙인들을 잡아 세상

관원들에게 넘겨주는 일까지 할 것이다(마 24:10). 또 거짓 선지자가 많이 일어나서 어떻게 하든지 남은 성도들을 미혹하려고 애쓸 것이다(11절). 거짓 선지자는 이 적그리스도의 우상을 만들어 놓고 그에게 경배하도록 할 것이다(계 13:11~18).

(4) 마지막 때에 선교의 사명

본문은 이 마지막 때에 성도들은 복음을 땅 끝까지 전해야 하는 선교의 사명도 일깨워주고 있다. 마가복음의 기록에서는 성도들이 환난 중에서도 복음을 증거해야 할 것이 특별히 명시되었다: "너희가 관장들과 임금들 앞에 서리니 이는 저희에게 증거되려 함이라"(막 13:9 하반절).

복음이 땅 끝까지 증거되는 것과 하나님 나라의 완성은 불가분리의 관계를 가지고 있다. 사도행전 1장에서 제자들이 "이스라엘 나라를 회복하심이 이때니이까"라고 물었을 때에 예수님의 대답은 "때와 기한은…너희의 알 바 아니요…"라고 하셨다. 이 예수님의 대답은 제자들이 가진 이스라엘 나라의 회복(즉 하나님 나라의 완성으로 이해됨) 그 자체에 대한 개념이 잘못되었다는 것이 아니라 단지 그 '때'에 대한 그들의 생각이 잘못되었다는 것으로 이해해야 할 것이다. 예수님의 대답은 그 '때'는 지금이 아니라, 지금은 성령의 능력을 가지고 복음을 전해야 할 때임을 말씀하신다. 다른 말로 하면 주님의 말씀은 하나님의 나라가 완성되기 위해서는 먼저 복음이 땅 끝까지 증거되어야 함을 시사한 것이라고 할 수 있을 것이다.

특히 사도행전은 복음을 전하는 데 있어서 능력을 입어야 함은 제자들이 환난 중에서 복음을 전해야 하기 때문임도 그 이유가 있다고 할 것이다. 누가복음 22:35~38에 예수님이 잡히시기 전에 제자들에게 전대와 의복과 검을 준비하라고 말씀하셨다. 왜냐하면 그 제자들은 "불법자의 동류로 여김을 받기" 때문이다(37절). 예수님이 돌아가신 이후에는 복음이 편안한 상태에서 대접받으면서 증거될 수가 없을 것임을 지적하는 말씀으로 여겨진다. 특히 '칼을 준비' 해야 되는 것은 그들에게 닥칠 환난을 예상케 하는 말씀이다. 제자들은 옥에 넘겨지고 핍박을 당하는 중에서 복음을 땅 끝까지 전해야 되는 사명을 부여받았다. 이러한 핍박과 복음증거의 사명은 주님 재림이 임박한 때에 절박하게 인식되어야 할 것이며 또 특히 그 어느 때보다도 더욱 어려움 중에서(환난 중에서) 복음증거를 위해 노력해야 함을 시사한다고 할 것이다.

5. 대환난(15~28절)

앞 절들에서 세상 마지막 때에 일어나는 징조로서 네 가지 재난들이 제시되었고, 그 중에서 성도의 환난이 정점을 이루는 징조였다. 이제 주님은 이 마지막 징조인 성도의 환난에 대하여 15절 이하에 더 구체적으로 설명을 부가하신다.

(1) 대환난은 급격하게 이를 것이다

본문은 성도들이 '다니엘이 예언한 것'이 성취되는 것을 보거든 그때는 이미 환난이 임박한 줄 알고 급히 도망을 가라고 한다. 지붕 위에 있는 자들은 집안에 있는 물건을 가지러 내려가지 말고 바로 도망쳐야 할 것이다(17절). 밭에서 일하는 자가 겉옷을 밭모퉁이에 두고 일을 하다가 이러한 소식을 들으면 겉옷을 가지러 뒤를 돌이킬 겨를도 없이 즉시 도망을 가라고 한다(18절). 이는 환난이 닥치는 속도가 급격할 것이기 때문이다. 그날에 아이 밴 자들과 젖먹이는 자가 화가 있을 것이다(19절). 왜냐하면 그들이 도망하는 데 크게 지장을 받기 때문이다. "겨울에나 안식일에 되지 않도록 기도하라"(20절)는 것은 겨울에는 도피하는 데 큰 어려움이 있을 것이기 때문이며, 안식일에는 유대인들이 먼 여행을 하기에 어려움이 있기 때문이다.

(2) 환난이 극심할 것이 예상된다

그들이 이렇게 급하게 도피해야 할 이유는 "그때에 큰 환난이 있을 것"이기 때문이다(21절). 창세에서 지금까지 이런 환난이 없었고 후에도 없을 것이다.

세상의 환난의 정점을 이루는 것은 주후 70년의 사건도 큰 것이겠지만 계시록 13장 등에서 예언된 마지막 때에 적그리스도에 의해 주어지는 환난보다 더 큰 것을 우리는 생각할 수가 없을 것이다. 그때의 환난이 얼마나 극심한지 날이 조금만 더 지체되면 땅 위에 구원얻을 사람이 아무도 없을 것이다(22절).

(3) 환난의 기간은 짧을 것이다

"그 날들을 감하지 아니할 것이면 모든 육체가 구원을 얻지 못할 것이나 그러나 택하신 자들을 위하여 그 날들을 감하시리라"(22절).

'날들을 감한다'는 뜻은 환난의 기간을 제한하겠다는 뜻이다(McNeile 1980: 350를 참조하라). 성경의 말세론의 많은 구절들은 적그리스도의 활동기간이 정해져 있음을 밝힌다(단 7:25과 12:7에서 '한 때와 두 때와 반 때'; 단 9:27과 계 13:5은 '3년 반'의 기간). '날들을 제한하겠다'는 것은 환난의 때를 오래 끌게 놓아두지 않겠다는 의미이다. 또한 본 구절은 이 환난의 기간을 전적으로 악의 세력들(적그리스도?)의 손에만 맡기지 않고 주님께서 제어하겠다는 것이다. 또한 주님께서는 자기의 택한 자들을 보호하기 위하여 또 주님 자신이 재림해 오실 때에 살아서 맞이할 성도들을 남기기 위해서도 그들을 보호하시겠다는 의지가 담겨있다고 할 것이다.

(4) 환난은 예수님의 재림으로 끝날 것이다

본문은 대환난이 주님의 재림으로 끝날 것으로 말한다: "그날 환난 후에 즉시 해가 어두워지고…"(29절). 마가복음의 기록은 더 분명히 밝힌다: "그때에 그 환난 후에 해가 어두워지고…"(ευ εκειναις ταις ‘ημεραις μετα την θλιφιν, 막 13:24). 이때의 정관사 ‘την’은 바로 직전에 언급된 대환난을 가리키는 것이 분명하다.

박윤선 박사는 마태복음 24:9의 "그날 환난 후에…"를 해석하면서 "이것은 예루살렘이 멸망한 뒤에 하나님의 종교에 대한 유대적 주권이 없어질 것을 예언한다"고 주장한다. 그리고 ‘하늘에 징조가 보이는 것’은 ‘복음이 세계에 전파됨을 가리킨다’는 성명미상의 한 학자의 주장을 소개한다. 이러한 그의 태도는 대환난을 주님의 재림과 연결시키지 않으려고 하는 의도에서 기인한 것이라고 할 것이다. 그러나 곧 이어지는 "인자가 구름을 타고" 오시는 장면은 주님의 재림을 가리키는 것이 명백하다. 헨드릭슨은 이 구절들을 다음과 같이 바르게 해석하고 있다: "예수님이 여기에서 ‘그날 후에’라고 말씀하시는 것은 대환난을 가리키는 것이다.… 이 짧은 기간에 있을 대환난은 주님의 재림에 임박해서 있을 것이다."(1973: 860).

이 마지막 때의 환난 중에서는 누구든지 주님이 오실 것을 예상하게 될 것이다. 따라서 이 성도들의 기대에 편승하여 많은 거짓 선지자들과 거짓 그리스도가 일어나서 사람들을 유혹할 것이다. 그러나 그들이 분명히 거짓 그리스도인 것이 확실한 것은 예수님의 재림은 하늘에서의 징조와 함께 오시기 때문이다. 따라서 주님은 경고하신다: "그러면 사람들이 너희에게 말하되 보라 그리스도가 광야에 있다 하여도 나가지 말고 보라 골방에 있다 하여도 믿지 말라"(26절). 왜냐하면 그때에 "번개가 동편에서 나서 서편까지 번쩍임같이 인자의 임함도 그러할" 것이기 때문이다(27절). 주님은 분명히 "하늘로 가심을 본 그대로" 하늘로 좇아 오실 것이다 (행 1:11).

주님의 재림은 주검이 있는 곳에 모여드는 독수리의 습성으로 비유되어지고 있다: "…인자의 임함도 그리하리라 주검이 있는 곳에는 독수리들이 모일지니라"(27 하반절~28절). 여기서의 주검은 넓게는 앞에 언급된 마지막 때의 징조들로 볼 수 있을 것이고, 좁게는 바로 앞 절들에서 언급된 성도들의 대환난으로 인한 주검을 가리킨다고 할 것이다. 확실한 것은 주님의 재림은 이와 같은 대환난이 있을 때에 있을 것임을 뜻한다. 예수님의 재림은 이러한 주검(대환난)을 향하여 독수리들이 몰려드는 것처럼 임할 것이다. 이 비유에서 우리가 배워야 할 것은 어떤 사람이 주검(대환난)이 있는데도 독수리들이 오지 않는다(주님이 재림하지 않는다)고 하는 것에 대한 경고와, 반면에 독수리들이 모이는데(주님이 오시는데)도 주검이 없다(대환난이 없다)는 주장에 대한 질책의 말씀으로도 받아들여져야 할 것이다.

(5) 대환난은 분명한 징조와 함께 시작될 것이다

"그러므로 너희가 선지자 다니엘의 말한바 멸망의 가증한 것이 거룩한 곳에 선 것을 보거든 그때에 유대에 있는 자들은…"(15~16 상반절).

마태복음 24:15은 감람산 강화의 가장 중요한 부분이다. 대환난이 있으면 주님이 오실 것은 분명한 사실이다. 그러면 이러한 대환난이 언제 시작할 것인가? 이것은 우리의 최대의 관심이 아닐 수 없다. 본문은 대환난은 다니엘이 예언한 일이 성취되는 것으로부터 시작한다고 말한다. 따라서 다니엘의 예언이 무엇을 뜻하며 언제 이루어질 것에 대한 예언인지를 밝히는 것이 중요하다.

필자가 본서 제5장과 제6장 그리고 제7장에서 다니엘서를 강해하면서 이미 살펴본 대로 "멸망의 가증한 것이 거룩한 곳에 서는"

예언이 다니엘서에 네 번 나타난다.

다니엘 8장은 숫염소에게서 나타나는 한 작은 뿔의 역할로서 그러한 내용이 기록되었고, 이 작은 뿔은 헬라나라인 시리아왕국에서 일어나는 안티옥커스 4세를 가리키는 예언이었다. 그가 유대에 들어가서(8:9), 하나님을 대항하며(10절), 유대인들이 매일 드리는 제사를 폐지하고 성소를 헐고 망하게 하는 죄악(성소에 우상을 세우는 일)을 행할 것이다(11~13절).

다니엘 8장의 한 작은 뿔은 7장의 한 작은 뿔과 비슷하였고, 7장의 작은 뿔은 마지막에 일어날 적그리스도임을 밝혔다. 8장의 작은 뿔은 7장의 그것과 동일한 인물이 아니나 그 성격과 역할이 같이 묘사되었다. 따라서 우리는 8장의 안티옥커스 4세는 7장의 적그리스도를 보충설명해주는 적그리스도의 표상으로 사용되었음을 밝혔다.

다니엘 11:31에 나타나는 '매일 드리는 제사를 폐하며 멸망케 하는 미운 물건을 세울' 것이라는 예언도 안티옥커스 4세에 관한 것이었다. 다니엘 10~12장은 한 환상으로 연결되어 있으면서, 긴 전쟁의 역사에 대하여 말한다. 바사왕에서 시작한 이 역사는 헬라왕의 등장(알렉산더), 헬라왕국의 분열 그리고 헬라왕국들 중의 시리아왕국에서 나타날 안티옥커스 4세에서 그 절정을 이룬다(11:21~35). 특히 그가 제2차 이집트 원정에서 실패하고 돌아오는 길에 예루살렘으로 입성하여 성소를 더럽히고(31절) 하나님께 드리는 제사를 금하였고, 미운 물건(주피터 신상)을 성전에 세워 그것에게 제사를 드리도록 강요하였다. 유대인은 하나님 종교를 버리고 헬라종교를 섬기도록 강요당했으며, 그들이 대환난을 당하였고 많은 사람들이 순교하였다.

다니엘 12:11에도 이 구절이 나타난다. 이것은 다니엘 11:36로부터 시작하는 적그리스도에 대한 내용 속에 포함된 것으로서, 그가 세상을 향해 전쟁을 일으키며, 거룩한 땅(유대)을 짓밟으며, 성도들을 괴롭힐 것이다. 그리고 성전에서 "매일 드리는 제사를 폐하며 멸망케 할 미운 물건을 세울"것이다(12:11).

필자는 본서 제6장에서 다니엘 11:35; 12장을 다루면서 11:36 이하에 나타나는 '이 왕'은 35절 이전에 기록된 안티옥커스 4세가 아닌 역사 속에서 아직 나타나지 않은 사람임을 밝히고, 그는 마지막 때에 일어날 적그리스도임이 틀림없음을 말하였다. 우리는 여기서도 적그리스도와 안티옥커스 4세가 거의 비슷하게 서로 대조적으로 쓰여졌음을 알게 된다. 따라서 안티옥커스 4세는 적그리스도를 설명하기 위한 표상으로 사용되었다고 할 수 있다.

마지막으로 가장 논란이 되는 구절은 다니엘 9:27이다:

"그가 장차 많은 사람으로 더불어 한 이레 동안의 언약을 굳게 정하겠고 그가 그 이레의 절반에 제사와 예물을 금지할 것이며 또 강포하여 미운 물건이 날개를 의지하여 설 것이며 또 이미 정한 종말까지 진노가 황폐케 하는 자에게 쏟아지리라 하였느니라."

다니엘 9:27은 종말론을 푸는 데 귀중한 열쇠가 되는 구절이며, 또한 해석하기에 가장 어려운 구절 중의 하나이다. 본 구절의 해석에서 우리는 '그'가 예수 그리스도로서 초림의 사역을 말하는 것으로 보는 견해와 영(1980), 간하배(1988) 그리고 박윤선 박사 (1967) 등 '그'는 마지막 때에 일어날 적그리스도로 보는 견해로 나누어지는 것을 보았다.

본문을 그리스도 초림과 관계된 것이라고 해석하는 그들의 근거는 9:24에서의 속죄에 대한 예언이 그리스도의 초림의 사역과 일치함에 두고 있다. 또한 27절에 그가 '언약을 굳게 정하겠고'에서 언약은 메시야와 관련된 술어이고, 이것은 재래의 옛 언약을 다시 발효시킨다는 뜻으로 해석한다. "이레의 절반에 제사와 예물을 금지할 것"은 예수님의 죽음으로 구약제사를 폐지시키셨다는 뜻이라고 주장한다. "미운 물건이 날개를 의지하여 설 것"이란 말은 그리스도를 믿지 않는 유대인들이 성전에서 제사를 거행할 때 그것은 우상숭배와 같이 가증한 것이 된다는 것을 의미한다고 한다(박윤선, 1967: 470).

필자는 이미 본서 제7장에서 다니엘 9:27은 예수님의 초림이 될 수 없음과 그는 적그리스도로 볼 수밖에 없음을 논한 바가 있다. 우리는 초림에 대한 주장을 받아들이기에는 해석상의 너무 많은 어려움이 있음을 시인하지 않을 수 없다. 전후 문맥과, 다니엘 9장의 주제와의 비교 또 다니엘서 다른 부분에서 같은 내용이 사용된 경우 또한 다니엘서의 전체 주제의 흐름 등을 살펴볼 때에 우리는 이 구절은 적그리스도에 관한 것임을 확인하게 된다. 이미 밝혔지만 다니엘 9:27에 대한 우리의 주장을 다음과 같이 다시 정리할 수 있다.

첫째로, 70 이레(70×7)의 예언에서 69 이레 이후에 예수님이 끊어져 없어지고(26절), 한 왕(로마의 장군)이 예루살렘을 훼파하고 난 이후에 마지막 한 이레가 시작되고 있기 때문에 27절에 나타나는 언약을 맺고 또 파기하는 인물을 예수님의 초림으로 보기는 힘들다. 하나님에게 예배하지 못하게 하고 거룩한 성전에 우상(미운 물건)을 세우는 것은 그리스도와 반대되는 세력 혹은 적그리스도로 봄이 타당하다.

둘째로, '제사와 예물을 금지하고 미운 물건을 세우는 것'은 다니엘서의 다른 세 곳에서 적그리스도 혹은 적그리스도의 표상인 안티옥커스 4세에게 사용된 것인데 꼭 같은 내용인 이 곳에서만 반대로 그리스도의 사역으로 해석한다는 것은 성경은 성경으로 해석해야 하는 성경해석학의 대원칙을 무시한 것이라고 할 것이다.

셋째로, 다니엘 9장의 주제는 성도들의 고난이 언제 끝나는가에 대한 것이며(특히 2절을 참조하라) 또 70 이레를 세 구분하여 모두 환난이 주제로 다루어지고 있다. 따라서 마지막 구분인 한 이레도 적그리스도에 의한 성도의 고난으로 봄이 타당하다 할 것이다. 마지막 한 이레는 성도의 최후의 고난과 적그리스도의 활동 또 하나님의 진노가 적그리스도에게 쏟아져서 성도가 최후로 고난에서부터 완전하게 해방됨을 뜻한다고 할 것이다. 이러한 해석은 다니엘 9장 전체의 주제에 부합된다고 할 것이다.

넷째로, 만약 다니엘이 예언한 "멸망의 가증한 것이 거룩한 곳에 선 것"이 예수님의 죽음 후에도 유대인들이 계속 구약적 제사를 드리는 것을 의미한다면, 마태복음 24:16 이하에 "이것을 보거든 빨리 도망하라"는 긴급한 환난을 알리는 예표가 되었는가 하는 점이다. 우리는 초대교회 성도들이 이러한 계속되는 유대인들의 제사가 성도들이 도피해야 하는 긴급한 예표로 삼은 증거를 결코 찾을 수가 없다. 사도행전 등을 통하여서 볼 때에 이것으로 인하여 예루살렘에 있는 성도들이 겉옷을 가지러 뒤를 돌이키지 않을 정도로 급히 도피한 흔적이 없으며 오히려 베드로와 요한이 계속 제사를 드리고 있는 성전에서의 기도하는 의식에 참여하고 있었고(행 3장), 바울은 서원한 몇 사람들에게 결례를 행하면서까지 성전에 참여하였다(행 21:17~26). 따라서 우리는 "멸망의 가증한 것"은 세상의 왕 혹은 적그리스도가 거룩한 곳에 우상을 세우는 것으로 보아야 한다.

결론적으로 다니엘이 예언한 "멸망의 가증한…" 것은 안티옥커스 4세 혹은 적그리스도의 활동에 대한 예언이다. 그렇다면 예수님이 미래의 대환난을 예언하시면서 주전 약 160년 전에 일어난 안티옥커스 4세에 대한 기록을 염두에 둔 것이라고는 생각하기 어렵다. 따라서 예수님께서 대환난 시작의 징표로서 주신 '멸망의 가증한 것'은 적그리스도의 출현으로 있을 대환난을 염두에 둔 것으로 생각할 수 있다(McNeile: 348를 참조하라).

혹자는 예수님의 이 예언의 이중적인 실현의 견해를 가진다. 이미 그들은 로마군대가 주후 70년에 예루살렘을 점령할 때에 실현되었다고 보며 그러나 이것은 궁극적으로 적그리스도의 활동을 가리키는 예표적인 것이라고도 한다. 헨드릭슨도 이중성취를 주장하면서 이미 주후 2세기에 제2차 유대인반란(132년) 때에 이것이 하드리안 황제에 의하여 이루어졌고 또한 예수님이 재림하시기 전에 대환난에서 적그리스도에 의하여 다시 이루어질 것으로 주장한다 (Hendrickson, 1973: 857).[3]

이러한 이중적 성취는 매우 합리적인 해석으로 생각될 수 있다. 필자도 본 장의 초두에서부터 감람산 강화는 예루살렘 멸망으로 시작하여 종말로 마치고 있음을 지적하였다. 따라서 이 강화 안의 징조들은 예루살렘 멸망과 관련된 것과 동시에 종말의 것으로도 보아야 함에 동의한다. 그러나 15절을 이중성취로 봄에 있어서 우리가 주의깊게 고려해 보아야 할 부분들이 있다. 헨드릭슨이 지적하는 것은 첫번째 성취를 주후 2세기에 있었던 유대인 제2차 반란 (Bar Cochba 반란, 주후 132~135년)과 관련된 사건으로서 하드리안 황제가 예루살렘에 세운 우상으로써 이루어졌다는 것이다. 그렇다면 이것이 어떻게 훨씬 앞서는 주후 70년에 예루살렘 멸망 때에 있었던 유대인들의 대환난의 징조가 될 수 있었느냐는 질문을 던지지 않을 수 없다. 따라서 헨드릭슨의 주장은 앞뒤 순서적인 논리가 맞지 않는다.

권성수 교수는 마태복음 24장의 내용들 중 어떤 것들은 예루살렘 멸망과 관련되었으며, 어떤 것들은 재림에 관계된 것임을 분류하면서 24:15~21은 예루살렘 멸망과만 관련된 것으로 분류하였다(권성수, 1992.1.: 78 이하). 그는 15절의 '멸망의 가증한 것'

---

3) "But just as the pagan altar and the swine offered upon it in the very temple of Jehovah in the second century B.C. pointed forward to the idolatrous legions of Rome, so these in turn foreshadowed the great and final violation by the antichrist of all that is sacred. It is for this reason that in verses 29~31 Jesus is able to say, 'Immediately after the tribulation of those days, the sun shall be darkened…'."

에 대한 예언은 갈리구라가 자신의 상을 성전에 세우려고 한 사건, 빌라도가 시저 황제상이 새겨진 깃발을 들고 예루살렘 성에 들어온 사건 그리고 디도 장군이 폐허가 된 성전터에 자신의 동상을 세운 것 등에서 이루어졌다고 말한다.

갈리구라는 황제숭배사상을 강요했으며, 자기의 동상을 예루살렘에도 세우도록 명령하였다. 그러나 수리아 군대는 유대인들과의 마찰을 피하기 위하여 그 명령을 수행하지 아니했으며 미루다가 갈리구라가 죽었다. 그리고 그는 주후 70년과는 거리가 먼 37~41년에 로마의 황제로서 실현되지도 아니한 그가 한 명령이 15절의 예언에서 긴급한 대환난의 징조가 되어 성도들이 급히 도망해야 했었다고 생각하기 힘들다. 빌라도의 경우를 보자. 빌라도가 우상숭배의 문제로 유대인들과 마찰이 일어난 것이 두 번 있었다. 빌라도 통치 초기에 예루살렘에 황제상이 그려진 초소대(밤에 군인이 보초서는 대)를 세운 것 때문에 유대인들이 거세게 항의하여 폐지된 일이 있었다. 다음으로는 금으로 도금한 방패를 예루살렘에 있는 헤롯의 궁에 장식하였는데, 그 방패에 "디베리우스 황제에게 바친다"는 문구가 새겨져 있었다. 유대인들은 그것이 황제숭배의 종교적인 목적을 지닌 것이라고 하여 강하게 반발하여 결국 가이사랴에 있는 아우구스투스의 신전으로 옮긴 일이 있었다. 위의 두 경우는 실제로 로마성전에서 우상을 세운 것도 아니었으며, 더군다나 빌라도는 주후 37년에 로마로 소환되어 해임되고 말았다. 따라서 빌라도의 사건들이 주후 70년의 대환난을 예고한 긴급한 상황으로 보기 힘들다. 마지막으로 디도의 경우는 필자가 아직 그러한 역사적인 기록을 읽은 적이 없다. 혹 디도가 폐허된 성전에 자기의 동상을 세웠다 할지라도 그것은 예루살렘성이 멸망당한 이후이므로 그것을 보면 성도들이 급히 도망해야 하는 멸망을 위한 징조로서 채택하기도 힘들 것이다.

이상에서 볼 때에 우리는 15절을 예루살렘 멸망과 관련된 예언으로 해석하는 데는 무리함이 따른다. 그리고 그러한 해석은 다니엘서와 본문과의 관계를 신중하게 고려하지 아니한 결과라고 생각된다. 필자는 물론 이중성취를 가급적 수용하려고 한다. 마태복음 24장 전체가 그리고 15절까지도 주님은 예루살렘 멸망을 생각하면서 예언하셨을 것임은 틀림없다. 그러나 주님이 말씀하신 초점이 어디에 놓여 있느냐를 솔직하게 보자는 것이다. 대환난이 다니엘이 예언한 것으로 시작하고 있으며(15절), 이 환난이 주님의 재림으로 끝나고 있다. 다니엘의 예언은 세상 마지막의 적그리스도에 대한 예언이며 따라서 본문도 적그리스도의 출현으로 있을 성도들의 대환난에 초점이 모여지고 있음을 인지해야 할 것이다.

데살로니가후서 2:3~4은 주님 강림하시기 전에 불법의 사람이 나타나서 자기를 하나님보다 더 높이고 하나님의 성전에 앉아 자기를 하나님이라고 한다. 계시록 13:14이 하는 거짓 선지자가 짐승의 우상을 만들어 놓고 모든 사람들에게 절하도록 강요한다. 위의 두 구절들은 전통적으로 마지막 때에 일어날 적그리스도로 간주되어 왔다. 다니엘서와 신약의 여러 구절들에서 볼 때에 마지막 때에 있을 대환난은 적그리스도가 나타남으로부터 있을 것이며, 그가 거룩한 곳에 우상을 세우는 것으로 대환난이 시작될 것이다. 이러한 환난은 급격히 닥칠 것이고, 극심할 것이며 그러나 짧을 것이며, 예수님의 재림으로 끝날 것이다.

(6) 어떻게 재림을 준비할 것인가?

주님은 이러한 환난이 "겨울에나 안식일에 되지 않도록 기도하라"고 하셨다(24:20). 이는 성도들이 이 환난을 겪는 데 있어서 세밀한 부분에까지 관심을 두면서 준비할 것을 가르치는 것으로 받아야 할 것이다. 이 환난에 대해 부정하거나 또 방관하는 태도는 이러한 세밀한 부분까지를 위해서 준비하기 원하시는 주님의 뜻을 저버리는 것이라고 생각되어진다.

주님은 어떻게 재림을 준비할 것인지를 여러 비유들로서 가르치신다. 첫째 무화과나무의 비유에서는(32~36절) 때를 분별할 것을 말씀하신다. 무화과나무의 잎이 무성하면 여름이 가까이 온 줄을 알라고 하신다. 이것은 마지막 때에 있을 여러 징조들이 나타나면 주님께서 올 때가 된 줄 알라는 말씀이다. 그러나 주님은 그 날과 시간은 아무도 모르며 천사도 아들도 모르고 오직 아버지만 아신다고 하셨다. 즉 때는 분별하되 정확하게 재림의 날짜를 알 수가 없음을 강조하신 것이다. 따라서 최근에 재림의 정확한 날짜를 말하는 사람들은 성경적이 아님이 분명하다.

노아의 때에 관한 비유에서(37~42절) 주님은 마지막 때를 어떻게 근신(謹愼)하며 경건되이 준비하는 삶을 살 것인지를 말씀하신다. 노아의 때에 사람들은 세상의 종말은 오지 않을 것이라고 생각하여 먹고 마시고 장가가고 하였다. 그러나 노아의 경고대로 비가 내렸으며 그들은 심판을 당한 것이다. 이처럼 주님의 재림도 없다고 방탕하면서 마음대로 살지 말고 재림을 준비하면서 맞이할 것을 말씀하신다.

밭에 있는 두사람 그리고 매를 가는 두 여자의 비유(40~42절), 도적의 비유(43~44절), 충성된 종의 비유(45~51절) 등은 주님의 재림이 언제 있을지 모르므로 깨어있기를 교훈하시는 말씀이다. 만약 주인이 도적이 언제 올지 알았으면 깨어서 그 집을 뚫지 못하게 하였을 것이다. 종이 주인이 언제 돌아올지 알았으면 술친구와 방탕하며 지내지 않았을 것이다. 그러므로 언제 올지 모르는 주님을 깨어서 기다려야 할 것이다.

6. "이 세대가 다 끝나기 전에"

"내가 진실로 너희에게 말하노니 이 세대가 지나가기 전에 이 일이 다 이루리라"(마 24:34).

우리는 앞에서 예수님의 재림의 때인 세상 끝에 대하여 논하였는데 34절의 말씀에 와서는 어려움에 봉착한다. 헨드릭슨은 이 어려운 부분을 해결하기 위하여 '이 세대'란 '인류'든지 '모든 믿는 사람'을 뜻하는 것이 아니라 '유대민족'을 뜻하며, "이 유대인들이 주님의 예언이 다 이루어질 때까지 결코 끊어 없어지지 않는다"는 것을 의미한다고 본다(1973: 867). 리델보스(H. Ridderbos)도 이 구절은 유대인들이 예수님의 재림 때까지 끊어지지 않을 것에 대한 예언으로 본다(1975: 500 이하). 그러나 머레이(J. Murray)는 이 설을 반박한다. 만약 유대민족을 뜻했다면 왜 'γενεα' 대신 'γενος'를 사용하지 않았겠냐는 것이다. 따라서 그는 이 구절은 당시 살아있는 세대를 의미하는 것이 분명하다고 주장한다(Murray, 1977: 392 이하). 레인(W. L. Lane)은 더 나아가서 이 구절은 당시의 세대들이 이 예언들이 성취될 때에 증언들이 될 것을 말하며, 이는 예루살렘 멸망을 뜻한다고 주장한다(1975: 486).

리델보스는 모호한 입장을 취한다. 그의 견해는 예수님께서 그 날과 시는 아무도 모르며 예수님조차도 알 수 없으며, 이것은 오직 아버지 하나님만이 아신다는 근거에서, 예수님이 실제로 그 이루어질 때를 모르기 때문에 우리가 지나치게 예루살렘의 멸망의 사건에 이 모든 징조들을 제한시켜서는 안된다고 한다(1973: 500). 그러나 예수님께서 과연 그 종말의 때에 대하여 전혀 인지할 수 없었기 때문에 그렇게 모호한 태도로써 말을 했을까? 과연 예수님께서 그때가 예루살렘의 멸망의 때일 수도 있고 또 아닐 수도 있기 때문에 즉 자신이 확신할 수가 없기 때문에 이중적인 뜻을 함축하였을까? 그러나 감람산 강화에서 예수님은 애매한 태도로 일관하신 것으로 볼 수가 없다. 그는 확실하게 마지막 때에 대한 징조를 주고 있으며, 어떤 특정적인 사건을 가리키면서(15절) 대환난이 어떻게 시작될 것인지를 말씀하고 계신다. 따라서 예수님의 때에 대한 무지(無知)가 예루살렘 멸망인지 아니면 다른 때인지 구분이 안되게 말한 원인이라는 것은 받아들이기가 어렵다.

킥크(J. M. Kik)는 '이 모든 일'(all these things)을 두 구분으로 나눈다. 그는 첫 부분을 4~35절까지로, 이 예언들은 예루살렘 멸망 때에 이루어졌으며, 뒤의 부분인 24:36~25:46은 주님의 재림에 관한 예언으로 간주한다. 그러나 우리는 이 예언들을 두 구분으로 나눌 근거를 찾기가 힘들다.

여러 학자들의 혼란된 주장들 속에서 이 구절을 바로 이해하기 위해서는 우리는 다음의 여러 가지 분명한 사실들을 고려해야 할 것이다.

① 감람산 강화는 예루살렘 멸망으로부터 시작하고 있다. 따라서 예수님의 예언적인 말씀 중에는 예루살렘 멸망의 사건을 내포하고 있음이 분명하다.

② 감람산 강화는 '세상 마지막 때'와 '주의 임하심' 즉 재림에 관한 내용을 또한 담고 있는 것이 분명하다. 특히 30절의 "인자가 구름을 타고…" 등은 분명한 예수님의 재림을 그리고 있다. 37절 이하의 노아의 때의 비유, 43절 이하의 도적의 비유, 그 이하 25:46까지 모든 비유들은 예수님의 재림에 대한 교훈임이 명백하다.

③ 감람산 강화의 핵심에 해당하는 마지막 대환난은 다니엘이 예언한 적그리스도의 활동으로부터 시작되므로 이 예언은 세상 마지막 때의 사건을 담고 있음이 분명하다.

④ 우리는 여기서 'all'(παντα)의 의미를 살펴보아야 할 것이다. 'παντα'는 항상 '개개인 모두'(totality of individual)를 뜻한다 할 수 없다. 마태복음 3:5에 "예루살렘과 온 유대와 요단강 서편에서 다 그에게 나아와"에서 우리는 예루살렘과 유대와 요단강 서편의 개개인의 모든 사람이 다 요한에게 와서 회개하고 세례를 받았다고 할 수가 없을 것이다. 사도행전 2:17의 '모든 육체에게'는 성령이 모든 개개인에게 부어진다는 뜻으로 해석할 수는 없다. 사도행전 3:9의 '모든 백성이'에서 유대인 모두를 지칭한다고 할 수도 없을 것이다. 이러한 예를 든다면 무한정할 것이다. 따

라서 감람산 강화의 본문에도 '모두'를 앞에 말한 개개의 예언의 모든 것으로 생각해야 된다고만 고집할 필요가 없을 것이다. 따라서 'παντα'는 '개개인 모두'(totality of individual)라기보다는 '충만한 숫자'(the full number of measure) 혹은 '전체의 대표'(the representative of whole)로 볼 수도 있을 것이다(한정건 1987: 306 이하; 특히 롬 11:26의 'all Israel'에서 'πας'의 의미를 분석한 본 저자의 논문을 참조하라).

결론적으로 우리는 칼빈을 위시해서 전통적으로 다수의 학자들이 주장하는 예언의 이중적인 성취(double fullfilment)의 의견에 동의할 수 있을 것이라고 생각한다.[4]

실제 A.D. 70년을 기점으로 하여 여러 재난들과 대환난이 유대인들에게 이루어졌으며, 예루살렘 성전은 이방인(로마인)들에 의해 짓밟히고, 예루살렘이 황폐하여졌다(비록 모든 징조들이 정확하게 문자 그대로 다 이루어진 것은 아니지만). 그러나 예수님은 단지 이 예루살렘의 황폐를 목적으로 하여 말씀하신 것이 아니다. 이와(예루살렘이 멸망한 것과)같이 앞으로 마지막 때에, 주님이 재림하시기 임박해서 그러한 재난과 환난들이 있을 것임을 아울러 말씀하신 것이다. 그러면 주님은 둘 중 어느 것에 더 큰 비중을 두어 말씀하셨겠는가? 그것은 물론 마지막 때에 관한 것이다. 즉 예루살렘 멸망은 세상 마지막 때에 대한 그림자의 역할을 감당하고 있으며, 주님께서 말씀하시고자 하는 궁극적인 목적지는 마

---

4) Calvin은 다음과 같이 밝히고 있다: 'Yet what Christ said was true, that before the close of a single generation, believers would feel in reality, and by undoubted experiece the truth of His prediction…So then, while our Lord heaps upon a single generation every kind of calamities, he does not by any means exempt future ages from the same kind of sufferings, but only enjoins the disciples to be prepared for enduring them all with firmness' (1974: 151~2).

지막 재림 때이다. 이것은 24:3에 있는 도입부문에서 제자들이 '주의 임하심'과 '세상 끝'에 대한 징조를 물음에서부터 알 수 있으며 또한 결론부문에서(29~31절) 환난이 예수님의 재림으로 끝나고 있는 극적인 묘사로 마치고 있음을 보아서도 명백하다.

7. 결 론

　마태복음 24장은 종말론에 있어서 중요한 위치를 차지한다. 본문에서 마지막 때에 대한 징조들이 주어지고 있다. 이러한 징조들은 다니엘서와 요한계시록 등과 함께 우리에게 마지막 때를 분별할 중요한 근거들을 제시하고 있다. 본문은 특히 마지막 때에 있을 대환난에 대하여 중점적으로 가르쳐 주고 있다. 이 환난이 어떠할 것이며 또 어떻게 시작하며, 어떻게 마칠 것인지를 밝혀준다.
　많은 학자들이 이 감람산 강화를 예루살렘 멸망(주후 70)에 관한 예언의 말씀으로 축소하려고 한다. 그들은 "이 세대가 지나가기 전에 이 일이 다 이루리라"(34절)는 구절을 두고 앞의 모든 예언은 예루살렘 멸망을 말한 것으로 한정지으려고 한다. 특히 한국의 보수교단에서도 박윤선 박사를 위주로 하여 그러한 경향을 가진 것 같다. 그러나 본문은 여러 곳에서 분명 세상 마지막 때의 일을 말씀하고 있는 증거들을 찾을 수 있었다(예로, 세상 끝까지 복음이 전파되어야 하는 것, 주님이 구름을 타고 오시는 것 등).
　본문을 굳이 마지막 때의 것이 아닌 것으로 피하려는 태도는 이 본문이 다니엘서와 요한계시록과 연결되어 있기 때문이다. 마태복음 24장을 마지막 때에 일어날 징조들로 승인한다면, 다니엘서를 마지막 때의 역사적인 사건들로 인정해야 하며, 아울러 요한계시록도 마지막 때에 있을 역사적인 사건들로 보아야 하기 때문이다. 이것을 기피하는 쪽에서는 다니엘과 계시록을 역사적인 사건이 아닌 영적인 의미로 해석하려는 경향이 있기 때문이라고 생각된다.
　예수님의 감람산 강화는 예루살렘성의 로마에 의한 멸망만을 가르치기 위하여 주어진 것이 아니라 그 멸망을 교훈삼아 세상 마지막 때의 대환난과 예수님의 재림을 가르칠 목적으로 주어졌다는 것이다. 재난들과 환난들을 경험했던 당시의 유대인들은 그러한 경험들을 통하여 주님이 오실 마지막 때를 연상했어야 했고 또 마지막 때에 살고 있는 사람들은 주후 70년에 유대와 예루살렘에서 일어났던 환난들을 회상하며 마지막 때를 준비해야 할 것이다.[5]

본문은 마지막 때에 일어날 천재 지변과 여러가지 재난들(특히 네 가지의 대표적 재난들)을 그때의 증거들로 제시하고 있다. 따라서 우리는 마지막 때에 대한 성경의 예언들을 기피할 것이 아니라 분명한 말씀의 해석을 바탕으로 한 가르침이 교회의 강단과 학교의 교단에서 주어져야 할 것이다. 특히 본문은 마지막 때에 일어날 적그리스도와 성도들의 대환난에 대하여 집중적인 관심을 기울이면서 묘사하고 있다. 이 적그리스도의 활동은 다니엘서의 예언들을 확인해 줄 뿐만 아니라 요한계시록의 예언들을 해석하기 위한 중요한 근거를 제시한다고 하겠다. 본문이 이렇게 중요하게 취급하고 있는 마지막 때에 일어날 적그리스도와 성도들의 대환난에 대하여 교회는 더 이상 숨기지 말아야 할 것이다. 우리는 이 본문을 통하여 주님께서 때를 분별할 것과 어떻게 기도하면서 기다리고 준비해야 할 것에 대한 경고의 말씀에 귀를 기울여야 할 것이다.

---

5) 우리는 De Young의 주장에 귀를 귀울일 필요가 있을 것이다: "It is quite striking that, although there can be little doubt that Jusus' intention was to predict the doom of Jerusalem in these passages, neither Matthew nor Mark record anything like a direct statement to the effect that Jerusalem will be destroyed" (1960: 93).

9장
일곱 나팔의 비밀
- 요한계시록 9~15장 -

　요한계시록은 4장에서부터 일곱 사이클로 구성되어 있음을 말하였다. 첫째 사이클인 일곱 인들의 비밀은 가장 기본적인 종말론을 담고 있다. 거기에는 성경에서 일반적으로 주어지는 종말의 징조들(네 가지: 전쟁, 기근, 질병, 성도의 환난)이 나타나며, 어린양 예수의 심판 모습까지 나타났었다. 성도들이 하나님의 나라에 참여하는 것까지가 여섯째 인까지의 내용이었다.

　일곱 인들의 사이클은 다니엘 7장과 매우 유사하게 묘사가 되고 있었다. 따라서 우리는 계시록 4~9장까지를 다니엘 7장과 병행하여 연구하였다. 다니엘 7장에서 보좌에 앉으신 이 앞에 책이 펴놓였고, 그 책에 따라 넷째 짐승이 심판을 당하였다. 이 책은 계시록 5장 이하에 다시 나타나며 따라서 이 책이 다 펴졌을 때에는 다니엘 7장과 같은 세상에 대한 심판이 있을 것으로 예상되었다. 과연 일곱째 인이 떼어지고 책이 다 펴졌을 때에 나팔을 가진 천사들이 나팔을 불었고, 하늘과 땅, 바다와 그 가운데 있는 모든 생물들이 하나님의 심판을 받는 모습이 나타났다.

　둘째 사이클인 일곱 나팔의 비밀은 네 번째 나팔까지는 앞의 인의 사이클의 연속이다. 그러나 이 나팔들은 역시 둘째 사이클에도 포함된다. 둘째 사이클은 하늘과 땅, 바다와 생물들에 대한 심판으로써 시작한다.

네 천사들의 나팔이 있고 난 후 사건의 진행은 잠시 멈추었다. 요한이 또 보니 공중에서 날아가는 독수리들이 "땅에 거하는 자들에게 화, 화, 화가 있으리로다"라고 외쳤다. 왜냐하면 이 외에 앞으로 세 천사들이 나팔을 불 것이기 때문이다(8:13). 독수리는 공중높이 날며 그들의 먹이인 주검을 찾아다니는 새이다. 독수리의 울음은 그 밑에 주검이 있다는 불길한 징조를 알리는 것이다. 앞으로 불리는 나팔은 세 가지 '화'와 연관이 되어질 것이다.

인의 사이클에서는 계시록 본문이 다니엘 7장과 밀접한 관련이 있음을 보았다. 이제 나팔의 사이클에서는 다니엘 9장에서 12장까지와 밀접한 연관이 있음을 우리는 발견하게 될 것이다.

1. 다섯째 나팔의 비밀(계 9:1~12)

다섯째 천사의 나팔은 앞의 네 번째 천사의 나팔과 시간적인 순서로 볼 수 없다. 일곱 사이클은 시간적인 순서로 짜여진 것보다 구조적인 순서로 짜여져 있다(16장에서 이것을 다시 증명하겠음).

다섯째 천사가 나팔을 불매 하늘에서 땅에 떨어진 별 하나가 있었다(9:1). 이 별은 그가 무저갱(지옥)의 열쇠를 가진 것으로 보아서 악한 영으로 생각되어진다. 이 무저갱의 열쇠를 가진 자를 '지옥의 사자'라고 표현하고 있다(11절). 그가 하늘에서 떨어진 것은 12:7 이하에 사단이라고 불리는 용이 미가엘과 싸워 하늘로부터 땅으로 내어쫓기는 장면과 연관이 있지 않나 생각된다.

이 별이 무저갱(지옥)을 여니 그 구멍에서 큰 풀무의 연기같은 연기가 올라온다. 그 연기는 세상으로 올라와서 공기를 오염시키고 해를 가리고 온 세상을 어둡게 만들었다. 여기에 나타나는 연기를 혹자는 지옥에 불이 붙으니 그 불로 인한 연기를 연상하기도 한다. 그러나 우리는 단순하게 그러한 연기로만 생각한다면 본문에서 지옥의 사자가 노리는 목적을 파악하기 힘들 것이다. 혹자는 이것은 오늘날 차들과 공장들이 내어뿜는 매연(煤煙)으로 생각하기도 한다. 따라서 그들은 이것을 대기오염에 대한 예언으로서 오늘날 20세기에 이루어지고 있다고 말하기도 한다. 만약 그렇다면 우리가 타고 다니는 차가 바로 지옥이며, 공장들도 지옥이니 우리는 차를 타서는 안된다는 결론이 나올 수 있다. 그러나 지옥은 보이지 아니하는 영적인 처소이기 때문에 보이는 물질세계의 매연으로 생각할 수가 없다. 지옥은 영체(靈體)이므로 연기도 영적인 것으로 해석해야 한다. 지옥에는 온갖 더러운 죄악들이 있을 것이다. 따라서 본문은 지옥의 사자가 지옥의 문을 열어 지옥에 있어야 하는 이러한 죄악들을 세상에 내어 보내어 세상을 혼탁하고 어둡게 하여 타락시키는 모습으로 볼 수 있다.

연기 가운데 황충이 땅 위로 올라오고 있다(3절). 한글 개역성경이 황충이라는 어려운 말로 번역하나 쉬운 말로는 메뚜기이다. 이 메뚜기들은 전갈과 같은 권세를 가졌다. 전갈은 사막에 있는 곤충으로서 사람을 쏘면 독이 사람들의 몸에 퍼져 고통스러워 하다가 죽는다. 여기에 나타나는 메뚜기는 어떤 영물(靈物)을 상징적으로 표현한 것임에 틀림없다. 왜 땅을 오염시킬 죄악들이 세상으로 덮쳐오는 것과 함께 이런 일을 수행할 지옥의 일꾼들을 메뚜기로 표현했을까? 그 이유를 우리는 메뚜기의 성격을 파악함으로써 찾을 수 있을 것이다.

메뚜기는 첫째로 정한 시기에 활동한다. 그들이 활동하는 기간은 여름에 한정된다. 늦은 봄에 나타나기 시작하여 메뚜기는 여름에 한창 활동하다가 늦은 가을에 사라진다. 그들의 활동기간은 약 5개월 정도로 생각할 수 있다. 본문 5절도 그들의 활동기간을 다섯 달 동안으로 한정짓고 있다. 그들에게 풀이나 수목(樹木)의 푸른 것을 먹을 것이 아니라 이마에 인맞지 아니한 사람들을 해하는 것이라고 말한다. 즉 그들이 하는 일은 사람들에게 전갈과 같은 침을 쏘아 지옥의 더러운 것을 흡입시켜 죄를 범하게 하여 지옥으로 데리고 가는 일이다. 이렇게 메뚜기에게 쏘임을 받은 사람들은 마음의 가책으로 인하여 괴로워하나 죽지는 않는다(즉 그 독이 사람을 죽이는 것이 목적이 아니라 양심의 괴로움을 주는 죄를 심는 것이다). 사람들을 죄로 오염시키는 일을 어떤 정한 기간 즉 세상이 푸르고 열매가 맺히는 여름 동안에 한다는 것이다. 오늘날 20세기 후반에 세상은 번성하고 부유하게 될 때에 우리들은 바로 지금이 지옥의 사자들이 활동할 때가 아닌가를 생각해 보아야 할 것이다. 오늘날 교회도 물질의 풍요를 누린다고 생각될 때에 우리는 이러한 지옥의 사자들의 유혹에 유의할 필요가 있다.

메뚜기의 둘째 성격은 떼거리로 활동한다는 것이다. 우리나라에서는 이러한 광경을 볼 수 없지만 중국대륙과 중동지역 그리고 아프리카에서는 메뚜기들이 떼로 몰려다니며 땅을 황폐시킨다. 이러한 메뚜기떼의 피해를 성경 요엘 1:4에서 생생하게 묘사하고 있다. 이 메뚜기들은 떼를 지어 다니면서 한번 앉으면 그곳의 푸른 것을 남기지 않을 정도로 완전히 황폐화시키고 다시 다른 곳으로 날아간다.

본문에서 이 지옥의 일꾼들은 마치 먹이를 찾으러 나서는 메뚜기 떼들의 모습과 같이 묘사되고 있다. 이 황충들의 모양은 마치 전쟁을 위하여 준비한 말들 같다(7절). 그들은 철흉갑을 입었고 병거와 많은 말들이 전장으로 달려들어가는 소리를 발하면서 쫓아다닌다(9절). 이처럼 떼거리들이 먹을 것을 찾으러 다니니 세상에는 그들의 침을 맞지 아니하고 성한 사람들이 얼마나 남겠는가? 그 뿐 아니라 이 메뚜기들은 가장(假裝)까지 하였다. 그들은 금면류관 비슷한 것을 썼다(진짜 금면류관이 아니라 비슷한 것으로 가장하고 있음). 또 사람의 얼굴을 하고 있으며, 여자의 머리털같은 머리털이 있다(7~8절). 즉 사람들을 속이는 수법이며 또한 유혹하는 모습이다. 사람들은 이들이 접근해 올 때에 이처럼 사람과 같음으로 무방비 상태로 그들을 대할 것이며, 더 나아가서 여자의 머리카락으로 흔들어대며 유혹할 때에 많은 사람들이 거기에 현혹되어 끌려갈 것이다.

이 지옥의 일꾼들이 사람들을 잡아 끌고가는 데가 있으니 그곳이 바로 히브리 음으로는 '아바돈'이요 헬라어로는 '아볼루온'이라고 불리우는 지옥이다. 거기에는 지옥의 임금이 그들을 기다리고 있다(11절).

우리는 본문에서 마지막 때에 있을 세상이 타락하는 모습을 본다. 세상은 지옥과 구분되지 않을 정도로 죄악으로 가득 찰 것이다. 이러한 타락하는 세계에는 보이지 않는 악한 영들의 활동이 있을 것이다. 이 영들은 세상이 풍성하고 부요할 때에 마치 자기들의 때인양 극렬하게 활동을 전개할 것이다. 그들이 세상을 타락시킬 때에 교회 밖에만 머물지 않을 것이다. 오히려 교회를 무너뜨리는 것이 그들의 목적일 것이다. 악한 영들은 가장하여 유혹하면서 교회로 침투해 올 것이다. 그들은 상대방 공격에 대비할 갑옷까지 입고 또 영적인 전쟁을 대비해 무장까지 하고 있음을 유의해야 하겠다(9절, "철흉갑 같은 흉갑이 있고"). 교회는 마지막 때에 영적인 분별력을 가져야 할 것이다. 교회가 세상이 가는 대로 끌려가서는 되지 않을 것이다. 세상이 부유하다고 흥청망청 쓸 때에 교회까지 그와 같은 풍조에 밀려가서는 되지 않을 것이다. 교회가 정신을 바짝 차리지 않으면 안될 것이다.

본문은 이러한 지옥의 사자의 위협을 '첫째 화'라고 부른다: "첫째 화는 지나갔으나 보라 아직도 이후에 화 둘이 이르리로다"(12절).

2. 여섯째 나팔의 비밀

(1) 전쟁(9:13~21)

둘째 화는 전쟁으로 시작한다. 여섯째 천사가 나팔을 불매 "큰 강 유브라데에 결박한 네 천사를 놓아 주라"라는 음성이 들렸다. 네 천사가 놓이니 엄청난 군대가 모이며, 그들이 세계적인 전쟁을 일으킨다(13~15절). 이러한 전쟁은 유브라데 강과 관계가 있는 것으로 나타나고 있다(옛 바벨론 지역이며, 현재는 이라크에 위치한 강). 왜 유브라데 강에 결박된 네 천사를 놓아서 이러한 전쟁을 일으키게 하는가? 우리는 천사들과 그 지역 또 전쟁에 관하여 무슨 연관이 있는지 알아보기 위해서는 다니엘 10~12장을 참조해 보아야 할 것이다.

① 유브라데에서 놓인 네 천사들
우리는 본서 6장에서 다니엘 10~12장은 전쟁에 대한 환상임을 밝혔다. 다니엘 10장은 이 전쟁에 대한 환상의 서론으로서 영들의 전쟁이 묘사되고 있었다. 페르시아 국의 군(君)이 다니엘에게 오는 천사를 막아 21일 간 가두었으며 군장 중 하나인 미가엘이 그를 도와주는 내용이 기록되었다(단 10:13~14). 다니엘에게 왔던 천사가 돌아가서 페르시아 군과 싸울 것인데 또 헬라 군이 이를 것이다. 그런데 이스라엘의 군은 미가엘이라고 말한다(20~21절). 이상의 군(君)들은 천사들을 말하는 것이 분명하다. 따라서 이 땅에서는 세상왕국들이 전쟁하나 그 나라들을 도와서 전쟁을 하는 영들이 있음을 다니엘 본문이 묘사하고 있다.

유브라데에 결박된 네 천사는 역대 유브라데 강을 중심하여 큰 왕국들을 도와 전쟁을 일으키던 영들로 생각할 수 있다. 역대로 유브라데 강을 넘어 세계를 지배한 나라들을 보면 앗수르, 바벨론, 메데, 페르시아 등을 꼽을 수 있을 것이다. 페르시아가 헬라에 멸망한 후 세계의 무대는 유럽으로 옮겨져 헬라와 로마가 전세계를 지배하였으며, 유브라데 강 유역 나라의 세계제패의 꿈은 사라지게 되었다.

계시록 본문에서 유브라데 강에 결박된 네 천사를 놓으라는 것은 옛 그 지역의 역대강국들이 재흥될 것으로 받아들여질 수 있을 것이다. 40~50년 이전만 하여도 사막의 땅인 그곳에서 어찌 세계를 위협할 수 있는 강국이 일어날 수 있겠느냐고 본문의 말씀을 믿기 어려웠을 것이다. 그리고 이 본문을 영적인 의미로만 받아들이러고 하였을 것이다. 그러나 사막에서 옛날에 상상하지 못하였던 석유가 넘쳐나와 그곳의 나라들은 강국으로 성장해 나가고 있지 아니한가?(여기에 대한 보다 자세한 설명은 한정건, 1991: 82 이하를 참조하라)

여하튼 본문은 유브라데에서 옛 제국들이 오랫동안 결박되었다가 풀려나서 전쟁을 준비하고 있다. 이 전쟁이 사람 1/3을 죽이기로 작정되었다.

② '연, 월, 일, 시'가 정해진 전쟁

혹자는 이 전쟁의 묘사를 영적인 것으로 해석하려고 한다. 후크스마(H. Hoeksema)는 유브라데는 옛 약속의 땅 동쪽 경계선이었으며, 이것은 오늘날 교회의 경계로서 세상이 교회를 대항하여 싸우는 영적인 전쟁으로 해석한다(Hoeksema, 1969: 331 이하). 그러나 본문의 묘사는 엄청난 숫자의 마병대가 준비되고 있으며 사람 1/3이 그들을 통하여 죽임을 당하고 있다. 또한 종말론에서는 많은 곳에서 마지막 때에 일어날 전쟁에 대하여 말하고 있다(마 24:7; 계 6:3~4). 따라서 여기에서 영적인 것으로만 해석하고 넘어가는 것은 너무 안이한 해석이라고 생각된다.

흔히 이것은 세상에서 일어날 일반적인 전쟁으로 간주하기도 한다. 헨드릭슨은 다음과 같이 말한다: "여섯째 나팔은 전쟁을 말하는데 어떤 특별한 전쟁을 지칭한 것이 아니라 과거, 현재, 미래의 일반적인 '모든' 전쟁을 말한다"(헨드릭슨, 1975: 146). 그러나 본문은 이 전쟁이 예수님 초림 이후에서 재림 때까지 있을 일반적인 모든 전쟁들을 뜻하는 것이 아니라 어떤 특정한 전쟁을 가리키고 있음이 분명하다. 먼저 이 전쟁은 유브라데 강과 연관되고 있다. 둘째 이것은 분명히 날짜와 시간이 정해져 있는 어느 특정한 전쟁이다: "네 천사가 놓였으니 그들은 그 '연, 월, 일, 시'에 이르러 사람 1/3을 죽이기로 예비한 자들이더라." 이 전쟁은 연과 날짜만 정해진 것이 아니라 시간까지 정해져 있다. 따라서 이것을 일반적인 전쟁으로 볼 수 없다. 이것은 하나님께서 정해놓은 어떤 특정한 전쟁을 가리키는 것이 분명하다.

③ 전쟁의 특징

전쟁을 준비하는 마병대의 숫자가 이만 만(2억)이라는 숫자다. 그 규모가 엄청나게 크다. 그 말들과 탄 자들의 모양을 보니 불빛과 자주빛과 유황빛 흉갑을 입었다. 사치하고 호화로운 모습이다. 따라서 이 전쟁을 수행하는 주체는 부유하다는 것을 알 수 있다.

그들이 전쟁할 때에 속임수로 사람들을 죽인다. 군대의 힘이 말들의 입과 꼬리에 있다고 말한다. 그 꼬리는 뱀 같고 꼬리에 머리가 있다. 뱀은 간사하고 매끈한 동물이다. 동물이 꼬리를 흔들 때에 그것은 우호적인 태도를 나타내는 것이다. 뱀과 같은 꼬리를 흔들어서 사람들이 안심하고 접근할 때에 그 꼬리에 입이 있어 그 입으로 연기와 유황을 불어내어 사람들을 죽이는 것이다.

이러한 속임수의 전쟁은 다니엘서에서 적그리스도의 표상인 안티옥커스 4세가 사용하던 방법이었다. 그는 비천한 자로서 궤휼(詭譎)로 나라를 얻는다(단 11:21). 그가 남방왕(이집트)을 침공할 때에 모략(謀略)을 베풀어 칠 것이며, 따라서 남방 왕이 능히 당하지 못할 것이다(25절). 안티옥커스와 톨레미왕은 한 밥상에 앉아 서로 거짓으로 적을 해하려고 하는 모습도 나타난다(27절). 이러한 안티옥커스에게 유대인들이 꾀임을 받아 나라와 동족을 배반하는 자들이 많이 일어난다.

다시 계시록 본문으로 돌아와서, 두 번째 화는 전쟁으로부터 시작할 것이다. 부유한 군대가 속임수로써 세상사람들을 1/3이나 죽인다. 이것은 세상에서 일어날 큰 재앙이다. 이러한 재앙을 당하고도 남은 사람들은 회개하지 아니하고 온갖 우상숭배와 죄악으로부터 자신을 돌이키지 아니할 것이다. 그들은 더 큰 하나님의 진노를 받기에 합당한 사람들로서 계속 머무를 것이다.

다니엘 7장에 적그리스도가 열 뿔 중 약 1/3에 해당하는 세 뿔을 뿌리까지 뽑았었다. 계시록 6장에서는 전쟁으로 사람 1/4이 죽고 그 외에 다른 재앙들로써 각 1/4씩 죽임을 당하고 있다. 이상의 전쟁들은 서로 연관이 있을 것으로 생각되며, 1/3이나 1/4은 그 보는 관점에 따라 조금씩 다르게 나타날 수 있을 숫자의 오차라고 생각된다.

이 전쟁은 둘째 화의 시작에 불과하며, 앞으로 본격적인 화가 나타날 것이다.

(2) 마지막 때에 선교의 사명(계 10장)

계시록은 10장에서 전쟁으로부터 시작하는 두 번째 화의 진행이 잠시 멈추어지고 다른 한 환상이 삽입되었다. 앞으로 있을 엄청난 화를 앞두고 있는 이 환상은 마지막 때에 기독교인들이 꼭 명심해야 할 중요한 메시지가 담겨있다.

① 일곱 우뢰의 비밀

한 크고 힘센 천사가 구름을 입고 하늘에서부터 내려왔다(10:1). 구름은 하나님의 나라(혹은 하나님의 임재)와 밀접하게 관련되어 있다. 예수님이 승천하실 때에 공중에서 구름이 그를 가리웠다. 이것은 그가 하나님의 나라로 들어가는 장면임을 알 수 있다. 천사가 구름을 입고 온 것은 바로 하나님의 나라로부터 오신 분으로 이해할 수 있을 것이다. 그의 머리 위에 무지개가 있고 그 얼굴이 해 같고 그 발은 불기둥 같다는 모습은 그가 하늘(하나님의 나라) 영광을 그대로 지니고 있음을 뜻할 것이다.

그가 오른발은 바다를 밟고 왼발은 땅을 밟고 서서 사자와 같이 부르짖는다. 바다와 땅을 밟은 것은 그가 점유(占有)하고 있는 것이 오대양 육대주를 포함하고 있음을 나타내는 것으로 볼 수 있다. 그 천사가 부르짖는 것이 마치 우뢰와 같았다(3절). 그가 일곱 우뢰를 발할 때에 요한이 기록하려 하니 하늘에서 소리가 나서 그것을 기록하지 말고 인봉하라고 하였다(4절). 만약 이 일곱 우뢰 소리까지 기록되었으면 우리는 마지막 때에 대하여 더 확실한 기록을 가질 수 있었을 것이다. 그러나 안타깝게도 하나님은 그것을 우리에게 감추셨다.

우리는 여기에서 하나님께서 주시고자 하는 계시를 이해해야 한다. 하나님은 어떤 것은 우리에게 주기를 원하셨지만 어떤 것은 감추셨다. 하나님께서 주신 것은 우리에게 필요한 최선의 것으로 보아야 한다. 그 외에 감추신 것까지 우리는 알려고 할 필요가 없다. 왜냐하면 그가 우리에게 유익되지 않는 것이기에 감추신 것이다. 예를 들면 주님의 재림날짜 같은 것도 하나님은 우리에게 알려주시기를 원치 아니하셨다(마 24:36을 참조하라). 오늘날 많은 사람들은 하나님이 감추신 것까지도 알려고 한다. 특히 마지막 때에 대한 계시를 받았다는 사람들이 흔히 성도들을 미혹한다. 그러나 요한계시록 22:18, 19은 다음과 같이 경고한다: "만일 누구든지 이것들 외에 더하면 하나님이 이 책에 기록된 재앙들을 그에게 더하실 터이요 만일 누구든지 이 책의 예언의 말씀에서 제하여 버리면 하나님이 이 책에 기록된 생명나무와 및 거룩한 성에 참예함을 제하여 버리시리라." 요한은 두 가지를 경고한다. 먼저 '이 책' 외에 더하지 말라는 것이다. '이 책'은 넓게는 성경 전체를 의미할 것이며, 좁게는 요한계시록을 말할 것이다. 이러한 요한의 경고에도 불구하고 오늘날 어떤 사람들은 천국을 묘사하면서, "주님이 요한에게까지 알려주지 아니한 것을 너에게 말해주니 가서 전하라"고 하여 글을 쓴다고까지 하고 있다. 그에게 새로 계시를 주실 주님이었다면 요한을 통하여 이 책 외에 더하는 사람에게 내리는 경고를 말씀하시지 아니했을 것이다. 두 번째 경고는 이 책의 것을 빼지도 말라는 것이다. 우리는 모든 성경을 귀하게 여겨야 하겠지만 특히 요한계시록의 종말에 대한 말씀을 더욱 읽고 연구하여 마지막 때를 잘 준비해야 할 것이다.

바다를 밟고 선 천사가 천지를 창조하신 하나님을 가리켜 맹세하여 말하되 지체하지 않고 곧 일곱째 천사가 나팔을 불 때에 하나님의 비밀이 복음과 함께 다 이룰 것이라고 외쳤다. 마지막 나팔이 불리면 하나님의 계시역사는 끝날 것이다. 그때에 세상에 대한 심판이 있을 것이며, 하나님의 백성에 대한 구속이 완성될 것이다.

② 말씀의 특성

하늘에서 음성이 나서 요한에게 이르기를 바다와 땅을 밟고 선 천사에게 가서 그 손에 펴 놓인 두루마리를 받아 먹으라고 하였다. 요한이 이 책을 먹으니 입에서는 달았으나 배에서는 쓰게 되었다. 이 두루마리는 하나님의 말씀이라고 할 수 있다. 본문의 말씀이 두 가지 특징이 있음을 말한다. 첫째 특징은 "말씀이 달다"는 것이다. "두루마리를 먹으니 입에서는 달았다"는 것은 말씀을 듣거나 읽을 때에는 단맛을 느낀다는 것이다. 만약 성경을 읽거나 설교를 들을 때에 단맛을 느끼지 못한다면 그것을 바로 말씀으로 받아들이지 않기 때문일 것이다.

말씀의 두 번째 특징은 '쓰다'는 것이다. "배에서 쓰다"라는 것은 말씀을 소화시켜 나의 것으로 삼을 때에는 쓴 경험을 하게 된다는 것이다. 우리가 말씀대로 살려고 할 때에 내 심령에서 어려운 고통을 느끼게 된다. 또한 내 속에서 고통을 느낄 뿐만 아니라, 외부의 핍박도 받게 되는 것이다. 말씀대로 살아갈 때에 반드시 주위에서 핍박과 조롱이 있을 것이다. 말씀은 이와 같은 쓴 특성이 있다.

계시록의 진행에서 앞으로 엄청난 대환난이 나타날 것이다. 마지막 때에 있을 이 대환난을 준비하기 위해서 우리는 말씀을 먹고 말씀대로 살아가는 훈련을 쌓아가야 할 것이다. 계시록에는 계속 말씀과 예수의 증거를 인하여 성도들이 고난당하는 모습들이 나타난다(1:9; 6:9 등). 마지막 때에 말씀으로 철저하게 무장하지 않으면 넘어지기 쉬울 것이다.

최근에 떠들고 있는 종말론들은 말씀을 가르치고 해석하지 않고 세상에서 일어나는 사건들을 가지고 사람들을 현혹시키고 있다. 유럽 공동체(E.C.)가 적그리스도라느니, 666 숫자, 바코드, 컴퓨터, 전쟁 등의 이야기로 사람들의 관심을 끌고 있다. 그러나 우리가 종말론을 공부하는 이유는 말씀으로 무장하기 위해서임을 명심해야 할 것이다. 말씀이 아닌 다른 사건들에 근거한 종말론은 결코 건전하지 못하다.

③ 선교의 사명

천사가 요한에게 "네가 많은 백성과 나라와 방언과 임금에게 다시 예언하라"고 말한다. 말씀을 읽고(혹은 듣고) 그것을 나의 것으로 삼아 그 말씀대로 실천하여 살아가야 한다. 그리고 난 후에 우리는 가서 그 말씀을 다른 사람에게 전하여야 할 것이다. 사도행전 1장에서 주님이 승천하시기 전 제자들이 하나님의 나라가 이루어질 때가 이때냐고 물었을 때에 주님은 그들에게 "때와 기한은 하나님에게 있으니 너희의 알 바 아니요 너희는 땅끝까지 복음을 전하라"고 말씀하셨다(행 1:6~8). 마태복음 24장에서는 마지막 때에 대한 징조로서 성도들의 대환난을 말씀하시면서 주님은 "이 천국복음이 모든 민족에게 증거되기 위하여 온 세상에 전파되리니 그제야 끝이 오리라"고 말씀하셨다(14절). 땅끝까지 복음을 전해야 하는 것은 세상 마지막 때까지 이루어야 하는 교회의 사명이다.

이제 앞으로 대환난이 예상된다. 이런 환난은 곧 주님께서 강림할 시기가 임박하였다는 증거가 될 것이다(마 24장의 내용을 참조하라). 이러한 대환난의 때에는 마지막인줄 알고 어려운 중에서도 더 복음을 증거하여 땅끝까지의 사명을 완수해야 할 것이다.

우리가 종말론을 공부하는 이유는 때를 분별하고 깨어있기 위함이기도 하지만, 또한 마지막 때를 준비하기 위해 말씀을 먹고 말씀대로 지키며 말씀을 증거해야 하는 사명을 일깨우기 위한 목적이 되어야 한다. 많은 종말론 강사들은 이것을 망각하고 세상 사건들에 치중하여 또한 환상에 치우치게 하여 사람들에게 바른 판단력을 상실하고 열광하도록 만든다. 주님이 오실 때가 되었다고 무조건 강조하고만 있을 것이 아니라 우리가 어떻게 말씀으로 무장해야 하며, 또한 주님의 지상명령인 땅끝까지의 선교의 사명을 어떻게 이루어야 할 것인지에 관심을 집중시켜야 그것이 건전한 종말론이다.

(3) 이스라엘의 환난(계 12장)

① 해(太陽)를 입은 여인

우리는 잠시 계시록 11장을 뛰어넘어 12장으로 가고자 한다(11장은 16장 뒤에 살피도록 하겠음). 요한이 하늘에 한 놀라운 광경을 보았는데, 한 여자가 있었다. 그녀는 해(太陽)를 입었고 발 아래는 달이 있었다. 즉 여인이 입은 옷이 해요 여인의 발등상이 달이다. 그 여인은 피조물 세계의 모든 영광을 독차지한 것으로 나타난다. 그녀의 머리에는 열두 별의 면류관을 썼다. 이 여인이 아이를 낳았는데 그 아이는 철장으로 만국을 다스릴 남자였다. 이 여인이 낳은 아이는 예수 그리스도를 가리킴이 분명하다. 그러면 이 여인은 누구를 상징하는 것일까?

계약신학을 대변하는 헨드릭슨과 후크스마(Hoeksema)는 이 여인은 교회를 상징한다고 주장한다(헨드릭슨, 1975: 164; Hoeksema, 1974: 418 이하). 그러면 교회로 볼 때에 열두 면류관이 무엇을 의미하는가? 교회의 대표로서 열두 사도들을 의미하는가? 그렇다면 열두 사도가 대표가 되는 교회가 예수를 낳았다고 할 수 있는가? 오히려 그리스도께서 교회를 낳았지 신약교회가 그리스도를 낳았다고 할 수 없을 것이다. 그러면 그들은 교회는 구약의 이스라엘까지 포함한다고 할 것이다. 만약 구약의 이스라엘까지 포함한다면 이십사 면류관으로 말해야 되지 않겠는가? 앞에서 우리는 자주 이십사 장로들이 나타나고 있었으며, 그들이 구약의 성도들과 신약 성도들의 대표들로 볼 수 있었다. 그러나 여기에서는 열두 면류관이며 이것은 이스라엘의 열두 지파이든지 아니면 신약의 열두 제자로 보아야 할 것이다.

또한 17절에서 그 여자의 남은 자손이 나타나고 있다. 이들을 "곧 하나님의 계명을 지키며 예수의 증거를 가진 자들"로 말한다. 이들이 바로 신약시대의 성도들임이 분명하다. 만약 여자가 교회라면 교회 안에 모든 신자들이 포함되어 있다. 그렇다면 왜 여자의 남은 자손이라고 말하는가? 여기서는 분명히 여자와 신약시대의 성도들을 구분하고 있음을 인정해야 한다. 따라서 여자를 교회로 보는 것은 가장 적합한 해석이 될 수 없을 것 같다.

이 여인을 이스라엘로 보는 것이 가장 합당하다. 이 여인이 해와 달의 영광을 차지하고 있었다. 이스라엘에게는 하나님께서 특별하게 주신 영광이 있었다. 로마서 9:4은 다음과 같이 말한다: "저희는 이스라엘 사람이라 저희에게는 양자됨과 영광과 언약들과 … 약속들이 있고" 이 여인이 열두 별의 면류관을 썼다. 이것은 이스라엘의 열두 지파를 가리킴으로 보는 것이 가장 적합하다. 예수 그리스도를 낳은 것 역시 이스라엘이다. 교회는 이스라엘과 이방인들로써 구성되어 있다. 따라서 그러한 교회가 그리스도를 낳았다는 것보다 이스라엘이 그리스도를 잉태한 것으로 보아야 한다. 구약에서(특히 이사야 40~53장까지) 보면 하나님께서는 이스라엘을 자기의 종으로 택하였다. 이스라엘을 통한 하나님의 구속계획 즉 세상 끝까지 구원하실 계획을 하신 것이다. 그러나 이스라엘은 실패하였다. 그리하여 하나님의 종(복수)인 이스라엘이 포로로 잡혀가서 고생하고 있다. 그러나 하나님은 또 하나의 하나님의 종(단수)을 보낼 계획을 하신다. 이 종은 이스라엘의 대표자로서 이스라엘이 실패한 하나님의 일을 완수하게 한 것이다. 따라서 우리는 메시야는 이스라엘의 후손으로서 이스라엘을 대표한 하나님의 종으로 보아야 한다. 로마서 9:5에 바울은 그리스도가 육신으로 하면 이스라엘에게서 난 것을 상기시키고 있다.

본문 17절의 그 여자의 남은 자손은 이방인들로서 영적인 아브라함의 후손이 된 성도들로 보아야 한다. 따라서 그 여자는 이스라엘로 보는 것이 가장 합당한 해석이라고 생각한다.

② 용이 여인을 핍박함

하늘에 또 다른 표적이 보이니 곧 용(사단)이었다. 이 용은 머리가 일곱이요 뿔이 열이었다. 이것은 13장과 17장에 나타날 짐승의 특이한 모습이다. 이 짐승은 이 세상 역사를 한 몸에 지닌 모습이다. 다니엘 7장에 어떤 악의 세력이 세상 왕국들을 일으키는 것을 보았다. 계시록 본문에 나타나는 용은 이 세상왕국들을 한꺼번에 짊어진 모습이다. 다시 말하면 용이 세상을 제패했던 왕국들을 지배해 왔음을 보여주는 모습이라고 할 수 있다. 용을 '붉은' 짐승으로 묘사하였다. 6:4에 붉은 것은 전쟁을 상징하였다. 전쟁으로 많은 사람이 죽임을 당할 것이기 때문이다. 용이 붉은 것으로 말해지는 것도 역시 그가 많은 사람들을 죽이기 때문일 것이다.

용이 앞에 말한 여인이 해산하는 아이를 삼키고자 하였다. 그러나 그 아이는 하나님 보좌 앞으로 올리워갔다. 이것은 사단이 예수님을 죽인 사건으로 생각할 수 있으며 그리고 예수님이 승천하시어 하늘로 올라가심으로 볼 수 있다.

여인의 아들이 올라간 후 용은 여인을 핍박하니 여인이 광야로 도망갔다. 즉 그리스도를 죽이지(삼키지) 못한 용은 이스라엘을 멸절시키려고 할 것이다. 그러나 여인은 광야에서 하나님의 보호를 받으며 1,260일(약 삼년 반) 동안 하나님에게 양육함을 받는다.

③ 하늘의 전쟁

하늘에 전쟁이 있으니 곧 천사장 미가엘과 그의 사자들이 용과 더불어 싸웠다(7절). 이 용은 옛 뱀 곧 마귀라고도 하고 사단이라고도 하는 자라고 본문은 해석한다(9절). 사단은 땅에서만 역사하는 것이 아니라 하늘에서도 하는 일이 있었다. 욥기서에는 하나님

법정에 사단이 참여하고 있는 모습이 나타난다. 스가랴 3장에서도 하나님 보좌 앞에서 사단은 대제사장의 부정함을 고발하고 있었다. 사단은 하나님 보좌 앞에서 끊임없이 성도들을 송사한다(계 12:10). 이 사단이 하늘에서 쫓겨났다. 다시는 그가 하늘법정에서 성도들을 참소할 자리를 빼앗긴 것이다.

사단이 쫓겨나갈 때에 하늘에서 큰 소리가 들렸다. 하늘에서 밤낮 성도들을 참소하던 자가 이제 쫓겨났으니 하늘에 거하는 자들은 즐거워하라고 외쳤다. 그러나 땅에 있는 자들은 오히려 화를 당할 것이니 이는 마귀가 자기의 때가 얼마 남지 않은 것을 앎으로 크게 분내어 내려갔기 때문이다. 땅 위에 마귀의 역사가 전에도 있었지만 마지막 때에는 더욱 심할 것이다. 그는 땅 위의 성도들을 핍박할 것이다.

④ 삼년 반과 세 때 반

용이 땅에 쫓겨 내려와서 남자를 낳은 여자 즉 이스라엘을 핍박하였다. 큰 독수리가 두 날개로 그 여자를 받아 광야 자기의 곳으로 옮겼다. 여자는 거기서 "한 때와 두 때와 반 때"(세 때 반)를 양육받았다. 이 상황은 6절의 것과 같은 것으로 볼 수 있다. 6절에서는 광야로 도망한 여인이 1,260일을 양육받았다. 이것은 삼년 반에 해당하는 기간이다.

헨드릭슨등은 1,260일은 신약시대의 긴 기간으로 본다. 만약 우리가 계시록 12장만 가지고 있다면 그렇게 볼 수 있는 가능성은 충분히 있다고 생각된다. 그러나 계시록 12장은 둘째 화의 기간에 속하는 것으로 이 둘째 화는 9:13부터 이미 전쟁과 함께 시작되었다. 그 전쟁은 '그 연 월 일 시'가 정해진 것으로서 마지막 때에 있을 어떤 특정한 것이었다(이 전쟁을 교회시대에 널리 있을 수 있는 일반적인 전쟁으로 볼 수 없음). 따라서 12장을 교회시대 전체로 보는 데는 문맥상의 문제가 있다. 그리고 13장에 삼년 반은 명백하게 적그리스도의 활동기간이다(그것은 계약신학자들도 모두 인정하는 바임). 계시록에 중복되어 나타나는 삼년 반의 기간을 한 곳에서는 적그리스도의 활동기간으로 보면서 다른 곳에서는 신약시대 전체의 기간으로 볼 이유는 없을 것이다.

또한 12장 본문에서 이 여인이 광야에서 양육받는 기간을 세 때 반을 말하고 있다(14절). 세 때 반은 다니엘 7:25과 12:7에 나타난다. 7:25은 작은 뿔이 성도들을 괴롭힌 기간으로써 주어졌으며 작은 뿔은 적그리스도를 가리킴을 이미 증언하였다. 다니엘 12:7에도 이 세 때 반은 성도들이 적그리스도에게 환난당하는 기간으로서 성도들의 권세가 다 깨어지기까지 환난을 당하였다(이러한 것은 계약신학자들인 영과 간하배 선교사 등도 인정하는 바이다). 우리는 성경의 한 곳이 해석하기에 애매하여 여러 이견들이 나올 수 있을 때에 성경은 성경으로 해석해야 한다는 원리를 철저하게 따라야 할 것이다. 삼년 반의 기간을 계시록 13장에서 적그리스도의 활동기간으로 증언하고 있으며 또한 세 때 반은 다니엘서에서 같은 적그리스도의 것으로 증언하고 있기 때문에 12장에서의 삼년 반도 마지막 때에 적그리스도가 줄 대환난의 기간으로 봄이 타당할 것 같다. 이것이 계시록 전체의 진행되어가는 문맥으로 보아도 합당하다. 따라서 계시록 12장은 적그리스도가 대환난의 기간 중에 이스라엘을 멸절시키고자 하는 내용으로 봄이 타당하다.[1]

용이 여자를 죽이기 위해 입으로 물을 강같이 토하여 내었다. 적그리스도가 활동할 동안 특히 이스라엘을 멸절시키기 위해 큰 일을 벌이는 것이다. 그러나 땅이 갈라져 용이 토한 강물을 삼켜 여자를 보호한다(15~16절). 하나님께서 이적적으로 이스라엘을 보호하시는 모습이다. 또한 이스라엘을 보호하실 때에 지진이 동원되는 모습도 기억해 둘 필요가 있을 것이다(계 16장의 아마겟돈 전쟁에서도 지진이 사용되고 있음).

---

1) 마지막 때에 이스라엘의 역할이 중요하게 인식된다. 이것은 계시록 16장과 11장 강해에서 관심있게 살피기 바란다.

용이 이스라엘을 멸절시키려고 하나 일을 성사시키지 못하고 돌아가서 여자의 남은 자손을 대항하여 싸우려고 모래 위에 섰다. 이 남은 자손은 곧 하나님의 계명을 지키며 예수의 증거를 가진 자들로서 신약시대의 성도들을 가리킨다.[2] 이들은 아브라함의 영적인 후손들로 일컬어질 수 있다. 계시록 13:7은 사단의 능력을 받은 적그리스도가 세상을 정복한 후 성도들과 싸워 이기어 성도들을 괴롭히는 것이 묘사된다. 사단은 하나님을 대적하여 하늘의 군대들과 싸우고 또 땅 위의 하나님 종교를 말살하려고 할 것이다.

결론적으로 본장은 이스라엘의 영광과 역할 그리고 사단에게서부터 받는 환난을 묘사하고 있다. 사단은 이스라엘을 집어삼키려고 시도할 것이다. 그러나 하나님께서는 이스라엘을 보호하며 양육한다. 사단은 이스라엘을 멸망시키는 데 실패할 것이며, 그는 또한 이방인 성도들을 향하여 도전한다. 성도들의 대환난이 예상된다.

(4) 적그리스도(짐승)의 비밀(계 13장)

① 적그리스도의 출현

계시록 13장은 계시록 전체에서 가장 핵심적인 장이라고 할 수 있다. 이 장은 적그리스도에 대하여 세밀히 설명해 준다. 요한이 환상에서 보니 한 짐승이 바다에서 나왔다. 다니엘 7장의 경우와 같다. 이 짐승은 특이한 모습을 하고 있으니 일곱 머리를 가졌고 열 뿔을 가졌다(이 짐승에 대하여 구체적으로 계시록 17장에서 설명하겠음). 또한 이 짐승은 표범과 비슷하고 그 발은 곰의 발 같고

---

2) 필자는 용이 여자와 그 남은 자손을 핍박하는 것을 굳이 시간적인 순서로 보고싶지 않다. 즉 삼년 반의 환난의 기간에 사단이 이스라엘을 멸절시키려고 하는 동시에, 이방의 성도들을 대하여서도 싸우는 모습으로 볼 수 있겠다.

그 입은 사자의 입 같았다. 이것은 다니엘 7장에 나타난 네 가지 짐승의 모습들이다. 다니엘에서 네 짐승들은 바벨론, 메데-바사, 헬라, 로마 나라들을 상징하였었다. 본문의 짐승은 옛 세계를 제패했던 제국들의 특성과 역할들을 한꺼번에 가진 모습이다.

이 짐승에게 용(사단)이 자기의 능력과 보좌와 권세를 주었다(2절). 사단은 큰 능력을 가지고 있다. 그가 사람에게 들어가면 여러 장정들도 감당할 수 없으며, 쇠사슬을 끊을 수 있는 힘을 가진다. '보좌'는 왕권을 말한다. 믿지 않는 세상의 왕국들은 사단의 지배 하에 있다. 마귀가 예수님을 시험할 때에 높은 곳에 올라가서 천하만국(天下萬國=이 세상의 나라들)을 보여주며 말하기를 "이것은 내게 넘겨준 것이므로 나의 원하는 자에게 주노라"라고 말하였다(눅 4:6). 사실 사단은 세상을 자기의 것으로 차지하고 있는 것이다(눅 11:20~22을 참조하라). 용이 짐승에게 이런 왕권을 준다는 말이다. '권세'는 백성을 다스리는 정치권을 말한다. 7절에 이 짐승이 각 족속과 백성과 방언과 나라를 다스리는 권세를 받았다고 말한다.

본문에 나타나는 짐승은 '적그리스도'를 의미한다(이것은 거의 모든 주석가들이 다 동의한다. 헨드릭슨과 후크스마도 적그리스도로 해석한다). 이 짐승의 머리 하나가 상하여 죽게 된 것 같다가 나았다고 말한다(3절). 이것은 이 적그리스도적인 왕권(혹은 나라)이 크게 약화되었다가 다시 재기함을 의미한다. 용이 그에게 권세를 주므로 그 왕이 나아갈 때에 어느 누가 싸워 이길 자가 없었다. 그가 나아갈 때에 사람들이 "누가 이 짐승과 같으뇨"라며 환호하며 경배한다. 그리고 그에게 권세를 준 용에게까지도 경배한다(단 11:38을 참조하라). 온 세상은 적그리스도와 사단을 숭배하는 종교로 가득 찬다. 사실 지금 서구(西歐)에서는 사단숭배사상이 엄청나게 번져가고 있다. 많은 유명한 록(Rock and Roll) 가수들의 노래를 거꾸로 돌리면 사단을 숭배하라는 노래가 나오며, 젊은이들은 이 노래들을 틀어놓고 마약을 맞는 퇴폐(頹廢)풍조가 미국에 만연하다(그 중에는 마이클 잭슨의 노래 "Beat it"도 포함됨). 또한 사단종교는 정식으로 간판을 걸어놓고 활동하고 있기도 하다.

  우리는 본 장에서 적그리스도의 성격을 다음과 같은 세 가지로 구분할 수 있겠다.

  a. 적그리스도는 정치적인 성격을 가지고 있다.
  그는 용으로부터 보좌(왕권)를 받는다. 그는 세상을 정복한다(4 하반절). 그리고 세상의 백성과 나라를 권세로 다스린다. 이와 같이 그는 정치적인 성격을 가지고 있다.
  b. 적그리스도는 종교적인 성격을 가지고 있다.
  그는 말하는 입을 받고 하나님에게 참람(僭濫)한 말을 한다. 입을 벌려 하나님을 향하여 훼방한다(5~6절). 그는 하늘 장막에 거하는 자들(천군천사들)과도 싸운다. 성도들을 괴롭힌다(6~7절). 땅 위에 사는 사람들 중 그 이름이 생명책에 기록되지 아니한 사람들은 모두 짐승에게 경배한다(8절). 성도들이 사로잡히고 죽임을 당하면서 그래도 믿음을 지키며 인내한다(10절). 이 종교적인 성격은 적그리스도의 궁극적인 목적이다. 적그리스도의 배후에는 사단이 있기 때문에 마치 하나님과 사단의 대리전과 같은 양상을 띨 것이다. 사단은 자신이 승리하여 이 땅에 자기 왕국을 영원히 지속하느냐 아니면 패배하여 지옥에 잡히느냐 하는 기로에 서서 일대 접전을 벌일 것이다.
  c. 적그리스도는 경제적인 성격을 가지고 있다.
  그는 이 땅에 매매하는 것을 통제한다(16~18절). 이것은 두 번째 성격인 종교적인 목적을 달성하기 위해 사용하는 방편이다. 이것은 뒤에 자세히 설명하겠다.

  ② 거짓 선지자의 출현
  요한이 또 보매 새끼양같이 두 뿔을 가지고 용처럼 말하는 짐승

9장 일곱 나팔의 비밀 ◆ 183 ◆

이 땅에서 올라왔다. 그가 하는 역할은 땅에 사는 자들이 먼저 나온 짐승(적그리스도)에게 경배하게 하는 것이다(12절). 어린양은 예수 그리스도를 상징한다. 그러나 본문에는 이 짐승을 '새끼양같이'라고 하여 이것이 예수 그리스도를 닮았지만 예수님은 아님을 나타낸다. 그는 용처럼 말을 한다. 용은 옛뱀 곧 사단이라고 했다(12:9). 그는 말로써 하와를 꾄 자이다. 그가 예수님의 모양을 했고 용처럼 말하는 자이므로 앞으로 세상을 얼마나 미혹하겠는가? 따라서 우리는 이 새끼양과 같은 두 번째 짐승을 거짓 선지자라고 말할 수 있겠다.

거짓 선지자는 큰 능력을 행하여 사람들을 미혹한다. 심지어는 불이 하늘에서 내려오게 한다(13절). 만약 우상 앞에 바쳐진 제물에 기도로 불을 내리게 하는 이적을 행한다면 많은 사람들이 그 우상에게 절할 것이다.

그가 사람들을 미혹하여 적그리스도를 위하여 우상을 만들라고 한다(14 하반절). 사람들이 우상을 만들었을 때에 그는 그 우상에게 생기를 주어 그 우상이 말하게 한다(15절). 만약 쇠붙이로 만든 우상이 사람의 살결 같이 생기가 돈다고 상상해 보자. 그리고 그 우상이 입을 열어 말까지 한다고 하자. 그 앞에 모였던 사람들이 얼마나 절을 하며 경배하지 않겠는가? 그러나 그 중에서도 신실한 기독인들은 그 우상에게 절하지 않을 것이다. 그러면 거짓 선지자는 절하지 않는 사람은 몇이든지 다 죽인다(15 하반절). 그것도 모자라서 거짓 선지자는 숨어있는 성도들을 핍박하기 위하여 짐승에게 절하는 자에게만 이마나 오른손에 표를 주어 이 표가 없는 자는 매매를 못하게 한다(17절). 즉 적그리스도는 경제를 통제하는 것이다.

③ 적그리스도의 '666' 표

적그리스도가 경제를 통제함으로써 얻고자 하는 것은 두 번째 성격인 종교적인 목적을 성취하기 위함이다. 이 경제를 통제하는 수

단으로 적그리스도는 자기 우상에게 경배하는 자들에게 표를 주는데 이 표는 "곧 짐승의 이름이나 그 이름의 수(數)다"(17절). 헬라어에는 숫자가 없었고 대신 알파벳에 숫자의 개념을 부가하여 사용하였다. 따라서 표에 사용된 헬라어는 이름이든지 숫자로 사용된 알파벳이다. 본문은 다음과 같이 말한다: "지혜가 여기 있으니 총명있는 자는 그 짐승의 수를 세어 보라 그 수는 사람의 수니 666이니라"(18절). 신구약성경을 통틀어 666의 숫자는 오직 여기 한 곳에만 나타난다. 최근에 급진적인 종말론에서는 이 666 숫자를 적그리스도의 것으로 해석하여 성도들에게 공포를 주고 있다(한정건, 1991: 34~36를 참조하라). 이러한 급진적인 종말론자의 666과 관련한 주장에 대해 다음과 같은 잘못들을 지적할 수 있다:

　a. 그들은 '666'이라는 숫자가 앞으로 모든 개인 신용카드나 상품의 바코드에 국제번호로 사용될 것이라고 말한다. 그들은 이미 상품들에 널리 사용되는 바코드에 666 숫자가 삽입되었다고 말함으로써 최근의 상품들에 인쇄되는 바코드가 마치 적그리스도의 표인 것처럼 말하고 있다. 그러나 본문은 '666' 숫자 그 자체가 사용될 것으로 말하지 않는다. 본문은 "지혜있는 자는 그 수를 '세어 보라'"고 말한다. 즉 계산해 보면 666이 나올 것이라는 것이다. 따라서 '666' 숫자 자체가 사용되는 것이 아니다. 그리고 그들이 주장하는 바코드에 사실상 '666'이라는 숫자가 들어있는 것도 아니다. 바코드에서 그들이 주장하는 '6'에 해당한다는 세 부분은 숫자를 나타내는 것이 아니라 시작코드, 진행코드 그리고 완료코드이다(한정건, 1991: 41~46를 참조하라).
　b. 그들은 신용카드를 사용하게 되면 자신도 모르게 적그리스도의 표를 받게 되며, 이 표를 받게 되는 사람은 영원히 타는 유황불 못에 떨어지니 신용카드를 사용하지 말라고 한다. 그러나 본문은 결코 자신도 모르게 받게 되는 것으로 말하지 않는다. 적그리스도의 우상에게 절하는 사람만이 이러한 표를 주어 이것으로 매매하

도록 한다. 이 표를 받는 것은 완전히 자의(自意)에 의해서이며, 우상에게 절함으로 받는 것이다.

c. 그들의 주장에는 본문의 참뜻을 망각하고 있다. 본문의 의도는 적그리스도의 우상에게 절하지 말라는 데에 있다. 어린양의 모양을 하고 용의 말을 하는 거짓 선지자가 미혹하며 이적까지 행하니 많은 성도들이 적그리스도 우상에게 절할 것이다. 따라서 본문은 지혜있는 자는 똑똑히 눈을 뜨고 그것이 하나님인지 아니면 우상인지를 분별하라는 것이다.

그러면 본문이 왜 하필 '666'을 말했는가? 그것은 우상이 사람에 불과하다는 것을 의미하기 위함이다. 만약 하나님의 숫자라면 7이다. 그리고 7이 세 번이면 완전한 하나님이다. 6은 7에 못미치는 숫자로서 적그리스도가 아무리 이적을 행하고 신(神)인 것처럼 보여도 그것은 하나님까지는 못미친다는 것이다. 그는 사람에 불과하다는 것이다. 이러한 본문의 의도를 망각하고 '666' 숫자 그 자체를 마치 신비적인 숫자인 것처럼 선전하는 것은 바른 성경해석에 근거하지 못한 불건전한 종말론이다.

④ '삼년 반'의 기간

적그리스도가 하나님을 대적하여 활동하는 기간을 '마흔두 달'(삼년 반) 동안이라고 말한다(5절). 계시록 13장에 나타나는 적그리스도의 모습은 다니엘 7장과 12장 그리고 9장에 나타나는 모습과 거의 같다. 다니엘 7장에서 작은 뿔로 묘사된 적그리스도는 하나님을 대적하여 참람한 말을 하며 성도와 싸워 이기고 성도를 괴롭힌다. 그가 이렇게 활동하는 기간을 '한 때와 두 때와 반 때'(세 때 반)로 말한다. 다니엘 12장은 적그리스도가 개국 이래에 없었던 대환난을 줄 것이며 성도들의 권세가 다 깨어지기까지 활동을 하는데 그 기간이 '한 때 두 때 반 때'이다(12:7). 그리고 그는 하나님께 매일 드리는 제사를 폐하며 멸망케 하는 미운 물건(우상)을 세울 것이다(12:11).

계시록 12장은 "한 때 두 때 반 때" 동안 이스라엘이 핍박을 받고 있으며 이것을 또 다른 구절에서는 1,260일(삼년 반)로 말한다. 따라서 다니엘서와 계시록에서 세 때 반과 삼년 반이 같은 적그리스도의 활동기간으로 간주되고 있음을 알 수 있다. 또한 이 삼년 반은 다니엘 9:27에서 '이레의 절반'으로 표시하여 다니엘 12장에 나타나는 적그리스도의 '세 때 반'의 것과 관련이 있는 것으로 나타나고 있다. 계시록 11장은 삼년 반을 42달과 1,260일 이중으로 말하고 있다.

이러한 거듭되는 삼년 반과 관련된 기간에 대하여 우리는 너무 가볍게 영적으로 해석해서 숫자에 큰 의미가 없는 막연한 어떤 기간으로 혹은 신약시대의 전기간으로 쉽게 넘어갈 것이 아니라고 생각된다. 이렇게 이 기간이 여러 다른 표현으로써 거듭 나타나고 있는 것은 이 기간에 대해 우리들에게 특별히 알려주기를 원하시는 하나님의 특별한 의도가 있지 않을까라고 생각된다. 꼭 정확하게 삼년 반이라고 못박는 것은 무리가 있을는지 모르지만 그러나 마치 숫자에 아무런 의미가 없다든지 영적으로 해석해 버리는 것도 능사가 아니라고 생각된다.

이상에서 우리는 적그리스도를 볼 때에 그는 사단의 영적인 세력을 배후에 가지고 등장하여 활동한다. 그는 정치적으로 세계를 정복하고 통치할 것이다. 그리고 드디어 자신을 신으로 높이며 자기에게 경배하도록 한다. 그는 기독교를 말살하려고 하여 성도를 잡아 옥에 가두고 죽일 것이다. 심지어는 하늘을 향하여 불경스러운 말을 하며 이들의 세력이 하늘 군대들(천군천사들)과도 싸움을 일으킨다. 적그리스도와 거짓 선지자는 이적을 행하면서 사람들을 미혹할 것이다. 그들은 적그리스도의 우상을 만들어 놓고 거기 절하도록 강요할 것이다. 그들은 경제를 통제하여 이 우상숭배의 목적을 달성하려고 할 것이다. 많은 사람들이 배도하는 일이 있을 것이며(살후 2:3), 생명책에 기록된 참된 성도들만이 대환난에서 인내하며 믿음을 지킬 것이다.

   (5) 두 가지 추수(계 14~15장)

  ① 어린양이 시온에 서다
   계시록 13장에서 적그리스도로부터 성도들의 고난이 있었다. 이 제 어린양이 시온산에 섰다. 재림하신 예수님이시다. 예수님의 재 림은 이 땅 위에 다시 오심을 말하며, 이때에 가장 합당한 곳은 예 루살렘일 수밖에 없을 것이다. 이 예수님과 함께 14만 4천 명이 서서 새노래를 부른다. 이때의 14만 4천은 계시록 7장에 의하면 이스라엘에서 구속받은 사람들이며(7:4), 그 외에 열방에서부터 많은 무리들도 하나님의 나라에 참여할 것이다. 그들이 부르는 새 노래는 하늘방언으로 하는 노래를 말할 것이다.
   여기에 참여하는 사람들은 어린양으로 말미암아 구속받고 그의 지시대로 살아온 사람들이며 또한 자기 몸을 여자나 거짓에 내어 맡기지 않고 흠없이 깨끗하게 보존한 사람들이다(9장의 세상이 타 락하는 모습을 참조하라). 그들은 처음 익은 열매로서 하나님에게 바쳐진다(14:4~5). 현대 농사법은 처음 열매는 따버리지만(처음 것이 너무 크게 자라 뒤의 열매에 영향을 미치기 때문) 유대인들 은 오히려 이 처음 것을 잘 돌보아서 맨 먼저 익은 이 첫열매를 따 서 하나님에게 바쳤다. 마지막 때에 대환난에서 인내하며 믿음을 지킨 이들도 하나님이 받으실 만한 크고 흠없고 충실한 첫열매와 같다.

  ② 복음과 심판
   계시록 10:7에 마지막 나팔이 불리면 복음과 함께 하나님의 비 밀이 이루어질 것이라고 하였다. 14:6~7에 한 천사가 세상에 전 할 복음을 가졌고 또한 심판이 임박했음을 전한다. 이 심판은 하 늘과 땅과 바다와 물들의 근원에 내려질 것이 예상된다(7 하반절;

8:7~12을 참조하라).

또 다른 천사가 말하기를 짐승(적그리스도)의 우상에게 절하여 이마나 손목에 표를 받은 자는 하나님의 진노를 당할 것이다. 그들 중에 잠시의 고난을 참지 못하여 배도한 자들도 있을 것이며 그들은 영원한 유황불에 던져져 영원토록 고통을 받을 것이다(9~11절). 그러나 성도들은 인내를 가지고 계명과 예수 믿음을 지킨 성도들과(12절) 주 안에서 죽은 자들도 복을 얻으리니 그들의 수고가 그치고 영원히 안식할 것이다(13절).

③ 알곡의 추수

'인자와 같은 이'가 구름 위에 있어 그가 금면류관을 가지고 손에는 날카로운 낫을 가졌다. '인자와 같은 이'는 다니엘 7:13에 묘사된 것과 같으며, 따라서 예수 그리스도를 가리키는 것으로 볼 수 있다. 그가 금면류관을 가진 것은 승리의 모습이다. 구름은 하늘나라와 관계된 거룩한 구름이며, 다니엘 7장에서는 그리스도가 구름을 타고 하나님에게로 나아가는 즉 승천하는 장면이었으나 계시록 본문은 하늘구름을 타고 오시는 재림의 장면이다.

다른 천사 하나가 성전으로부터 나와 '인자와 같은 이'에게 낫을 휘둘러 곡식을 거두라고 외친다: "네 낫을 휘둘러 거두라 거둘 때가 이르러 땅의 곡식이 다 익었음이로다"(15 하반절). 그가 낫을 휘두르매 곡식이 거두어졌다. 이 곡식들은 하늘 곳간에 들어갈 것이다. 이 곡식들은 성도들을 의미한다.

성도들의 신앙이 이제 무르익었다. 얼마 전만 하여도 곡식이 익지 못하여 조금만 더 참으셨다. 그러나 성도들이 대환난을 겪으면서 더 이상 여물지 않은 상태로 있지 아니한다. 그들은 충실하게 익어 주님이 더 이상 추수를 미룰 이유가 없으시다.

④ 포도송이의 추수

또 다른 천사가 성전에서 나오는데 그가 날선 낫을 가졌다. 또 제단의 불을 다스리는 천사가 나와서 낫을 가진 천사를 향하여 낫을 휘두르라고 외친다. 6:9 이하에서 순교당하는 성도들이 마치 제단에서 제물로 바쳐지는 것으로 묘사되었었다. 8:5에서는 한 천사가 이 제단의 불을 향로에 담아 땅에 쏟았다. 이제 이 제단의 불을 다스리는 천사가 낫을 가진 천사를 향하여 세상에서 무르익은 포도송이를 거두라고 외친다. 세상의 심판은 성도들의 죽음의 대가인 것이다. 땅의 포도송이들은 완전히 익었다. 계시록 9장에서 지옥의 더러운 것들이 땅 위로 올라와 세상을 오염시키는 모습을 보았다. 세상 사람들은 죄악과 성도들의 피에 충만하게 취해있는 것이다. 이렇게 포도송이들이 다 익었으므로 더 이상 기다릴 필요가 없다. 천사가 낫을 휘둘러 포도를 거두어서 진노의 포도주 틀에 던져서 밟으매 피가 흘러 나왔다. 악한 자들이 심판을 당하는 것이다.

마지막 때에는 세상 사람들은 무르익은 성도들이든지 성도들을 핍박하는 악으로 가득 찬 사람이든지 두 쪽으로 나누일 것이다. 주님이 오시는 목적은 먼저 무르익은 성도들을 구원하시기 위함이요, 다음으로는 악한 자들을 심판하기 위함이다.

⑤ 일곱 대접이 준비됨

유리바다와 같은 하늘나라에서 짐승의 우상에게 절하지 않고 이긴 성도들이 금거문고를 가지고 어린양을 위해 노래를 부른다(15:2~4). 그들은 주님의 왕되심과 그의 심판이 의롭고 참되심을 찬양한다.

하늘에 증거장막의 성전이 열렸다. 증거장막의 성전은 지성소이다. 같은 광경이 11장 마지막 부분에서도 묘사된다. 하나님의 성전이 열리니 성전 안에 하나님의 언약궤가 보였다(11:19). 언약궤는 법궤라고도 불리우며, 그 안에는 10계명의 돌판이 들어있다. 언약궤는 두 가지 의미를 지닌다. 계명의 말씀을 잘 지킨 자에게는 약속의 축복이 있으며, 계명을 지키지 못한 자에게는 심판이 있다. 적그리스도에게 절하지 않고 말씀과 믿음을 지킨 자에게는 이 언약궤는 너무나 귀한 축복이 될 것이다. 반면 우상에게 절하고 성도를 괴롭힌 자에게는 이제 언약궤에 따른 하나님의 심판이 내릴 것이다.

일곱째 천사가 나팔을 불매(11:15) 재앙의 금대접을 가진 일곱 천사가 준비되었다(15:7).[3] 일곱 천사가 각각 대접을 쏟음으로 심판이 시작된다. 금대접은 향로를 말한다. 향로의 불은 제단에서 취하여야 한다. 계시록에서 제단은 성도들이 죽임을 당한 장소이다. 8장에서 한 천사가 하나님에게 제단의 불을 담아 성도들의 기도와 함께 하나님에게 가져갔으며, 다른 천사는 제단의 불을 담아 땅에 쏟았다. 성도들의 기도가 세상을 심판하는 근거가 되었다. 8:5에서 먼저 묘사하였던 대접의 심판이 이제 구체적으로 임할 준비가 되었다. 이 세상은 성도들을 죽인 값으로 대접의 심판을 당하는 것이다.

성전 지성소에 임재해 계시는 하나님께서 진노의 심판을 하기 시작하였다(6:16을 참조하라). 이 무서운 심판 앞에 땅 위에 사는 사람들은 두려워 굴과 바위사이에 숨어 산과 바위를 향하여 자기를 심판해 달라고 아우성을 칠 것이다. 하나님의 진노의 심판이 너무 무섭기 때문이다.

---

3) 11장과 13장은 같은 기간의 둘째 화에 대한 사건들이다. 13장은 11장 뒤에 있다 하여 시간적인 순서로 볼 수는 없다. 양쪽은 다같이 삼년 반에 대하여 묘사하고 있으며, 또한 환난 이후의 상황에 대해서도 같이 묘사하고 있다. 따라서 15장 마지막에 나타나는 일곱 천사가 일곱 대접을 받는 것은 11:15 이하의 일곱 나팔을 부는 것과 연결되어야 한다.

10장
일곱 대접의 비밀
- 요한계시록 16~18장 -

1. 다섯 대접의 심판(16:1~11)

앞의 나팔의 사이클에서 적그리스도가 매우 자세히 묘사되었다. 그가 전쟁을 일으키는 것, 이스라엘을 정복하고 말살하려는 것, 성도들의 대환난, 우상숭배를 강요함 등이 그가 행한 대표적인 일들이었다. 13장에서는 적그리스도에 대한 묘사에서 그가 하나님의 종교를 말살하려고 하는 일에 초점이 주어졌다. 특히 성도들에게 주는 대환난이 적그리스도 역할의 핵심이었다.

마지막 나팔이 불리고 일곱 대접이 준비되었다. 이제 대접들의 재앙은 성도들을 죽인 피의 대가로 세상에 내려질 것이다.

첫째 대접이 '땅'을 심판한다(16:1~2). 둘째 대접은 '바다'를 심판한다(3절). 셋째는 대접이 '강과 물근원'에 쏟아진다(4~7절). 넷째는 '하늘'에 재앙을 일으킨다(8~9절). 하늘과 땅과 바다와 생명의 근원에 대한 심판은 계시록에서 반복되어지는 심판의 유형이다(10~11절). 그런데 여기에서는 한 가지가 더하여져 있다. 즉 적그리스도에 대한 심판이다. 다섯째 천사가 대접을 짐승(적그리스도)의 보좌에 쏟았다(10~11절). 적그리스도와 그 나라 백성들이 재앙을 당한다.

이상의 대접심판은 앞의 마지막 나팔에 따라 이루어진 것이다.

따라서 이 심판들은 나팔의 사이클에도 속한다고 할 것이다.

2. 아마겟돈 전쟁(16:12~21)

(1) 유브라데 강에서 전쟁이 준비됨

여섯째 대접은 앞의 다섯 번의 대접과 시간적인 순서로 볼 수 없다. 앞의 다섯 대접들은 하늘과 땅과 바다와 생명의 근원 그리고 적그리스도에 대하여 심판하였다. 여섯째 대접은 다시 앞으로 돌아가서 적그리스도의 활동을 묘사한다.

혹자는 계시록의 사이클들을 시간적인 순서로 주장한다(특히 세대주의자들). 그들은 인의 사이클 마지막 부분에 나타나는 "해가 총담같이 검어지고"(계 6:12)라는 묘사는 은혜의 시대가 지나고 환난의 시대가 도래한 것을 말한다고 주장한다. 그리고 7장에서 이스라엘의 인맞은 십사만 사천과 각 나라에서 무릇 셀 수 없는 많은 사람들이 종려가지를 들고 나오는 것은 7년 대환난 전에 있을 공중휴거에 참여하는 사람들이라고 한다. 그리고 8장에서 15장까지는 휴거된 후에 있을 세상의 대환난 기간에 속하는 것이라고 주장한다. 그러나 우리는 계시록이 항상 시간적인 순서로 이루어졌다고 볼 수 없다. 인의 사이클 마지막의 "해가 검어지고" 이하는 보좌와 어린양이 세상에 베푸는 심판이 분명하다. 세상 사람들은 굴과 바위 틈에 숨어 산과 바위에게 이르되 "우리 위에 떨어져 보좌에 앉으신 이의 낯에서와 어린양의 진노에서 우리를 가리우라"고 아우성치고 있다(6:16). 이것은 세상 마지막에 있을 세상에 대한 심판 외의 것으로 볼 수 없다. 13장의 적그리스도 활동 후에 14:1에 "어린양이 시온 산에 섰고…"는 재림하신 예수님의 모습이 분명하다. 14:14~20에 있는 알곡의 추수와 포도송이의 추수는 재림 때에 있을 성도들과 세상에 대한 심판이 분명하다. 16:1~10에 기록된 땅과 바다와 물샘 근원과 하늘이 대접의 재앙을 받는 것도 재림 때의 심판이 분명하다. 각 사이클은 주님의 마지막 심판으로 시작하고 또한 심판으로 끝을 맺고 있다. 그러나 사이클의 중간에는 다시 재림 이전의 사건으로 돌아가서 적그리스도의 활동 혹은 세상의 환난 등을 다시 반복하여 말하는 것이다. 대접의 사이클에서도 세상에 있을 마지막 심판을 먼저 말한 후에 다시 그 이전의 사건이라고 할 수 있는 적그리스도의 활동으로 돌아가고 있다.

여섯째 천사가 대접을 큰 강 유브라데에 쏟으매 강물이 말라서 동방에서 오는 왕들의 길이 준비되었다(12절). 유브라데는 옛 앗수르, 바벨론, 페르시아 등의 나라들과 관련된 강이다. 옛 메소포타미아에서 일어난 왕국들은 유브라데 강을 넘어 팔레스틴을 침입하였고 세계를 정복하였다. 큰 강 유브라데는 이른 봄에서 여름까지 해마다 강물이 범람한다. 유브라데 강물이 넘쳐흐를 때에는 군사행동을 하지 못한다. 강물이 낮은 수위에 있을 때에 그들은 전쟁하러 강을 넘는 것이다. 이 큰 강물이 말랐다는 것은 전쟁을 하기에 적당한 때가 되었다는 것이다. 그리하여 이 강을 넘어 동방에서부터 군대들이 오고 있다.

이 전쟁은 9:13 이하에 묘사된 전쟁과 같은 것이 아니다. 9장의 전쟁은 땅의 1/3이나 되는 사람들이 죽임을 당하였으나 사람들은 계속 우상을 섬기며 회개하지 아니하였다. 따라서 9장의 것은 마지막 때의 전쟁이 아니다. 16장 본문의 전쟁은 세상 마지막에 있을 것이다. 따라서 양쪽의 것은 동일한 것이 아니다. 그러나 양쪽의 두 전쟁은 서로 연관이 있는 것임에는 틀림없다고 생각한다. 둘 다 유브라데와 관계있는 전쟁이다. 9장의 것은 시작의 전쟁이요,[1] 16장의 것은 마지막 전쟁이다. 즉 두 전쟁은 하나의 시리즈로서 각각 시작과 끝에 해당된다고 할 것이다.

---

1) 계 9:14에 "유브라데에 결박한 네 천사를 놓아주라"라고 하여 전쟁이 일어나고 있음을 알 수 있고 유브라데에 천사들이 결박되었다는 것은 오랫동안 이 강을 넘어 전쟁을 일으킬 왕국이 없었다는 의미로 볼 수 있다.

"개구리 같은 세 더러운 영이 용의 입과 짐승의 입과 거짓 선지자의 입에서 나오니 저희는 귀신의 영이라"(16:13~14 상반절). 개구리 같은 귀신의 영은 거짓되고 더러워 혐오감을 일으키는 악한 것으로 생각할 수 있다. 이러한 영이 적그리스도와 거짓 선지자 그리고 사단의 입에서 나오고 있다. 이들이 이적을 행하고 거짓된 말로써 온 세상을 유혹하여 천하 임금들이 전쟁을 위해 나오게 만든다.

(2) 아마겟돈에 군대가 모임

이 전쟁은 '여호와의 큰 날'을 위해 준비된 것이다. 즉 마지막 때에 여호와께서 심판하실 그날이다. 적그리스도가 활동하고 성도들이 핍박을 당하는 중에서도 하나님은 잠잠하신 것 같았다(6:10~11). 그러나 이제 드디어 그가 일을 치르기로 작정한 날이 다가왔다. 천하 임금들이 이 큰 날의 전쟁을 위하여 모였다. 용과 짐승과 거짓 선지자들이 임금들을 '아마겟돈'이라는 곳으로 모았다. '아마겟돈'은 히브리어를 헬라어로 음역한 것이다. 히브리어로는 '할 므깃도'(הַר מְגִדּוֹ)로서 '므깃도 산'이라는 말이다. 혹자는 이 므깃도를 메소포타미아 지역의 어느 산으로 보려고도 하나 대부분의 학자는 팔레스틴의 갈멜산 밑에 있는 지역을 의미하는 데 동의한다. 갈멜산은 지중해 해변 가까이에 우뚝 솟아있으며, 그 산으로부터 남동쪽으로 산맥의 줄이 이어지며 그 중턱에 므깃도 도시가 자리잡고 있다. 이집트와 메소포타미아 사이를 잇는 여행길에 므깃도는 가장 중요한 통로이다. 따라서 므깃도는 군사적으로도 중요한 위치를 차지한다(왕하 23:29~30을 참조하라). 옛적에 메소포타미아에서 유대지역을 침입한다면 맨 먼저 점령해야 하는 전략지가 므깃도이며 심지어 이집트에서 팔레스틴을 침입할 때에도 므깃도가 공격의 제일 목표물이 되곤 하였다.

적그리스도의 군대가 므깃도에 집합하였다는 것은 이스라엘 지역이 전장이 되고 있음을 보여준다. 그들이 이스라엘과 예루살렘을 향하여 전쟁을 일으키고 있는 것이다.

(3) 예루살렘에 지진이 남

이제 계시록의 구조인 일곱 사이클의 마지막에 도달하였다. 마지막 일곱째 천사가 대접을 땅에 쏟는 것으로 종말에 대한 계시는 종결을 짓는다. 일곱째 천사가 대접을 땅에 쏟으매 번개와 음성과 뇌성이 있었고, 큰 지진이 일어났다. 이러한 묘사는 8:5과 꼭 같다. 8장에서 순교를 당한 성도들의 기도가 하나님께 바쳐졌으며 또 한편으로는 성도들을 태운 제단의 불을 대접에 담아 땅에 쏟으니 땅에 뇌성과 음성과 번개와 지진이 났다. 세상이 마지막 심판을 당하는 모습이다.

이때의 지진이 어찌나 큰지 "사람이 땅에 있어 옴으로 이같이 큰 지진이 없었더라"고 말한다(16:18 하반절). 이 지진으로 인하여 '큰 성'이 세 갈래로 갈라졌다. 이 큰 성은 예루살렘 성이다. 아마겟돈 전쟁은 예루살렘을 향한 전쟁이며, 만국의 군대가 예루살렘을 에워쌌을 때에 드디어 하나님께서 친히 이 전쟁을 간섭하러 나서는 것이다.

예루살렘성이 지진이 나는 것과 동시에 만국의 성들이 무너진다. 그 중에서 큰 성으로 불리는 바벨론도 멸망을 당할 것이다. 하늘에서 우박이 내려 사람들이 죽으며, 바다의 섬들도 없어질 것이다. 땅과 바다에 대한 하나님의 심판이 내려진다.

(4) 구약에 나타나는 마지막 전쟁

① 다니엘 11:40~12:1

아마겟돈 전쟁은 다니엘서에 나타난 적그리스도의 마지막 전쟁과 비교될 수 있다. 적그리스도는 여러 나라를 휩쓸고 이스라엘

땅도 정복한다(단 11:40~41). 그가 이집트와 리비아, 이디오피아까지 점령하였을 때에 동북쪽에서 반란이 일어났다는 소문이 들렸다. 그가 분노하여 올라가서 장막을 '영화롭고 거룩한 산'(예루살렘)과 바다 사이에 칠 것이니 이것이 적그리스도의 끝이라고 말한다. 세상 마지막 전쟁은 예루살렘을 향하여 일어날 것을 말하였다 (11:45).

② 요엘 2:30~3:21
요엘서는 '여호와의 크고 두려운 날'에 해가 어두워지고 달이 핏빛같이 변할 것이라고 말한다(욜 2:31).[2] 그날에 하나님께서 만

---

2) 혹자는 요엘 2:31에서 시작하는 '여호와의 날'은 예수님 초림 직후에 있었던 오순절에 대한 예언이며 이것은 이미 교회에서 다 이루어졌다고 주장하기도 한다. 문맥에서 볼 때에 이 날은 여호와의 신이 만민에게 부어질 것으로부터 시작한다(2:28). 그리고 이것은 사도행전 2:17~21에 인용되었고, 이것은 오순절에 이루어졌음이 확실하다. 그러나 우리는 구약시대의 선지자들의 예언을 볼 때에 예수님의 초림과 재림을 한꺼번에 취급하고 있음을 종종 본다. 심지어는 바벨론 포로에서 돌아오는 것과 마지막 때에 이루어질 것을 한꺼번에 말할 때도 있다(렘 33장). 이렇게 한 문맥에 있다고 해서 우리는 포로귀환 때에 그 모든 것이 다 이루어졌다고 할 수 없다. 멀리서 미래의 사건들을 환상으로 보는 선지자는 그 사건들이 가질 수 있는 시간의 간격(gap)을 보지 않았다. 마치 그들은 산봉우리를 보았고 산 등선에 있는 넓은 간격(space)을 보지 못하였다고 할 수 있다. 사도행전 2:17~21에 요엘 2:28~32 상반절을 인용하였다고 해서 그것이 모두 다 오순절 때에 이루어졌다고도 할 수 없다. 요엘서 본문은 오순절에 시작하여 마지막 때의 하나님의 심판으로 연결되고 있다. 요엘서의 본문의 목적은 그날에 있을 하나님의 심판이며, 그때에 만민에게 주어지는 구원의 기회를 말하고 있다. 사도행전에서 베드로는 요엘서를 인용하면서 하나님께서 심판 전에 구원을 약속한 것을 상기시키면서, 그 하나님의 구원은 이와 같이 성령을 부어주심으로 묘사되었지 않았느냐고 강변하는 것이다. 따

민을 데리고 여호사밧 골짜기(예루살렘 동편에 있는 기드론 골짜기를 가리킴)로 모아 그들을 심판하시겠다고 하신다(욜 3:2). 하나님은 열국에 전쟁을 준비할 것을 광포(廣布)하라고 하신다(3:9). 사면의 열국들이 동하여 농기구들을 무기로 만들어 예루살렘을 치러 온다. 이 날은 하나님께서 세상을 심판하시는 날이다. 하나님께서 예루살렘에 서시고, 그의 목소리로 인하여 하늘과 땅이 진동한다. 여호사밧 골짜기(기드론 골짜기)는 판결(判決) 골짜기라고 불릴 것이다(3:14). 이들에 대한 심판은 포도주틀에 가득 찬 것과 같은 그들의 죄악을 인함이며(3:13) 또한 그들이 하나님 백성들의 피를 흘린 악 때문이다. 반면에 하나님의 백성들은 하나님에게 피난할 것이며, 예루살렘은 이스라엘이 거하는 성산(聖山)이 될 것이다(16절). 유다는 영원히 있겠고 예루살렘은 대대로 남아 있을 것이다.

③ 스가랴 12장

스가랴 12장에는 만국이 예루살렘을 치러 온 장면을 묘사한다. 사면 백성들에 의해 유다가 점령당하고 예루살렘이 에워싸일 것이나 그러나 예루살렘은 그들을 취하게 하는 잔(盞)이 될 것이다(12:2). 적군들이 예루살렘으로 말미암아 취한 것처럼 비틀거릴 것을 말함이다. 또 그날에 예루살렘은 무거운 돌이 되어 드는 자를 크게 상하게 할 것이다(3절). 예루살렘을 치러 온 적군들이 그 성을 들어 던져버리려고 시도할 것이다. 오히려 그 성이 그들 위에 내리쳐서 그들이 죽임을 당할 것을 말함이다. 그날에 여호와가 예루살렘 거민을 보호하시겠다고 선언한다(8절). "예루살렘을 치러 오는 열국을 그날에 내가 멸하기를 힘쓰리라"(9절).

스가랴는 바벨론 포로에서 돌아온 시대의 선지자이다. 이 예루살렘의 전쟁은 로마에 의해 예루살렘이 멸망할 것에 대한 예언이라서 베드로는 하나님의 심판의 날이 이르기 전에 구원을 받을 것을 부르짖는 것이라고 해석할 수 있다.

아니다. 여러 국가들이 예루살렘을 치러 와서 둘러설 것이나 하나님께서 예루살렘을 보호하고 적군들을 치시겠다는 내용이다. 따라서 이것은 마지막 때에 열국이 예루살렘을 향한 전쟁(아마겟돈)과 연관이 있는 것으로 생각된다.

④ 스가랴 14장

스가랴 13:7 하반절은 그리스도의 초림사건으로 시작한다. "칼아 깨어서 내 목자, 내 짝 된 자를 치라 목자를 치면 양이 흩어지려니와…"(7절). 이것은 그리스도의 죽음과 그 제자들이 흩어지는 것을 말한다. "여호와가 말하노라 이 온 땅에서 2/3는 멸절하고 1/3은 거기 남으리니 내가 그 1/3을 불 가운데 던져 은같이 연단하며 금같이 시험할 것이라"(8~9 상반절). 하나님이 자기 백성 이스라엘을 시험하고 연단하실 것을 말함이다. 많은 이스라엘이 죽임을 당하고 그 중에서도 남은 자를 불에 던져 연단시키실 것이다. 그러나 그들이 여호와의 이름을 부를 것이며, 그들은 하나님의 백성이 될 것임을 예언한다. 그리고 본문은 14장으로 연결된다.

14장은 '여호와의 날'에 있을 전쟁을 아주 극적으로 묘사한다:

"여호와의 날이 이르리라 그날에 네(이스라엘) 재물이 약탈되어 너의 중에서 나누이리라"(14:1).
"내가 열국(列國)을 모아 예루살렘과 싸우게 하리니 성읍이 함락되며 가옥이 약탈되며 부녀가 욕을 보며 성읍 백성이 절반이나 사로잡혀 가려니와…"(2절).

열국들이 모여 예루살렘을 친다. 성은 거의 절반 가량이 함락되어 사로잡혔다. 이때에 하나님께서 싸우러 나선다. "그때에 여호와께서 나가사 그 열국을 치시되 이왕 전쟁날에 싸운 것같이 하시리라"(3절). 그날에 여호와의 발이 예루살렘 동편의 감람산에 서신다. 큰 지진이 일어나 성이 가운데 갈라져 북쪽으로 그리고 남쪽으로 옮기고, 예루살렘에서 감람산으로 향하는 큰 통로가 생길 것이다. 성읍에 아직 남아있는 백성이 이 지진의 통로를 따라 감람산으로 피하여 하나님의 보호를 받을 것이다. 이러한 지진은 마치 웃시야 때의 광경과 같을 것이라고 본문은 말한다(5절). 자기 백성을 성으로부터 빼어낸 후 하나님께서는 열국의 군대를 칠 것이다. 이 날을 다음과 같이 묘사한다: "그날에는 빛이 없겠고 광명한 자들이 떠날 것이라 여호와의 아시는 한 날이 있으리니 낮도 아니요 밤도 아니라 어두워 갈 때에 빛이 있으리로다"(6~7절).

이러한 전쟁은 아직까지의 역사에서 일어나지 않았다. '여호와의 날', '여호와의 아시는 한 날'은 마지막 심판의 날이다. 열국 백성들이 예루살렘을 향하여 전쟁을 일으킴, 지진, 세상에 대한 심판, 해가 어두워짐 등은 마지막 때에 있을 아마겟돈 전쟁과 그리고 이어지는 예수님의 재림으로 인한 심판의 광경과 일치하는 장면들이다(이 전쟁 이후의 상황은 19장과 연결된다).

그 외에 학개 2:20 이하 등 여러 구약성경에 마지막 때에 있을 전쟁과 관련된 묘사들이 나타난다. "…내가 하늘과 땅을 진동시킬 것이요 열국의 보좌를 얻을 것이요 열방의 세력을 멸할 것이요 그 병거들과 그 탄 자를 엎드러뜨리리니 말과 그 탄 자가 각각 그 동무의 칼에 엎드러지리라"(학 2:21~22).

성경의 종말론에서 결국 이 마지막(아마겟돈) 전쟁이 클라이맥스를 차지한다. 대부분의 종말론 본문들은 전쟁을 예언하고 있으며 또 어떤 본문들은 전쟁에 대하여 집중적으로 묘사하기도 한다. 이러한 전쟁의 부산물로서 따라오는 것이 성도들의 대환난이다. 이 전쟁은 한 나라와 예루살렘과의 싸움이 아니라, 세상 열국들과 예루살렘 사이의 전쟁이다. 이 전쟁에서 예루살렘은 함락되고, 거민들이 학살당하나, 그때에 열국 군사에 대한 하나님의 심판이 마지막으로 이루어질 것이다.

3. 두 증인 (계 11장)

우리는 이제 앞에서 뛰어넘은 바 있는 계시록 11장으로 돌아가도록 하겠다. 11장의 해석에서도 계시록의 다른 부분들과 마찬가지로 본문을 영적으로 해석할 것인지 아니면 역사적인 사건으로 해석할 것인지로 팽팽하게 나누인다. 우선 문맥상으로 볼 때에 제 11장은 10장과 연결된다: "또 내게 지팡이 같은 갈대를 주며 말하기를…" 10장에서 천사가 요한에게 큰천사에게 가서 두루마리를 받아 먹으라고 하였다. 그 두루마리를 쓰여진 성경말씀으로 보았었다. 이것을 먹고 소화시키고 가서 전하라고 하였다. 즉 선교의 사명을 주신 것이다. 11장에서의 앞의 천사가 또 요한에게 지팡이 같은 갈대를 주면서 성전을 척량하라고 한다. 자로 척량한다는 것은 성을 보호하려는 행위를 의미한다(슥 2:1~5을 참조하라).[3] 그러나 성전 안뜰은 척량하되 바깥 뜰은 척량하지 말라고 한다. 그 이유는 성전 안뜰은 보호함을 받을 것이나 바깥뜰은 이방인들에게 내어준 바 되어 42달 동안 짓밟히기 때문이다. 이때에 굵은 베옷 입은 두 증인이 1,260일 동안 예언한다. 이들은 두 감람나무와 두 촛대로 불리운다. 두 증인이 권세를 행함으로 세상 사람들이 감히 이들을 해치지 못한다. 이들이 증거를 마칠 때에 짐승이 저희로 더불어 전쟁을 일으켜서 이기고 저희들을 죽인다. 이들은 옛 십자가 터에 버려지고 삼일 반 만에 살아나서 휴거되어 올라간다. 이제 둘째 화는 지나갔으니 셋째 화가 곧 이를 것이라고 말한다(14절). 따라서 이 기간은 둘째 화의 기간으로 생각된다.

먼저 영적으로 해석하는 사람들의 주장을 살펴보도록 하겠다.

---

3) 스가랴 2장에서 한 사람이 척량줄로 예루살렘을 척량하고 있었다. 이것은 성벽을 건축하기 위한 준비의 단계이다. 인간의 수단으로 성을 보호해 보려는 노력을 의미한다. 그러나 한 천사가 그 소년에게 여호와께서 성의 사면에 불 성곽이 되어 성을 보호해줄 것임을 말하였다.

10장 일곱 대접의 비밀 ◆ 201 ◆

역시 헨드릭슨과 후크스마(Hoeksema)를 대표적으로 꼽을 수 있다. 헨드릭슨은 이 환상에 나타나는 성전은 예루살렘에 있는 헤롯의 성전이 틀림없다고 주장한다(헨드릭슨, 1975: 151). 그는 요한이 여기에서 하늘 예루살렘이 아닌 지상의 예루살렘을 생각하고 있다고 증거한다. 이방인들이 성을 '마흔두 달' 짓밟는다는 것은 누가복음 21:24에 지적된 것처럼 주후 70년 이후 이교도들이 예루살렘을 점령해 있을 것을 예언한 것으로 본다. 그리고 '마흔두 달'은 바로 복음시대(교회 전체의 시대)를 의미한다고 그는 주장한다(1975: 153). 더 나아가서 그는 이 본문의 진정한 의미는 신약시대의 참 성전인 교회를 의미하며 본문은 신약시대의 교회가 하나님의 보호함을 받는 것으로 영적인 의미를 부여한다.

여기에서 우리는 헨드릭슨 등 계약신학자들이 해석하는 데는 너무 많은 문제점이 있음을 지적하지 않을 수 없다. 첫째로, 헨드릭슨은 이 성전은 헤롯성전이라고 주장하나 요한이 환상을 볼 때에는(주후 80~90년대) 이미 성전은 파괴된 지 오래되었다. 따라서 어떻게 요한이 없어진 성전에서 그것을 보호하겠다고 자로 척량을 하는가?[4] 척량한다는 것은 성벽을 쌓는 행위의 요약된 말로서 성을 보호한다는 의미를 함축하고 있다(슥 2:1 하반절을 참조하라).

둘째로, 헨드릭슨은 성전 밖 마당과 예루살렘성을 이방인에게 내어주는 기간인 마흔두 달을 누가복음 21:24의 구절과 같은 내용으로서 주후 70년의 사건으로 예루살렘이 이방인들에게 짓밟히는 것

---

4) 일반적으로 요한계시록이 쓰여질 때를 로마의 도미티안 황제시대(주후 81~96)로 보는 것이 정설로 받아들여진다. 헨드릭슨 자신도 이것을 동의한다. 그 증거로서 헨드릭슨은 요한이 트라얀 시대(주후 98~117)까지 에베소교회에서 시무했다는 속사도시대의 증언들과, 요한이 밧모로 유배되었다는 자신의 증언, 라오디게아가 영적인 풍요를 과시하고 있는 점(3:17, 네로 통치시대에는 지진으로 파괴되었음) 등 그 외의 여러 증거들을 들 수 있다(헨드릭슨, 1975: 15).

을 가리킨다고 주장한다. 따라서 그에게 마흔두 달은 주후 70년 이후 교회시대 전체를 의미한다. 그렇다면 본문에서 성전(지성소, 성소)과 성전 안 뜰(유대인 남자들이 들어가는 뜰, 반면 바깥 뜰은 유대인 여자들과 이방인들이 들어갈 수 있는 지역)은 내어주지 않겠다는 것은 어떻게 해석할 수 있을 것인가? 주후 70년에 로마 군인들이 성전 바깥 뜰까지만 점령을 했는가? 그 이후 오늘날까지 유대인 성전은 하나님의 보호함을 받아왔는가? 아니다. 로마군인들에 의해서 성전전체가 불탔으며, 바깥 뜰과 예루살렘성이 이방인들에게 짓밟혔던 것처럼 성전과 안 뜰도 역시 짓밟혔었다. 따라서 이것을 주후 70년 이후에 오늘날까지의 사건으로 볼 수가 없다.

셋째로, 헨드릭슨 등은 자주 영적으로 해석한다. 즉 성전은 신약시대의 교회를 가리킨다고 주장한다. 그러나 독자들은 그들의 일관성이 없는 태도에 혼란을 일으킨다. 앞에서는 이 성전은 헤롯 성전(지상의 성전)이라고 강하게 주장하였다가 또 이것은 영적인 성전으로 돌려버리니 일관성이 결여된 것 같다. 본문에는 성전과 안 뜰은 보호될 것이나 바깥 뜰과 예루살렘은 이방인에게 점령당하도록 내어준다고 하였다. 만약에 성전을 영적으로 해석하여 교회라고 한다면 그러면 또 점령당하는 바깥 뜰과 예루살렘은 영적으로 무엇을 의미하는 것인가? 바깥 뜰과 예루살렘도 교회인가? 11:7 이후에 짐승의 군대가 예루살렘으로 쳐들어오는데 이것은 또 어떻게 영적으로 해석할 것인가? 이것을 사단의 세력이 교회를 향하여 싸우는 것으로 해석하면 앞에서 이방인들에게 넘겨준 바 되었다는 예루살렘을 또 어떻게 해석할 것인가? 그는 앞에서 예루살렘은 이 지상의 예루살렘이라고 강하게 주장한 바 있다.

넷째로, 그는 마흔두 달을 교회시대 전체로 본다. 계약신학자들의 특징은 계시록에 기록된 사건들을 영적으로 해석하여 교회에 이미 이루어졌다든지 아니면 역사적 사건이지만 예수님 이후에서 재림 때까지의 전 기간에 있을 일반적인 사건으로 보는 것이다. 그들이 취하는 태도에서 볼 수 있는 것은 계시록의 기록들을 마지막 때에 있을 특정적 그리고 역사적 사건으로 보지 않으려고 하는 것이다. 예를 들어 계시록 6장에 있는 전쟁, 기근, 질병, 성도들의 대환난 등은 예수님 초림 이후에 있을 일반적인 전쟁이요 기근 등을 의미하는 것이라고 한다. 이렇게 해석한다면 요한계시록이 특별히 쓰여질 이유가 없다고 생각된다. 전쟁은 이 세상에서 늘 있어왔는데(예수님 이전에도) 계시록에서 또 특별히 전쟁을 애써 기록할 필요가 무엇인가? 후크스마는 일반적인 전쟁이지만 예수님 재림 직전에 또 하나의 큰 전쟁이 있을 것이라고 말한다. 만약 후크스마가 그러한 해석을 내릴 수 있다면, 그러면 계시록을 읽는 우리들에게 어떤 전쟁에 더 관심을 두어야 하는가? 늘 있어오는 일반적인 전쟁보다 마지막 때에 있을 그 전쟁에 우리의 관심이 집중되어야 하지 않겠는가? 그리고 요한의 의도도 이 마지막 전쟁을 우리들에게 알려주기 위한 것이 강하다고 말해야 되지 않겠는가? 그러나 계약신학자들은 이 마지막 전쟁의 의미를 희석시키기 위하여 온갖 다른 해석들을 덧붙이는 것이 역력하게 나타난다.

그들의 주장에는 일관성이 없다. 너무 자주 왔다갔다 한다. 삼년 반을 신약시대의 전체의 기간으로 11장과 12장에는 주장하면서도 그들은 13장에서는 한결같이 마지막 때에 있을 적그리스도의 활동 기간이라는 데 동의한다. 13장에도 마흔두 달이 나타난다. 만약에 13장이 적그리스도가 확실하다면 우리는 마지막 때에 있을 적그리스도에게 좀더 관심을 집중시켜야 한다. 11장에서는 삼년 반의 기간을 마흔두 달로서도 말하고 또 1,260일로도 말한다. 자주 숫자가 상징적인 의미로 쓰여졌다는 것을 우리는 인정한다. 그러나 또 한 성경에 쓰여진 숫자가 실수(實數)로 사용될 가능성도 배재할 수 없다. 여기에서 마흔두 달이 상징적으로 사용되었다면 1,260일은 또 어떤 상징으로 사용되었겠는가? 또 성경은 성경으로 해석해야 된다는 개혁주의 성경해석의 원리에 의해 이러한 숫자들이 성경의 다른 구절들에서는 어떻게 사용되었는지를 참조해야 한다. 13장의 마흔두 달의 기간을 계약신학자들도 적그리스도의 활동기간으로 보앉다. 그러면 11장에도 같은 숫자가 나타나니 일단 여기에도 적그리스도의 활동과 관계된 것이 아닌지를 유심히 살펴보아야 한다. 12장에 1,260일은 한 때와 두 때와 반 때(세 때 반)와 동일시하고 있으며, 다니엘서 두 곳에서 이것은 적그리스도의 활동기간으로 말하고 있다(단 7:25; 12:7). 따라서 1,260일도 적그리스도와 관계된 숫자로 일단 의심하고 보아야 할 필요성이 있다.

계시록 문맥에서 우리는 이 본문을 다시 살펴보자. 9장에는 '다섯 달'이라는 어떤 특정한 기간에 있을 세상이 타락하는 모습이 묘사되었다. 이것을 '첫째 화'라고 말하며, 이후로 화 둘이 더 이르겠다고 말하였다(9:12). 둘째 화는 9:13부터 시작한다. 여기에서 큰 전쟁이 묘사되었고, 이 전쟁은 유브라데 강이라는 장소와 '그 연 월 일 시'라는 날짜가 못박혀 있다. 따라서 이것은 어떤 특정적인 전쟁임이 틀림없다. 11:14은 둘째 화는 지나갔으나 이제 마지막 화가 남았다고 말한다. 따라서 11장은 둘째 화의 기간이다. 이 둘째 화는 어떤 특정한 전쟁으로 시작한다(일반적인 전쟁이 아님, 9:13 하반절).

11장에도 전쟁의 상황임이 분명하다. 이방인들이 예루살렘을 향하여 전쟁을 일으키는 모습이다. 이방인들이 예루살렘성과 성전 바깥 마당까지 점령하였다. 그러나 성전과 안 뜰과 그 안에 있는 예배자들은 하나님께서 보호하신다. 9:13과 11:1 하반절에 기록된 전쟁은 아마겟돈 전쟁(16장)이 아니다. 아마겟돈 전쟁은 그것으로 끝이지만 9장의 전쟁은 아직 끝이 아니다. 11장 초두에서도 예루살렘과 성전 바깥 뜰이 점령당하였지만 그것이 끝이 아니다. 그러나 여기의 것과 아마겟돈 전쟁은 서로 연관이 있는 하나의 시리즈로 봄이 좋겠다. 그리고 양쪽의 두 전쟁 사이에는 삼년 반이라는 적그리스도의 활동기간이 자리하고 있다. 즉 적그리스도의 시작과 끝에 해당하는 전쟁으로 볼 수 있다.

적그리스도가 예루살렘과 성전의 대부분을 점령하고, 아마도 자기의 우상을 세웠을 것이다(본문에는 나타나지 않지만). 이것을 계기로 대환난은 급격하게 시작될 것이다(마 24:15 하반절; 계 13:5 하반절; 그 외 다니엘서의 많은 구절들을 참조하라). 그러나 예루살렘에서는 숨은 성도들이 있을 것이며 이때에 두 증인이 이 예루살렘 성전(혹은 교회)을 지킬 것이다.

  이 두 증인을 두 감람나무와 두 촛대로 묘사하고 있는 것은 스가랴시대의 두 지도자의 역할과 비교되었기 때문으로 생각된다. 스가랴 4장에서 스가랴는 성전 등대(촛대)곁에 서있는 두 감람나무를 보았다. 이들은 '기름발리운 자 둘'이라고 성경은 해석한다(슥 4:14). 이 기름발리운 자 둘은 당시의 스룹바벨(총독, 왕적인 역할)과 여호수아(대제사장)를 두고 한 말이다(물론 이 둘은 궁극적인 왕과 제사장인 메시야를 예표하는 것이지만 일차적으로는 당대의 두 지도자를 가리킴을 부정하지 못함). 스가랴가 환상을 볼 그때는 아직 성전이 완성되지 아니하고 막 성전기초가 놓여져서 공사가 시작되고 있는 상태이다. 하나님은 스가랴에게 이 두 감람나무를 보여주면서, 두 지도자들을 하나님께서 기름부어 이 성전을 완성할 것임을 확인시켜주는 장면이다(7, 9절을 참조하라). 계시록 본문에서도 적그리스도의 활동기간 중 예루살렘의 두 지도자가 교회를 지키고 있음을 의미한다고 하겠다. 특히 계시록 10장에서의 두 지도자는 '증인'으로 불리고 있으며 이것은 10장과 연결되고 있음을 이미 지적하였다. 즉 10장은 선교의 사명을 요한에게 부여했으며 11장에서도 두 지도자는 마지막 대환난의 때에 선교의 역할을 감당하는 모습으로 주제가 엮어져있다고 하겠다.

  우리는 여기에서 한 심각한 질문을 던져보아야 할 것이다. "그러면 마지막 때에 과연 예루살렘에 성전이 세워질 것인가?" 데살로니가후서 2:4에 적그리스도에 대한 묘사에서 저가 "자존하여 하나님 성전에 앉아 자기를 보여 하나님이라 하느니라"고 말한다. 마태복음 24:15은 "멸망의 가증한 것(우상)이 거룩한 곳에 선 것을 보거든"이라고 말하며, 다니엘서에 의하면 이 구절은 우상이 성전에 세워지는 것에 대한 묘사이다. 이상의 여러 정황들에 의하여 세대주의자들은 예루살렘 옛 성전터에 유대인들이 성전을 다시 세울 것으로 믿는다.

그러나 우리는 과연 예루살렘에 구약적인 성전이 세워질 것인가에 대하여는 의문을 제기하지 않을 수 없다. 필자는 이 부분의 해석에 가장 큰 어려움을 느끼고 있음을 고백한다. 그러함에도 필자가 마음에 가지는 바는 유대인들이 구약적인 성전을 세울 것으로는 보기 힘들다는 것이다. 마지막 때에 유대인들이 대거 구원에 참여할 것이다(롬 11:26을 참조하라). 그것은 옛 유대교로 돌아가는 것이 아니라 예수 그리스도를 통한 구원으로 돌아옴을 말함이다. 예루살렘은 다시 돌아온 유대인 기독교의 센터가 될 것임에 틀림없다. 거기에 무엇이 세워진다면 옛 구약적인 성전이라기보다는 신약적인 교회의 모습이 되어야 할 것이다. 만약 옛 성전터에 구약적인 성전이 세워진다면 적그리스도가 예루살렘을 점령할 때에 그 성전을 전체 점령하지 아니할 리가 없을 것이다. 계시록 11장은 예루살렘이 적그리스도에게 점령되었지만 아직 교회는 숨어서 남아있을 것을 의미하는 것으로도 볼 수 있을 것이다.

우리는 다니엘 11:40 하반절에 기록된 전쟁이야기와 계시록 11장을 연관시켜 보는 것이 좋을 것이다. 다니엘서에는 적그리스도가 전쟁을 시작하여 여러 나라들을 정복하고 이스라엘도 점령한다. 그리고 아프리카로 넘어가서 아프리카 끝까지(당시의 끝) 굴복시켰을 때에 동북에서부터 그에게 좋지 않은 소문이 들렸다. 그리하여 그가 군대를 이끌고 그들을 진멸하고자 나아가서 "장막 궁전을 바다와 영화롭고 거룩한 산 사이에 베풀 것이다"(단 11:45). 이것이 그의 마지막이다.

다니엘과 비교하여 계시록 11장을 다음과 같이 해석해 볼 수 있을 것이다. 11장 초두에 예루살렘은 점령되었다. 그러나 그곳에는 아직 지하교회가 남아있으면서 활동한다. 물론 적그리스도의 우상이 거룩한 곳(옛 성전터 혹은 교회)에 세워질 것이다. 교회의 두 지도자들이 말씀을 전하면서 적그리스도 숭배에 정면으로 도전할 것이다. 그들에게는 능력이 있어 적그리스도의 추종자들이 감히 제거하지 못할 것이다. 이것은 바로 예루살렘에 일어날 반란으로 볼 수 있을 것이다. 적그리스도는 다시 모든 열국들을 모아 예루살렘을 향하여 전쟁을 일으킬 것이다(아마겟돈 전쟁, 계 11:7). 예루살렘이 다시 에워싸이고 성은 다시 정복될 것이다(스가랴 14장에 의하면 성의 절반쯤의 사람들이 죽임을 당하고 포로로 잡혀갈 것임). 두 증인들도 죽임을 당하여 들에 던지워진다(계 11:8, 옛 십자가의 터에 던져진다고 말함). 열방의 군대들이 그를 장사하지 못하게 시체를 지킨다. 그러나 삼일 반만에 시체가 생기가 들어가고 살아난다. 하늘에서 올라오라는 소리와 함께 살아난 두 증인은 구름을 타고 하늘로 올리워간다(12절). 큰 지진이 나고 많은 사람들이 죽임을 당한다. 많은 사람들이 하나님께 영광을 돌린다(13절).

　마지막 전쟁에서 예루살렘이 일단 함락되고 거의 절반쯤 파괴되었을 때에 하나님께서 자신의 일을 시작하신다(슥 14장). 큰 지진이 나고 성 안에 있는 사람들이 지진의 통로로 감람산으로 피신한다. 바로 이 순간은 주님이 재림해 오시는 마지막 순간이 될 것이다. 두 증인이 부활하는 것은 아마도 주님의 재림 때의 부활이 될 수 있을 것이다. 데살로니가전서 4:16 하반절에 주께서 호령과 천사장의 나팔소리와 함께 강림하실 때에 먼저 죽은 자들이 살아나며, 살아있는 우리들도 저희와 함께 구름 속으로 끌려 공중에서 주를 영접하게 하신다고 말한다(공중휴거에 대하여는 한정건, 1991: 46 이하를 참조하라).

　계시록 11장에서는 이제 마지막 일곱째 나팔이 불리고 세 번째 화인 대접의 심판이 준비된다. 11:19은 하나님의 성전이 보이고 언약궤가 보인다. 이것은 15:5 이하와 같은 장면이다. 일곱 대접이 준비되고 그것들이 땅에 쏟아질 때에 하늘과 땅과 바다와 물샘 근원이 심판을 당할 것이다.

4. 큰 성 바벨론의 멸망(계 17~18장)

계시록 16장에서 아마겟돈 전쟁 마지막에 큰 성 바벨론이 만국의 성들과 함께 무너질 것을 말하였다. 17~18장은 이 바벨론 성의 멸망에 대하여 설명한다. 먼저 바벨론 성을 음녀로 비유하여 설명한다.

음녀가 많은 물 위에 앉았다고 말한다(17:1). 이 물은 열국과 그 백성들과 방언들을 말한다(15절). 본문은 설명한다: "땅의 임금들도 그로 더불어 음행하였고 땅에 거하는 자들도 그 음행의 포도주에 취하였다"(2절). 이 음녀는 붉은빛 짐승을 탔다고 말한다(3절). 12:3에서는 용을 붉은빛 짐승으로 말하였다. 또한 13장에서는 적그리스도를 이 용과 같은 모습의 짐승으로 묘사한다. 이 음녀가 탄 짐승에 참람된 이름들이 가득히 적혔다(3절). 하나님을 대항하는 세력이다. 여자는 자주빛과 붉은빛 옷을 입고 금과 보석과 진주로 꾸몄다(4절). 사치한 모습이다. 또 그녀의 손에 금잔을 가졌는데 가증한 물건과 음행의 더러운 것들이 가득하였다. 그리고 그 여인은 성도들의 피에 취하였다고 말한다(6절).

이 음녀는 어떤 한 사람이 아니다. 18절에는 이 여자는 "땅의 임금들을 다스리는 큰 성"이라 해석한다. 이 성은 바벨론 성으로도 불리워진다(18:2). 그녀의 이마에도 '큰 바벨론'이라고 적혔다(17:5). 왜 바벨론 성을 음녀라고 부르는가? 또 이 바벨론 성은 옛 바벨론의 부활을 의미하는가? 18:2에는 바벨론 성의 성격이 잘 묘사된다: "귀신의 처소와 각종 더러운 영이 모이는 곳과 각종 더럽고 가증한 새의 모이는 곳이 되었도다." 다른 말로 하면 그곳은 우상숭배와 술수와 점술이 성행하며, 도덕적으로 부패하고 타락한 곳이다. 또한 온갖 부를 누리면서 사치하고(18:3), 성도들을 괴롭히고 죽이는 일까지 한다. 이러한 곳은 옛 바벨론 성이 그 대표가 될 수 있을 것이므로, 이 성을 바벨론으로 부른다고 생각한다.

그러면 이 바벨론은 앞으로 나타날 어떤 한 특정된 성을 말하는가? 17장에서 음녀가 탄 짐승이 설명된다. 음녀가 일곱 머리와 열 뿔을 가진 짐승을 탔는데 이 짐승은 전에 있었다가 지금(요한의 때) 없으나 장차 나타나서 멸망으로 들어갈 자라고 말한다(17:8). 따라서 이 음녀 즉 바벨론은 어느 정한 시대에 있을 성을 말함이 아니다. 그녀가 탄 짐승을 다시 설명한다: "그 일곱 머리는 여자가 앉은 일곱 산이요 또 일곱 왕이라 다섯은 망하였고 하나는 있고 다른 이는 아직 이르지 아니하였으나 이르면 반드시 잠간 동안 계속하리라"(9 하반절~10절). 일곱 머리는 역대로 세상을 지배한 큰 왕이다. 음녀가 이 머리들 위에 앉았다고 하였다. 따라서 바벨론은 역대로 큰 왕들이 지배할 때마다 영향력을 행사한 어떤 세력을 의미한다고 하겠다.[5] 즉 역대의 여러 왕들의 도시가 우상과 귀신으로 가득 찼으며, 음란하고 타락하였고, 사치로 치부하였음을 의미하는 것이다.

　이 큰 성 바벨론은 어김없이 마지막 왕인 적그리스도와도 연관

---

　5) 이 짐승은 적그리스도를 설명하기도 한다(그러나 17장은 적그리스도를 설명하기 위한 목적이 아니라 음녀를 설명하는 것이 그 목적이다). 여기에 나타나는 적그리스도는 엄밀히 말하면 앞으로 나타나서 잠시 활동할 일곱 번째의 머리이다. 그리고 열 뿔은 이 적그리스도와 동시대에 있을 왕들이며, 적그리스도의 앞잡이가 될 세력들이다(다니엘 7장의 열 뿔은 적그리스도와 적대관계에 있었다. 따라서 여기의 열 뿔과 다니엘 7장의 넷째 짐승에 있던 열 뿔과 같은 것으로 볼 수 없다). 짐승의 일곱 번째의 머리가 적그리스도이면서도 그러나 짐승 전체가 적그리스도로 말해진다. 8절과 11절은 이 짐승이 전에 있다가 지금은 없으나 앞으로 나타날 것으로 말한다. 그가 앞으로 나타날 때에 그것이 바로 적그리스도이다. 따라서 적그리스도는 짐승 그 자체로 또는 마지막 머리로 서로 교차하면서 나타나고 있다. 즉 역대의 여러 왕들을 지배하여 온 것이 바로 적그리스도의 영이며(용 혹은 사단) 그들은 마지막에 나타날 적그리스도의 표상이기도 하다. 또한 마지막 때에 나타날 적그리스도는 앞에 나타났던 여러 왕들의 모습까지 한꺼번에 쥐고 나타날 거대한 왕이기도 하다.

되었다. 적그리스도의 도성을 큰 성 바벨론이라고 부르는 것은 그
곳에는 우상과 귀신, 음란, 타락, 사치, 성도들의 피흘림으로 가득
찰 것이기 때문이다. 18장은 특히 그 성의 부유함과 사치가 얼마
나 극심할 것인지를 크게 묘사한다. 많은 상인들이 각종 물품들과
보석들을 수레에 싣고 장사하러 들어간다(18:11~19). 거기에는
거문고와 풍유(風流)소리가 가득할 것이다(22절). 사단은 이 땅
위에 자신의 왕국이 이처럼 부유하고 영화로울 것임을 자랑할 것
이다. 이 성은 모든 사람들의 흠모의 대상이 될 것이다. 마치 앞으
로 이루어질 하나님의 나라와 비교가 될 만한 것이리라.

그러나 이 성이 결코 하나님의 나라와 비교가 될 수 없는 것이
그 영화에도 못미칠 뿐더러, 그곳은 온갖 귀신과 타락이 가득함이
다. 많은 사람들이 복술(卜術)로써 미혹당할 것이다(23 하반절).
무엇보다도 다른 점은 이 성은 멸망당한다는 것이다. 적그리스도
가 예루살렘을 쳐서 멸함으로써 자기의 도성이 예루살렘 대신에
우뚝 서서 세상의 성지(聖地)가 될 것으로 자랑하였을 것이다. 그
러나 하나님은 지진을 일으켜서 예루살렘을 구원할 것이며, 반면
에 지진으로 큰 성 바벨론과 온 세상의 성들을 무너뜨릴 것이다
(16:19). 이 성이 불붙는 것을 멀리서 쳐다보던 상인들이 티끌을
머리에 뿌리면서 탄식할 것이다(18:16~17). 이 성이 심판당하는
이유는 그들이 죽인 선지자들과 성도들의 피를 인함이다(24절).

5. 백마를 타고 오시는 그리스도(계 19장)

바벨론 성이 무너질 때에 세상 사람들은 통곡할 것이나 하늘에
서는 기쁨의 찬송으로 가득 찰 것이다. 그들은 하나님의 이 심판
이 공의로우심을 찬양한다(19:2). 허다한 무리들이 또한 찬송하기
를 이제 어린양의 혼인기약이 이르렀다고 한다. 성도들은 그들의
착한 행실로써 혼인예복인 세마포 옷을 입고 혼인예식에 들어갈
준비가 되었다.

일곱 사이클들의 마지막은 예수 그리스도의 강림으로 끝을 맺는다: "보라 백마와 탄 자가 있으니 그 이름은 충신과 진실이라 그가 공의로 심판하며 싸우더라"(19:11). 주님의 강림하는 모습은 전쟁하러 가는 용사처럼 묘사되었다. 그의 이름은 '충신과 진실'이다. 자기의 약속을 성실하게 이행하실 믿음직스러운 분이시며, 자기의 백성을 위해 목숨을 바치기를 주저하지 아니하실 충성스러운 분이시다. 물론 그의 심판은 공의로우시다. 그가 머리에 많은 면류관을 쓰고 있다(12절). 전쟁에서 승리자의 모습이다. 그가 피뿌린 옷을 입었는데 그 이름이 '하나님의 말씀'이라고 불리워졌다. 피뿌린 옷을 입었다는 것은 전쟁에서 사람들을 죽일 것에 대한 묘사로 볼 수 있다. 그는 세상을 심판할 것인데 철저하게 하나님의 말씀에 따라 할 것이다. 그의 입에서는 이(利)한 검이 나오고 그것으로 만국을 치겠고 친히 저희를 철장으로 다스릴 것이다. 그의 심판은 그의 입술에서 나오는 말씀으로 이루어질 것이다. 그는 대적들을 맹렬한 진노의 포도주 틀에 넣고 밟을 것이다(15절). 그 옷과 다리에 또 쓰여진 이름이 있으니 '만왕의 왕이요 만주의 주'라 하였다(16절).

이상의 분은 예수 그리스도가 분명하다. 그의 강림은 세상과 전쟁하는 모습으로 묘사되었다. 그의 성격에 대하여 많은 이름들로써 설명하고 있다. 그러나 그 머리에 쓴 면류관에 또 이름이 쓰여졌는데 이것은 아무도 아는 자가 없고 오직 그만 아신다고 한다(12절). 만약 이 이름까지 밝혀졌으면 주님의 성격에 대하여 좀더 잘 알 수 있을 것이다. 주님에 대하여 아직 숨겨진 것이 있음을 우리는 유의해야 할 것이다. 이것까지도 우리는 미래의 하나님 나라에서 알 수 있을 것이다.

한 천사가 공중에 나는 모든 새를 향하여 외치되 하나님의 큰 잔치에 모여 왕들과 장군들과 용사들의 고기를 먹으라고 하였다(17~18절). 예루살렘을 에워싼 큰 전장(戰場)에서 주님께서 그들을 진멸할 것에 대한 비유의 말씀이다. 성경은 다음과 같이 이 전

쟁의 결과를 말한다:

"또 내가 보매 그 짐승(적그리스도)과 땅의 임금들과 그 군대들이 모여 그 말 탄 자와 그의 군대로 더불어 전쟁을 일으키다가 짐승이 잡히고 그 앞에서 이적을 행하던 거짓 선지자도 함께 잡혔으니 이는 짐승의 표를 받고 그의 우상에게 경배하던 자들을 이적으로 미혹하던 자라 이 둘이 산 채로 유황불 붙는 못에 던지우고 그 나머지는 말 탄 자의 입으로 나오는 검에 죽으매 모든 새가 그 고기로 배불리우더라"(19:19~21).

이제 상황이 모두 끝났다. 마지막 아마겟돈 전쟁으로 이 세상의 역사는 끝나는 것이다. 적그리스도와 거짓 선지자가 세상 임금들을 유혹하여 예루살렘을 향하여 모여들었으며, 이때에 그리스도가 백마를 타고 하늘 군대들의 호위를 받아 적들을 치기 위해 강림하였다. 땅의 군대들은 백마를 탄 그리스도와 그 군대를 대항하여 마지막 발악을 할 것이다. 그러나 적그리스도와 거짓 선지자는 사로잡혀 산 채로 유황불 못에 던지워지고, 그 전쟁에 참여하였던 많은 군대들은 죽임을 당할 것이다. 주님은 시온산에 서시고 성도들은 주님 앞으로 새 노래를 부르면서 나아갈 것이다(14:1 하반절).

11장
미래의 하나님 나라
- 요한계시록 20장~21장 -

1. 천년왕국(계 20장)

 이제 우리의 종말론은 그 마지막 골인지점에 도착하였다. 적그리스도가 온 세상의 군대를 모아 예루살렘을 침입하였을 때에 하나님의 심판이 시작되었다. 백마를 타신 예수님이 입에 칼을 가지고 강림하셔서 그들을 사로잡고 철장으로 세계를 다스리신다. 이제 이 세상의 역사는 끝난 것이다. 다니엘 2장에서 시작된 종말론이 여기에서 마감한다. 그러나 계시록은 세상의 심판으로 끝나는 것이 아니다. 영원한 하나님의 나라가 세워지는 것으로 끝나야 하는 것이다. 다니엘 2장에서는 세상을 지배하는 네 왕국들이 나타났고, 마지막에 사람의 손으로 하지 아니한 작은 돌이 신상들을 쳐부수고 온 세상에 가득 차게 되었다. 이것이 영원한 하나님의 나라였다. 결국 다니엘 2장의 목적은 세상에 대한 심판이 아닌 영원한 하나님의 나라가 세워지는 것이 그 목적이었던 것이다. 계시록 19장에 작은 돌이신 예수님께서 임재하셔서 세상왕국들을 쳐부수었다. 20장에는 그가 자신이 친히 다스리는 왕국을 건설하시는 것이다.
 계시록 20장의 내용을 간추려 보면 다음과 같다. 천사가 하늘에서 내려와서 용(사단)을 잡아 무저갱에 던져 잠그고 천 년 동안 인봉한다. 많은 보좌들이 놓였고 거기에 앉은 자들이 심판하는 권세를 가졌다. 즉 짐승과 우상에게 경배하지 아니하고 목베임을 당한 자들이 살아서 그리스도로 더불어 천 년 동안 왕노릇한다. 이것을 첫째 부활이라고 부른다. 천 년이 차매 사단이 옥에서 놓여 곡과 마곡의 전쟁을 일으킨다. 하늘에서 불이 내려와 저희들을 소멸하고 마귀가 불과 유황못에 던지운다. 하늘과 땅들이 죽은 자들을 내어주고 그들이 백보좌에 앉은 하나님에게 마지막 심판을 받고 불못에 던지운다. 이를 둘째 사망(첫째 부활과 대조하여)이라고 부른다.

 계시록 20장은 하나님의 왕국임에는 틀림없으나 이 왕국 이전에 예수님이 재림하실지 아니면 왕국 이후에 재림하실지에 대한 논란이 극심하다. 재림 이후의 왕국이라면 미래에 이루어질 것이며, 재림 이전이라면 현재 교회에서 이미 이루어진 영적인 하나님의 나라를 말한다.

 또한 본문에 나타나는 이 왕국의 천 년이라는 기간이(계 20:4, 6) 실제 기간인지 아니면 영적인 의미인지에 대한 의견의 일치가 쉽게 이루어지지 않는다. 재림 이후에 이 왕국이 이루어진다는 쪽에서는 대체로 천 년을 사실적인 기간으로 본다. 이것을 재림 이전에 영적인 하나님의 나라로 해석하는 사람들 중에는 천 년이라는 숫자는 영적인 숫자로서 신약시대의 전 기간을 의미한다는 사람과 또 천 년이라는 어떤 정해진 기간이 교회시대에 있을 것으로 믿는 사람들로 나누어진다.

 우리는 먼저 이 왕국에 대한 세 가지 견해들을 개략적으로 살핀 후에 최후의 우리의 입장을 정리하고자 한다.

(1) 무천년기설

 무천년론자들은 요한계시록 20:4~6에 나타나는 천 년 동안의 왕국은 이미 죽은 신자들의 영혼들이 하늘에서 그리스도와 함께 현재적으로 통치하고 있으며, 현재의 교회에서 영적인 생명을 얻은 성도들이 왕국시대에 살고 있는 것으로 해석한다(후크마, 1986: 240 이하를 참조하라). 요한계시록 20장에 나타나는 사단의 결박은 그리스도의 초림과 재림 사이의 전기간 동안에 있는 것으로 그들은 생각한다. 따라서 천 년의 기간은 실년수가 아니라 초림과 재림 사이의 전기간을 의미하며, 천년왕국이란 영적인 하나님의 나라 즉 교회에서 실현되었다고 한다. 따라서 무천년주의자 중 어떤 사람은 '무천년기론'(amillennialism)이라는 용어보다 '실현된 천년기론'(realized millennialism)이라고 표현하는 것이 바람직하다고 한다(후크마를 참조하라). 천년왕국은 이미 교회를 통하여 실현되었고 이 영적인 (천년)왕국 이후에 예수님이 재림한다고 본다.

그렇다고 해서 그들이 예수님의 재림 이후에 있을 미래의 왕국을 부인하는 것이 아니다. 그들도 장차 올 영원한 하나님의 왕국을 바라본다. 그러나 동시에 현 세상에서 성령님을 통하여 그리스도께서 교회를 통치하시는 현재의 하나님의 나라도 역시 강조하는 것이다. 그리고 현시대에 종말론적인 축복들을 이미 향유하고 있다는 것이다.

이 주장의 가장 큰 약점은 현재에 사단이 과연 결박당한 상태이냐는 것이다. 신약성경은 마귀의 역사를 강조하면서 우리가 그들과 대항하여 싸우라고 말하고 있다는 것이다(이러한 문제는 뒤에 다루겠음).

예수님 초림		예수님 재림
	교회시대	
	천년왕국	영원한 왕국

(2) 후천년기설

후천년기설(postimillennialism)은 천년왕국 이후에 예수님이 재림한다는 것이다. 후천년기설은 무천년기설과 중요한 여러 부분들이 같다고 생각된다. 둘 다 천 년 기간이 재림 이후에 있을 왕국이 아니라는 것이며, 이미 교회에서 영적으로 이루어지는 그리스도의 통치기간이라는 것이다. 즉 사단이 현 교회시대에 결박을 당하였고 성도들이 이미 영적으로 통치하고 있다는 것이다. 둘 다 20:6에서 말하는 첫째 부활은 현재 그리스도인들이 영적으로 거듭나는 것이라고 주장한다. 그리고 둘 다 천년왕국 이후에 예수님이 재림하신다는 것이다.

그러나 후천년설이 무천년설과 다른 차이점은 교회시대 중간에 어떤 큰 변화가 있다는 것이다. 전천년기설은 갈보리 십자가사건 이후 사단이 결박당하였다고 말하나 후천년기설은 교회시대에 아직 사단이 활동하고 있다는 것이다. 그러나 후천년기설은 이 세상 역사 중 어느 시기에 이르면 사단이 결박함을 당하여 천 년 동안 갇혀있을 것이며 따라서 그때는 이 지구상에 거의 대부분의 거주민들이 복음으로 돌아오며(유대인들도 대거 개종이 있을 것임) 이 지상에서 그리스도의 통치가 이루어질 것이다. 이때에 죄가 완전히 제거될 것은 아니지만 최저의 상태로 감소될 것이다. 사회, 경제, 정치, 문화도 크게 개선되어 풍요를 누릴 것이다. 그러나 마지막 때에 사단이 놓임을 받아 악이 다시 들어오고 이로 인하여서 적그리스도가 나타날 것이며 세상의 교회에 대한 대대적인 공격이 있을 것이다. 그때에 예수님께서 재림하셔서 세상을 심판하고 영원한 왕국을 이룰 것이다.

이 주장의 가장 큰 약점은 과연 이 세상역사 중 어느 때에 교회가 전세계적으로 확장되며, 과연 그때에는 땅 위의 모든 사람이 복음에 참여할 수 있을 것인가 하는 문제이다.

```
예수님 초림                    예수님 재림
    |          교회시대           |
    |_____|_____|_____
                          |  천년왕국  | 영원한 왕국
```

(3) 전천년기설

　전천년기설(premillennialism)은 천년왕국 전에 예수님의 재림이 있다는 것이다. 앞의 두 개의 설들과 전천년설이 다른 점은 전자들은 왕국을 예수님의 영적인 통치로 보는 반면 후자는 계시록 20장의 천년왕국은 재림 후에 있을 예수님의 실제적인 통치로 보는 점이다. 전자들은 교회에서 이루어졌다고 하나 후자는 아직 교회시대에 이루어진 것이 아니라 재림 이후에 성취될 것으로 본다.
　무천년설과 전천년설이 극과 극의 주장이라면 후천년설은 중간에 해당하는 설이라 할 수 있다. 후천년설과 전천년설이 많은 다른 점을 내포하고 있으나 그러나 의외로 공통점이 많다. 둘 다 1,000년이라는 기간을 실연수로 본다는 점과, 둘 다 예수님의 지상통치를 말한다는 점이다. 후천년설도 지상에 사단의 역할이 없는 세계를 말하며, 죄가 극도로 감소되고 예수님의 통치가 이 땅 위에 만연하게 된다는 것이다. 이 점들은 전천년설과 거의 유사하다고 생각된다. 더욱이 서로가 공통점을 가지는 것은 구약에서 묘사되는 하나님의 왕국 즉 예를 들면 이사야서 11:6~9과 같은 묘사를 천년왕국시대의 것으로 본다는 것이다. 이사야 본문은 자연세계까지 평화가 깃들 것이며("이리와 양이 함께 거하며…") 하나님을 아는 지식이 온 세상에 편만할 것을 말한다. 전천년설은 물론 이러한 구절들을 천년왕국에 대한 묘사로 보지만 후천년설도 이것이 지상에 이루어질 천년왕국에 대한 것으로 본다. 후천년설에 의하면 이 세상 마지막 천 년 기간 중에 복음이 널리 퍼져서 거

의 대부분의 사람들이 하나님을 알게 된다는 것이다. 그리고 전쟁이 없는 평화가 온 세상에 가득할 것이라고 한다.

후천년과 전천년이 크게 나뉘어지는 것은 후천년설은 예수님 재림 전에 이 세상 역사 속에서 천년왕국이 이루어진다는 것과 전천년설은 재림 후에 이루어진다는 것이다. 또 서로 차이가 난다면 전천년설의 천년왕국은 후천년설이 생각하는 것보다 좀더 완벽한 하나님의 나라가 될 것이라는 것이다. 즉 계시록 20:6의 부활을 중생한 자로만 보는 것이 아니라 실제로 육체적 부활을 한 사람이며, 부활한 성도들이 천년왕국에 참여한다는 것이다. 고린도전서 15:51~53에 주님이 재림하실 때에 죽은 성도들이 부활하고 살아있는 성도들도 더 이상 썩지 아니할 새 몸을 입을 것이다. 그들이 변화된 영화로운 몸으로 천년왕국에 참여할 것이다.

구약에 있는 이사야 11장과 같은 본문도 인간세상에만 평화가 있을 것이 아니라 자연세계까지도 변화받아 평화가 깃든다는 것이다. 즉 크게 구분을 짓는다면 후천년설은 아직 육체적인 변화가 없으며 자연세계가 변함없이 현 역사 속에서 천년왕국이 이루어진다는 것이며, 전천년설은 예수님이 재림하여 천지가 변하고 자연세계까지 회복되며, 성도들이 부활한 몸으로 왕국에 참여한다는 것이다.

전천년설에 의하면 천 년 동안 사단이 결박되어 죄는 급격히 감소될 것이며, 예수님이 통치함으로 말미암아 세상에 완전한 평화가 깃들 것이다. 성도들은 부활하여(이를 첫째 부활이라고 부름) 이 왕국에 참여하여 그리스도와 함께 세상을 통치하고 제사장으로서 하나님께 봉사할 것이다. 그러나 1,000년이 지나면 사단은 잠시 동안 풀려나와 다시 곡과 마곡의 전쟁을 일으키고, 마지막 백보좌심판으로 모든 악의 세력은 영영히 지옥불에 던지워진다. 이와 아울러 죽은 자들이 모두 살아나서 심판대에 설 것이며 그들에게 최후의 심판이 있을 것이다(이를 둘째 사망이라고 함).

무천년설은 계시록 20장을 영적으로 해석하는 반면에 전천년설은 계시록 본문을 여자적으로 해석하였으며, 후천년설은 어떤 면에서는 영적으로 어떤 면에서는 여자적으로 해석한 결과라고 생각된다. 전천년설의 가장 큰 약점으로 공격을 받는 점은 이루어진 하나님의 나라에서 과연 다시 반란이 일어날 수가 있을 것인가 하는 문제이다(이것은 뒤에 다룰 것이다).

```
        예수님 초림              예수님 재림
            |       교회시대        |
    ————————+———————————————————+———————————+————————
            |                   | 천년왕국  | 영원한 왕국
```

(4) 세대주의자들의 전천년설

세대주의자들은 역사적 전천년기설을 주장한다. 계약신학자들 중에는 무천년기설을 주장하는 사람도 있는 반면 전천년기설을 주장하는 사람도 있다. 그러나 세대주의자들은 역사적 전천년기설 외에는 있을 수 없다. 그러나 그들 중에는 천년왕국의 상태에 대하여 견해를 달리하기도 한다. 혹자는 천년왕국에 성도들이 참여하지만 유대인들도 참여하여 왕국시대에 유대인들이 대거 주님께 돌아올 것이라고 주장하기도 한다(롬 11:26에 근거한다). 그러나 그보다도 더 대중적인 것은 천년왕국에 휴거된 성도와 휴거되지 못한 성도들 두 부류의 성도들이 참여할 것이라고 한다. 그들은 7년 대환난 전에 예수님이 공중에 재림하며, 그때에 교회는 휴거되어 올라가고(살후 2:7을 참조하라) 남은 사람들에게 적그리스도가 나타나서 대환난을 일으킨다고 한다. 이 환난의 기간 중 유대인들이 거족적으로 복음에 돌아올 것이라고 한다. 7년 간 주님이 공중에서 성도들과 함께 혼인잔치에 참여한 후 주님은 마지막으로 성도들과 함께 지상에 재림할 것이다. 그때에 휴거되어 올라간 사람들은 변화받은 영화로운 몸으로 천년왕국에 참여할 것이나 휴거되어 올라가지 못한 사람은 현 육체대로 왕국에 참여할 것이다. 천년 후에 사단이 놓여 세상을 유혹할 때에 이 육체대로 남아있던 성도들이 반란에 동참할 것이다(필자가 장두만 교수와 현대종교 1991. 4월호부터 10월호 사이에 휴거에 대하여 지상논쟁(紙上論爭)한 것을 참조하라).

그러나 우리는 먼저 휴거가 7년 대환난 전에 있다는 것을 성경에서 찾을 수 없다(한정건, 1991: 46~59를 참조하라). 또한 이스라엘이 하필이면 성도들이 휴거되고 난 후에 대거 복음으로 돌아온다고 증언하는 곳도 필자는 찾아볼 수 없으며, 천년왕국에 휴거되어 몸의 변화받은 성도와 휴거되지 않아 변화받지 못한 성도들을 구분하는 것도 성경적 근거를 찾을 수 없다.

그들이 주장하는 바를 도표로 그리면 다음과 같다.

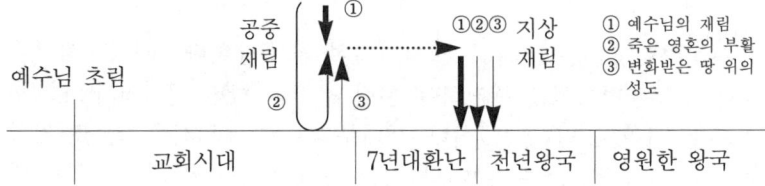

(5) 천년기설의 신학적 중요성

우리는 무천년이든 전천년이든 천년설 자체에만 국한시킨다면 그리 크게 문제될 것이 아니라고 본다. 양쪽 다 예수님의 재림 이후에 있을 영원한 하나님의 나라를 인정한다. 그 하나님의 나라가 그냥 영원하든 아니면 천 년 기간 동안 어떤 다른 상태로 일시 존재하다가 다음에 영원한 나라로 들어가든 그리 큰 차이는 없다고 생각된다. 1,000년이라는 숫자는 계시록 20장에만 나타나기 때문에 다른 성경에서도 이를 뒷받침해주기가 힘들다. 따라서 이러한 애매한 구절을 해석하는 데는 여러 이견들이 있을 수 있다고 생각된다. 역대로 천년왕국에 대한 논쟁은 끝없이 반복되어 오면서도 아직까지 학자들 사이에 뚜렷한 합의점에 이르지 못하고 있는 것이 현실이다. 따라서 우리는 천년왕국에서 만큼은 자기의 확신이 어느 쪽으로 기울어지든 상대방의 의사를 존중할 줄 알아야 한다고 생각된다.

그러나 우리는 천년왕국과 관련된 다른 문제가 있기 때문에 이것을 쉽게 넘어갈 수 없음을 인식하게 된다. 이것은 단순하게 천년왕국에 관한 것에만 국한되지 아니하기 때문이다. 천년왕국에 한에서만은 상대방의 의견을 존중하자는 본인의 태도도 역시 문제가 계시록 20장을 넘어서서 다른 구절에까지 확산될 때에는 양보할 수 없는 상황임을 인식하지 않을 수 없다는 것이다. 그만큼 이 왕국의 문제는 전(前)이냐 후(後)이냐 아니면 무(無)이냐의 문제를 떠나서 그와 연관된 여파가 너무나도 크다.

왕국을 어떤 것으로 보느냐에 따라 성경 다른 곳을 어떻게 해석하느냐에 큰 영향을 미친다. 특히 선지서들을 어떻게 해석해 나갈 것인가 하는 문제와 연관된다. 쉽게 말하면 구약에는 많은 구절들이 앞으로 이루어질 하나님의 나라에 대하여 묘사하고 있다. 무천년주의자들은 이들의 구절을 영적으로 해석하여 이미 교회에 이루어진 것으로 주장한다. 반면 전천년주의자들은 이것을 예수님 재림 이후에 있을 하나님의 나라로 본다. 후천년주의자들은 때로는 어떤 구절들은 그러한 미래왕국이 재림 전천년 기간 동안에 이루어질 것으로 보기도 한다. 성경해석을 이렇게 영적으로 해석하느냐 아니면 여자적으로 해석하느냐는 비단 하나님의 왕국에 대한 구절들만에 국한되지 않는다. 이스라엘과 교회의 문제도 마찬가지다. 구약의 많은 부문에서 이스라엘의 회복에 대하여 말씀하고 있다. 영적인 해석을 위주로 하는 무천년주의는 이스라엘은 신약교회를 가리키며 이스라엘에 관한 예언들은 거의 다 교회에서 이미 이루어졌다는 것이다. 반면에 전천년주의는 가능한 여자적으로 해석하는 원리에 입각하여 이스라엘은 문자 그대로의 이스라엘에게 주어진 회복으로 생각하는 것이다. 구약의 많은 부분이 이스라엘의 역사이고 특히 예언서들의 대부분은 이스라엘의 고난과 회복에 대한 내용으로 엮어져 있다. 천년왕국을 어떻게 해석하느냐의 문제는 결국 엄청난 분량의 구약성경을 어떻게 해석하느냐의 문제로까지 파급되는 것이다.

또한 우리가 여태까지 다루었던 종말적인 성경구절들도 무천년주의자들은 교회에 영적으로 이루어졌든지 아니면 교회시대의 전 기간에 있을 일반적인 사건들로 보려는 경향이 있는 반면, 전천년주의는 이러한 구절들이 마지막 때에 역사적으로 일어날 사건으로 보는 것이다. 결국 우리는 천년왕국에 대한 문제가 왕국 그 자체에만 머무르지 않게 된다면 우리는 이 논쟁에 깊이 뛰어들지 않을 수 없는 상황에 직면하게 되는 것이다.

우리가 종말론 강해를 여기까지 해 온 이 상태에서 주의깊은 독자들은 필자가 이미 어느 노선에 서있는지를 간파하였을 것이다. 필자는 다니엘과 계시록 그리고 스가랴서 등까지도 가능한 한 여자적으로 해석해야 함을 누누이 강조하였다. 그러한 성경의 기록들이 마지막 때에 일어날 역사적인 사건들로 보았다. 마찬가지로 계시록 20장도 여자적으로 그리고 역사적인 사건으로 해석하기를 원한다. 따라서 필자의 견해는 역사적 전천년설이 될 수밖에 없다.

우리는 먼저 계시록 20장 자체를 해석하도록 하겠다. 그리고는 아울러 천년왕국을 증명할 수 있는 구약의 성경구절들을 살펴보기로 하겠다. 흔히 천년왕국은 계시록 20:1~7에만 나타나는 것이라고 말한다. 그러나 하나님께서 이처럼 중요한 것을 단지 이 한 곳에만 주었다고 생각하지 않는다. 천 년이라는 숫자는 다른 어느 곳에서도 나타나지 않지만 천년왕국과 연관될 만한 많은 구절들이 성경 다른 곳에 있다. 구약의 많은 구절들은 이 땅 위에 이룩하게 될 평화롭고 풍요한 나라를 묘사하고, 그곳에서는 하나님을 아는 지식이 편만할 것을 말하고 있다. 우리는 구약의 대표적인 구절들 몇 절만 살핌으로써 천년왕국을 증명해 보도록 하겠다.

2. 계시록 20장의 재해석

(1) 계시록 19장과의 관계

 계시록 19장 마지막 부분에서 "만왕의 왕이시요 만주의 주"이신 한 분이 철장으로 만국을 다스리시기 위하여 백마를 타고 오시는 광경을 보았다. 그는 땅 위의 임금들과 장군들과 용사들과 싸워 그들을 죽이며 또 결박하셨다. 우리는 이 사건이 초림의 광경인지 아니면 재림의 모습인지를 먼저 밝혀야 할 것이다. 이 장면이 예수님의 초림의 광경이면, 20장에서 그가 다스리는 것은 복음으로 세상을 정복하는 것을 상징적으로 묘사한 것으로 보는 것이 당연하다. 반대로 재림의 모습으로써 그가 땅 위에 오셔서 땅 위의 모든 적들을 물리치고 난 이후에, 땅 위에 자기의 왕국을 건설하여 다스릴 것에 대한 내용으로 다음 장이 이어질 것으로 기대할 수 있을 것이다.
 혹자는 "그 입에서 이 한 검이 나오니 그것으로 만국을 치겠고"라는 말에서 '입의 검'은 상징적인 표현이며 따라서 이 구절 전체도 상징적인 묘사로 영적으로 해석할 수 있다고 할지 모른다. 그러나 데살로니가후서 2:8에서도 주님이 강림하시기 전에 나타날 불법한 자(적그리스도)를 주 예수께서 "그 입의 기운으로 저를 죽이시고 강림하여 나타나심으로 폐하시리라"고 하였다. 이 구절에서 바울은 '그 입의 기운'을 묘사함에서 그것을 현재 이루어지고 있는 복음으로 말하는 것이 아니라 미래에 있을 주님의 재림과 관계된 것으로 말한다. 바울이 '그 입의 기운'이라고 말할 때에 아마도 이사야 11:4을 이해하였기 때문에 그와 같은 묘사를 사용하였으리라고 생각된다: "그가 공의로 빈핍한 자를 심판하며… 그 입의 막대기로 세상을 치며 입술의 기운으로 악인을 죽일 것이며 공의로 그 허리띠를 삼으며…" 이사야서 본문은 이어서 그리스도가 다스리는 그 나라에 대하여 자세히 설명한다. 그 나라는 짐승들

사이와 짐승과 사람 사이에 평화가 있을 것이며 하나님을 아는 지식이 온 땅에 편만할 것이다(사 11:6~9).

따라서 우리는 계시록 19장은 예수 그리스도의 재림에 관한 것임을 확신할 수 있으며, 이것은 영적으로 해석할 수 없는 역사적인 사건이다. 그리고 19장에서 재림하시는 예수님은 만국을 다스릴 만왕의 왕이심을 말하고 있음을 유의할 필요가 있겠다. 비록 무천년주의자들도 대다수가 이것이 예수 그리스도이며, 그의 재림을 의미함을 의심하지 않는다.

그러면 이어서 나오는 계시록 20장은 19장과 어떤 관계가 있는지를 살펴야 한다. 과연 20장이 19장의 본문과 연관된 것인지 아니면 19장과 전혀 관계없는 새로운 일을 시작하는 단원인지를 밝혀야 한다. 즉 19장은 예수님의 재림인데 20장은 재림과 전혀 상관없고 초림과 관련된 독자적인 기사이냐는 것이다. 또한 19장은 역사적인 묘사로 해석해야 하지만, 20장은 역사적인 것이 아닌 상징적인 의미로 해석해야 하도록 문장의 스타일이 앞 장과 단절된 전혀 다른 장르로서 이루어졌느냐 하는 것이다.

우리는 20장을 자세히 읽으면 결코 19장과 분리시킬 수 없음을 발견하게 된다. 19:20에 짐승(거짓 선지자)과 거짓 선지자가 사로잡혀 산 채로 유황불 못에 던지워졌다. 20:1은 다음과 같이 시작된다: "또 내가 보매 천사가 무저갱 열쇠와 큰 쇠사슬을 그 손에 가지고…용을 잡으니 곧 옛 뱀이요 마귀요 사단이라." 계시록 13장 이후로 용과 짐승 그리고 거짓 선지자는 함께 짝을 이루어 일한 모습이 나타났다. 계시록 16:13은 용과 짐승과 거짓 선지자가 함께 세상 임금들을 미혹하여 아마겟돈 전쟁을 일으켰다. 19장의 예수님 재림의 모습은 이 아마겟돈 전쟁과 연관되었다. 예수님이 전쟁하는 모습으로 내려와서 짐승과 거짓 선지자를 사로잡고 이어서 용도 잡는 것이다. 따라서 20장은 새로운 단원이 시작되는 것이 아니라 19장의 연속이다. 이에 대한 증거가 20:10에서 더욱 명확하게 나타난다: "또 저희를 미혹하는 마귀가 불과 유황 못에 던지우니 거기는 그 짐승과 거짓 선지자도 있어 세세토록 밤낮 괴로움을 받으리라." 따라서 20장은 19장의 연속이다. 즉 19장은 예수님 재림이지만 20장은 예수님 초림에서 재림 사이에 있을 교회의 기간이라는 논리는 도저히 맞지 않는다.

또한 천년왕국에는 "짐승과 그의 우상에게 경배하지도 아니하고 이마와 손에 그의 표를 받지도 아니한 자들이" 살아서 참여한다(20:4). 짐승과 그 우상에 경배하는 자들에게 이마와 손에 표를 주는 것은 계시록 13장에 기록되었다. 무천년주의자들도 13장의 짐승을 적그리스도라고 해석한다. 그렇다면 20장의 왕국은 적그리스도의 활동 후에 있을 것이 분명한 것이다.

계시록은 항상 시간적인 순서로 이루어진 것이 아니라 구조적인 순서로써 이루어졌음을 본인이 강조하였다. 그러나 이러한 구조는 계시의 진전이라는 흐름이 있었다. 계시록이 적그리스도에 대한 사건을 말하다가 갑자기 교회 전기간에 대한 것으로 바뀌는 등으로 엮어지지 않았다. 그리스도의 재림이 이야기되다가 갑자기 재림과 관계가 없는 초림 이후에 있을 전기간으로 구조가 그렇게 어지럽게 이루어져 있지 않다.

19장은 예수님의 재림이다. 그가 '만왕의 왕'으로서 철장을 가지고 만국을 다스리겠다고 하였다. 그가 적그리스도와 거짓 선지자들을 사로잡았다. 적그리스도와 거짓 선지자는 여태까지 용에 의해 컨트롤되어 왔다. 용이 적그리스도에게 능력과 보좌와 권세를 주었다(13:2 이하). 그리고 그의 사주에 의해 아마겟돈 전쟁까지 일으킨 것이다(16:13). 적그리스도는 온 세상을 정복하고 다스렸다. 적그리스도가 다스린 세상은 바로 용이 지배하였다고 해도 과언이 아니다. 용과 짐승 그리고 거짓 선지자는 항상 함께 일을 해 왔다(13장과 16장). 이제 적그리스도와 거짓 선지자들을 사로잡았는데 만약 용을 사로잡지 않고 남겨두어서 어찌 그가 철장으로 만국을 다스린다고 할 수 있는가. 따라서 적그리스도와 거짓 선지자를 사로잡은 주님이 그 다음으로 용을 사로잡는 것은 당연한 순서이다. 따라서 20장의 천년왕국은 예수님의 재림에 이어서 이루어지는 것으로 보는 것이 문맥상에서 가장 자연스럽다.

(2) 천 년 동안 사단을 결박함

천년왕국 논쟁에서 큰 이슈는 사단이 천 년 동안 결박된다는 부분이다. 무천년주의자는 예수님께서 부활하심으로 사단의 권세를 깨뜨리셨고 이것을 사단이 결박된 것이라고 말한다. 후천년주의자는 현역사의 어느 시점에 이르면 사단이 결박당한다고 말한다. 후천년주의자 중의 어떤 이는 주후 800년경 프랑크족(독일계)들이 대거 기독교화된 때가 사단이 결박된 계기가 된 것으로 해석하기도 한다. 그러나 그때 이후에 세상은 악이 급격히 줄어들지 않았으며 복음이 세상에 충만하지도 아니했다. 그리고 주님 오시기 전에 천 년에 해당하는 기간에 이런 일이 있을 것으로 보기 힘들다.

그러면 무천년주의자들이 주장하는 것과 같이 예수님의 초림으로 과연 사단이 결박되었는가? 현 교회시대에 과연 사단이 무저갱에 던져 잠그고 인봉되어진 상태인가? 무천년주의자들은 계시록의 기록된 사건들을 영적 내지 교회시대 전기간의 사건으로 거의 대부분을 해석해 왔다. 20장에 와서도 그들의 그러한 성경해석 태도가 나타나서 역시 교회시대 전체의 것으로 본다. 그러나 그들의 그러한 성경해석에 자체모순이 너무 많이 발견된다. 예를 들면 그들은 12장을 교회시대 전체로 해석하였다. 12장의 내용인즉 용(사단)이 여인을 1,260일(혹은 세 때 반)동안 광야에서 핍박하였다. 그들은 이것을 교회(여인)가 환난을 당하는 것으로 해석하였다. 만약 그들이 20장에서도 용이 천 년 동안 결박받는 것도 교회 전체의 기간이라고 해석한다면 20장에는 용이 결박당하여 이 기간 동안 무저갱에 갇혔는데, 또 어떻게 12장에서는 교회를 핍박하고 있는가?

계시록 13장에서 용이 하는 역할은(짐승을 앞세워, 계 13:2) 전쟁을 일으키고 하나님을 대적하고 성도들을 핍박하며, 우상숭배하게 하며 경제를 통제하는 것이었다. 일단 우리가 용의 하는 역할을 정의해 놓고 무천년주의자들이 성경을 해석한 부분들을 검토해 보자. 그들은 계시록 6장에서 전쟁, 기근, 온역, 성도들의 대환난 등을 교회시대의 전기간으로 보았다. 만약 용이 결박되었으면 어떻게 그것들을 교회의 전기간으로 그들은 해석하는가. 계시록 20장을 영적으로 해석하려고 했으면 그들은 6장을 세상 마지막 때에 사단이 잠시 풀려서 일으킬 것으로 해석해야 하지 않겠는가?

또한 11장의 해석을 보자. 무천년주의자들은 어김없이 여기에도 그들의 특유한 성경 해석법인 교회 전기간으로 해석한다. 11장은 전쟁으로 인하여(주후 70년 로마의 전쟁) 예루살렘과 성전이 이방의 손으로 넘어가는 것으로 해석한다. 그리고 이러한 어려운 중에서도 두 증인들이 예언하고 있다. 이것은 교회 전기간 동안 교회가 끊임없이 활동하고 있는 상황으로 그들은 이해한다. 이방인들이 예루살렘을 멸망시키고 교회도 계속 핍박하고 있다고 하는 그들이 주장하는 상황은 용이 결박되었다는 것과 맞지 않는다.

그들이 영적으로 해석하는 성경해석법을 고수하다보니 이처럼 해석해 놓은 내용들이 서로 상충된다. 이러한 내용의 상충을 피하기 위해 즉 20장과 계시록 앞부분들을 맞추기 위해 앞부분들의 내용이 마귀가 천 년 이후에 풀려날 마지막 시대의 사건들로 해석하면 이것은 역사적인 해석법이 되어서 그들의 해석원리가 손상을 입는다.

더 나아가서 용의 결박문제를 다시 생각해 보자. 20장에서 용이 결박되었다면 용이 주로 하는 역할이 급격히 감소되었느냐는 것이다. 예수님의 갈보리 사건 이후 과연 이러한 전쟁이 없어졌거나 적어도 급격하게 감소되었는가? 전쟁은 예수님 이전이나 이후 동일하게 계속되었다. 성도들을 괴롭히는 것도 교회 전기간을 통해서 계속되어 오지 않았는가? 또한 죄악이 예수님 이전보다 현교회시대에 급격하게 감소되었는가? 하나님을 대적하는 일도 감소되었는가?

더욱 중요한 것은 신약성경에서 예수님 이후에 사단이 역할을 중지할 것임을 증거하고 있는가? 성경은 그 반대를 증언하고 있다. 신약의 서신들은 우리에게 다음과 같이 경고한다: "근신하라 깨어라 너희 대적 마귀가 우는 사자같이 두루 다니며 삼킬 자를 찾나니 너희는 믿음을 굳게 하여 저를 대적하라"(벧전 5:8~9 상반절), "마귀의 궤계(詭計)를 능히 대적하기 위하여 하나님의 전신갑주를 입으라 우리의 씨름은 혈과 육에 대한 것이 아니요 정사와 권세와 이 어두움의 세상 주관자들과 하늘에 있는 악의 영들에게 대함이라"(엡 6:11~12). 만약 사단이 결박되어 갇히었다면 사도들이 우리에게 이렇게까지 악의 영에 대하여 싸울 준비를 하라고 권면하지 않았을 것이다.
　우리는 성경 어디를 보나 교회시대에 사단이 결박당하여 활동하지 못하고 있는 증거를 볼 수 없다. 사단은 살아있어 끊임없이 교회와 성도들을 공격하고 있는 것이다. 성경은 오히려 사단을 대항하여 싸울 준비를 하되 특히 그들을 이기기 위해서 영적인 무장을 단단히 할 것을 가르치고 있다.
　계시록은 전체적으로 사단의 역할을 묘사하고 있다. 그가 끊임없이 전쟁을 일으키고 교회를 핍박한다. 그가 옛뱀으로서 특히 성도들을 미혹하여 하나님을 떠나 자기의 우상을 섬기도록 하는 역할도 중요하게 취급하고 있다. 계시록 전체를 통하여 이렇게 세상을 향해 그리고 교회를 향해 있을 사단의 역할을 기록하다가 19장에 예수님이 재림하셔서 사단의 앞잡이들을 결박하고, 20장에서 사단도 잡아 결박하는 것이다. 이로써 더 이상 미혹이 없으며 전쟁이 없는 평화의 왕국이 천 년이라는 기간 동안 계속된다. 이것이 가장 합당한 해석이라고 생각된다.

(3) 첫째 부활과 둘째 사망

　천년왕국에서는 첫째 부활한 자들이 왕국에 참여하여 그리스도와 더불어 왕노릇 한다(20:4~6). 무천년주의자들은 이 첫째 부활을 그리스도인들이 중생함을 입는 것을 의미한다고 한다. 그러나 우리는 계시록 본문의 문맥에서 과연 이 부활이 중생을 의미하는 것인지를 살펴보아야 하겠다.

본문은 다음과 같이 기록한다: "예수의 증거와 하나님의 말씀을 인하여 '목베임을 받은' 자의 영혼들과 또 짐승과 그의 우상에게 경배하지도 아니하고 이마와 손에 그의 표를 받지도 아니한 자들이 '살아서' 그리스도로 더불어 천 년 동안 왕노릇하니 그 나머지 죽은 자들은 천 년이 차기까지 '살지 못하더라' 이는 첫째 부활이라 이 첫째 부활에 참예하는 자들은 복이 있고 거룩하도다 둘째 사망이 그들을 다스릴 권세가 없고…"(20:4 하반절~6절). 우리는 본문에 나타나는 '살아서'(εζησαν)가 과연 육체적인 부활을 의미하는지 아니면 영적인 생명을 얻음을 의미하는지를 판단해야 할 것이다.

무천년주의자들은 헬라어 εζησαν은 육체적인 생명을 의미한다고만 할 이유가 없다고 주장한다. 그러나 우리는 문맥에서 이 말이 어떻게 쓰였는지를 살펴보자. 먼저 '살아서'는 바로 앞에 '목베임을 받은'과 비교되고 있다. 따라서 본문의 '살아서'는 육체적으로 죽었다가 살아난 것을 말함이 분명하다. 혹시 무천년주의자들은 그들이 목베임을 받았지만 그들의 영혼들은 살아서 하늘나라에서 그리스도와 함께 왕노릇함을 의미한다고 할는지 모르겠다. 만약 본문에서 '살아서'라는 말 하나만 있으면 그렇게 해석할 가능성이 있을는지 모르겠다. 그러나 본문은 이어서 이것은 '첫째 부활'(η αναστασις ʽη πρωτη)이라고 말하고 있다. 그러면 목베임을 받고 영혼이 천국가는 것을 첫째 부활이라고 할 수 있는가? 따라서 가장 자연스러운 해석은 앞에 '목베임을 받아' 죽은 것과 대비하여 그들이 육체적으로 '살아나서' 그리스도의 왕국에 참여하며 이것을 부활이라고 부르는 것이 가장 합당하다.

또한 본문은 적그리스도의 표를 받지 아니하고 죽은 자들이 살아나는 것과는 대조적으로 나머지 죽은 자들이 살아나지 못하는 것을 비교하고 있다. 전자를 '첫째 부활'이라고 하고 후자를 '둘째 사망'이라고 한다(성도들의 부활을 첫째와 둘째로 나누는 것이 아니라 성도들의 부활을 첫째 그리고 불신자들의 부활을 둘째로 부른다). 후자가 '둘째 부활'이라는 말 대신에 '둘째 사망'이라고 불리워지며, 그 이유는 13절 이하에 "바다가 그 가운데서 죽은 자들을 내어주고 사망과 음부도 그 가운데서 죽은 자들을 내어주어서" 살아난 그들은 곧 심판을 받아 불못에 던지워지기 때문에 이것을 둘째 사망이라고 부른다.

그러면 다시 4~6절까지의 본문으로 돌아가자. 우상에게 절하지 않고 예수의 증거와 하나님의 말씀을 인하여 목베임을 받은 자들이 '살아서' 그리스도와 함께 천 년 동안 왕노릇 할 것이나 "그 나머지 죽은 자들은 천 년이 차기까지 '살지 못하더라'"고 하였다. 본문은 '살아나는' 사람과 '살아나지 못하는 사람'들을 비교하고 있다. 무천년주의자들이 전자의 '살아서'를 영적으로 해석하여 중생함을 받는 것으로 해석하면 후자의 얼마 기간 동안 '살지 못하는' 것은 어떻게 해석해야 할 것인가? 헬라어의 같은 단어를 한 문맥 안에서 하나는 영적인 의미로(중생), 하나는 여자적인 의미(육체적으로 살지 못함)로 해석할 것인가? 그러한 해석은 너무도 인위적인 것이 될 수밖에 없다. 만약 둘 다 영적으로 해석한다면 앞에 '살아서'에 해당되는 사람은 중생함을 받아서 천국에 참여할 것이나 뒤에 "천 년 동안 살지 못하더라"에 해당하는 다른 사람은 영적으로 죽은 자가 되었다가 천 년 이후(즉 교회시대가 끝나서) 그들까지도 살아나는 즉 중생함을 받는다는 말인가?

이상에서 볼 때에 '살아서'를 중생으로 보는 무천년주의자의 성경해석은 앞뒤가 도저히 맞지 않으며 정당한 해석이라고 할 수가 없다. 따라서 본문에 '산다'는 말은 성도들이 죽었다가(우상의 표를 받지 않고 말씀과 예수의 증거를 지킨 자가 목베어 죽임당했음) 육체적으로 살아나서 왕국에 참여함을 의미하며 이것을 첫째

11장 미래의 하나님 나라 ◆ 231 ◆

부활이라고 부르고(본문에는 나타나 있지 않지만 이때에 우상의 표를 받지 않고 살아남은 몸이 변화받아 함께 왕국에 참여할 것이다; 고전 15:51~53을 참조하라), 그 외에 죽은 자들(불신자들)은 천 년 동안 살아나지 못하다가 천 년 이후 살아나서 최후의 심판을 받을 것으로 해석하는 것이 가장 순리적이라고 생각된다.

무천년주의자들은 전천년기설에서 성도의 부활과 불신자의 부활이 시간적인 차이가 있는 것으로 봄에 대하여 강하게 공격한다. 그러나 성경에 성도와 불신자가 동시에 부활한다는 구절이 어디에 있는가? 그것은 선입관념에 불과하다. 성도와 불신자의 부활을 증언하고 있는 고린도전서 15:23~24을 보자: "그러나 각각 자기 차례대로 되리니(먼저는) 첫열매인 그리스도요 다음에는 그리스도 강림하실 때에 그에게 붙은 자요 그 후에는 나중이니 저가 모든 정사와 모든 권세와 능력을 멸하시고 나라를 아버지 하나님께 바칠 때라…" 이 본문은 부활의 차례를 말하고 있다. 첫째는 그리스도의 부활이요 그 다음으로는 그리스도의 사람들 즉 신자들을 말함이요 그리고 그 후에는 심판을 받은 자들이다. 본문에서 논란의 대상이 되는 것은 과연 세 가지 부활의 차례가 시간적인가 아니면 영광의 차이(degree)를 나타내는 것인가 하는 문제이다. 물론 이 본문 자체만 보면 두 가지 해석의 가능성이 다 있다고 생각된다. 그러나 그 가능성의 순서를 논한다면 헬라어 부사 'ειτα'(그 후에)가 시간적인 순서로 가장 많이 사용된 것을 생각해야 할 것이다. 그러나 우리는 이 본문과 계시록 20장을 연관지어 생각해야 할 것이며, 부활기사에 따라오는 24~28절의 문맥과 함께 연구해야 할 것이다. 그리하여 두 가지 가능성이 있는 해석 중 어느 것이 가장 문맥적으로 그리고 다른 성경구절과 맥이 통하는 것인지를 판단해야 할 것이다(이것은 뒤에서 이사야 65장을 다루면서 다시 취급하도록 하겠다).

(4) 왕국의 영원성과 완전성 문제

무천년주의자들은 천년설기설이 주님 재림 이후에 있을 왕국이 영원하지 못할 뿐만 아니라 불완전하다는 데에 강한 반기를 든다. 구약에서부터 마지막 때에 세워질 하나님의 왕국은 영원할 것으로 말하지 않느냐는 것이다.

전천년주의자들 중에서도 세대주의자들은 천년왕국이 실패한다고 말한다. 그들은 세대를 일곱 세대로 나누며 모든 세대들마다 다르게 하나님을 섬길 수 있는 방법을 주었으며, 모든 세대들이 다 실패로 끝난다고 한다. 따라서 그들에 의하면 천년왕국도 실패할 수밖에 없는 것이다.

그러나 필자는 이러한 세대주의 원리를 근본적으로 따르지 아니한다. 그리고 천년왕국이 실패로 끝난다는 이론도 받아들이지 아니한다. 천 년 이후에 사단을 옥에서 놓아 한 번 더 세상을 유혹할 기회를 주지만 그들이 결코 그리스도의 왕국을 넘어뜨리지 못한다. 따라서 그것을 실패라고 할 수 없다. 또한 천년왕국이 천 년 후에 끝나고 이것과 완전히 다른 것이 다시 천년왕국을 대치할 것으로도 필자는 생각하지 아니한다(어떤 상태적인 변화는 어느 정도 인정할 수 있지만). 따라서 천년왕국은 영원한 왕국의 시작이다. 다니엘 2:44은 세상 나라들을 쳐부수고 들어설 이 왕국은 영원히 설 것이라고 말한다. 다니엘 7:14에도 이 왕국은 폐하지 아니할 것임을 말한다. 따라서 그리스도의 통치가 시작된 이 왕국이 넘어질 수 있는 것으로 필자는 생각하지 않는다. 잠시 풀려나는 사단의 세력이 결코 이 왕국을 무너뜨리지 못한다. 이 왕국은 영원할 것이다.

그러면 이러한 영원한 하나님의 나라에 어찌 사단이 다시 유혹할 수 있다는 말인가? 구속받은 성도들이 다시 유혹함을 받을 수 있다는 말인가? 사실 필자도 이것이 가장 풀기 어려운 문제임을 시인한다. 구약시대의 선지자들은 여러 경우에서 마지막 때에 있는 메시야 시대를 초림과 재림으로 명쾌히 구분하고 있지 않다. 마찬가지로 오늘날 우리도 미래에 있을 천년왕국과 영원한 왕국을 분리하기는 그리 쉽지 않을 것이라고 생각한다. 또한 천년왕국이 어떤 상태이며 영원한 왕국은 또한 어떠한 것인지를 세밀한 면에서까지 정의를 내리기란 역시 용이한 일이 아니다. 그러나 우리는 성경은 성경으로 해석해야 한다는 해석원리를 바탕으로 하여 이 문제를 조심스럽게 풀어보도록 하겠다.

위의 문제와 관련하여 이 왕국에는 어떤 종류의 유혹을 받을 수 있는 사람들이 있는가에 대한 질문을 해야 한다. 세대주의자들은 천년왕국에 참여하는 자들을 두 가지 종류의 성도들로 구분한다. 첫째는 예수님의 공중재림 때에 공중으로 휴거되어 올라가서 7년 동안 환난을 당하지 않고 공중잔치에 참여한 성도들이 주님의 지상재림 때에 함께 내려와서 천년왕국에 참여한다는 것이다. 둘째는 공중재림 때에 휴거되지 못하고 남은 사람들 중에 7년 대환난을 거치면서 특히 유대인들이 대거 새롭게 믿어 변화받지 못한 상태에서 천년왕국에 참여한다는 것이다. 따라서 그들에 의하면 천년왕국 시대에는 부활하였거나 부활체로 변화받은 성도들이 있는 반면 영광의 몸으로 변화받지 못한 성도들이 있다. 따라서 천 년 후에 사단의 유혹을 받는 사람들은 이 영광의 몸을 입지 못한 성도들이라는 것이다.

그러나 세대주의자들 중에도 어떤 종류의 사람들이 천년왕국에 참여할 것인지에 대한 견해는 여러 가지로 나누인다. 즉 천년왕국에 불신자들도 참여하여 이 기간 중에 특히 유대인들이 대거 믿음으로 돌아올 것이라고 주장하는 사람들도 있다. 그러나 우리는 유대인들이 돌아오는 것이 꼭 천년왕국 때라는 확실한 증거를 찾을 수 없다. 또 어떤 세대주의자들이 주장하는 바와 같이 교회가 들리워 올라가고 난 이후 7년 대환난 중에 유대인들이 돌아온다는 것을 증명할 구절도 찾을 수 없다.

어떤 사람들이 천년왕국에 참여하느냐 하는 문제에 있어서 가장 확실한 것은 부활한 사람들이다. 그러나 주님이 재림하실 때에 부활과 함께 살아있는 성도들도 몸이 변한다. 고린도전서 15:51~52은 다음과 같이 말한다:

"우리가 다 잠잘 것이 아니요 마지막 나팔에 순식간에 홀연히 다 변화하리니 나팔 소리가 나매 죽은 자들이 썩지 아니할 것으로 다시 살고 우리도 변화하리라"

데살로니가전서 4:16~17은 다음과 같이 증언한다:

"주께서 호령과 천사장의 소리와 하나님의 나팔로 친히 하늘로 좇아 강림하시리니 그리스도 안에서 죽은 자들이 먼저 일어나고 그 후에 우리 살아남은 자도 저희와 함께 구름 속으로 끌어올려 공중에서 주를 영접하게 하시리니…"

주님께서 재림하실 때에 먼저 죽은 성도들이 부활하고 살아있는 우리들도 몸의 변화를 받는다. 그리고 공중에서 주님을 기쁘게 영접한다. 재림시에 이렇게 부활체를 입은 이들이 당연히 천년왕국에 참여할 것이다. 계시록 20:4에서도 짐승에게 경배하지 아니한 자들이 "살아서 그리스도로 더불어 천 년 동안 왕노릇하니"라고 말한다.

이상에서 우리는 부활체가 천년왕국에 참여함은 확실하게 해 놓고 그 다음에는 과연 어떤 자들이 천년왕국에 존재할 것이며 또 그 왕국은 어떤 상태의 것이 될 것인지를 성경 다른 곳의 증거들을 통하여 추적해 보도록 하겠다.

3. 천년왕국의 증거들

앞서 필자는 계시록 20장의 천년왕국을 어떻게 해석하느냐에 따라서 구약성경을 어떻게 해석하느냐로 확장되어질 수 있다고 말하였다. 천년왕국을 영적으로 해석하여 교회의 시대에 이미 이루어진 것으로 해석하는 무천년주의자들은 구약의 하나님 나라에 대한 많은 예언들을 이미 교회에 영적으로 이루어진 것으로 해석한다. 반면 역사적 전천년주의자들은 그러한 예언들을 천년왕국 시대에 이루어지는 것으로 해석한다. 그러면 이제 이사야서를 중심으로 한 몇 개의 대표적인 성경구절들을 살펴보도록 하겠다.

(1) 이사야 2:1~5 상반절(미 4:1~5)

이사야 본문은 마지막 날에 시온(예루살렘)이 통치자의 도성이 될 것이며, 열방에서부터 많은 사람들이 통치자에게서부터 나오는 말씀을 들으러 시온으로 참여할 것이다. 통치자는 공의로 민족들을 심판하실 것이다. 세상의 민족들은 더 이상 무기를 만들거나 전쟁을 일으키지 아니할 것이며 이 땅 위에 완전한 평화가 이루어질 것이다. 이사야 2장과 같은 미가 4:1~5에는 사람들은 각자 자기의 포도나무 아래와 무화과 나무 아래 앉아 자기의 열매를 따먹을 것도 묘사하고 있다. 평화를 묘사한 구절이다.

이 본문을 두고 물론 무천년주의자들은 예수님의 초림으로 교회에서 이루어졌다고 주장한다. 그러나 현 교회시대에 모든 열방들이 주님의 말씀을 들으러 다 모이고 있는가? 과연 주님의 통치가 모든 민족들과 민족들 사이에 이루어지고 있는가? 더 이상 세상이 전쟁을 연습하지 않는가? 무기를 농기구로 만들고 있는가? 남의 것을 가로채는 싸움이 없고 완전한 평화가 이루어지고 있는가? 현재 믿는 성도들이 풍성한 열매를 수확하는가?

아직 이 세상은 나라들간에 서로의 주장이 난무하며 이를 판가름할 권위가 없다. 아직 이 세상은 힘센 자의 논리가 이기는 불합리한 일이 얼마나 많이 일어나고 있는가? 전쟁은 끊어지지 않는다. 내가 심은 포도나무를 남이 빼앗아 열매를 따먹어버리는 일이 이 세상 아니 우리 주위에도 얼마나 많은가? 이것들은 주님 재림 이후에 있을 왕국(천년왕국)에 대한 묘사로 보는 것이 가장 자연스러운 해석이라고 생각된다.

(2) 이사야 11:1~9

이사야 11장 첫 몇 절은 메시야의 초림과 관계된 구절들처럼 보인다: "이새의 줄기에서 한 싹이 나며 그 뿌리에서 한 가지가 나서 결실할 것이요…"(11:1). 그러나 이 본문은 메시야의 성격을 묘사하는 부분에서는 쉽게 초림으로만 해석하기 어려워진다:

"그 눈에 보이는 대로 심판치 아니하며 귀에 들리는 대로 판단치 아니하며 공의로 빈핍한 자를 심판하며 정직으로 세상의 겸손한 자를 판단할 것이며 그 입의 막대기로 세상을 치며 입술의 기운으로 악인을 죽일 것이며 공의로 그 허리띠를 삼으며…"(3 하반절~5절).

왕의 제일 큰 업무는 재판이다. 메시야 그가 하는 재판은 세상의 왕이 하는 것과 다르다. 그는 정직으로 공의로 사람들을 판단하셔서 그리하여 세상을 심판하실 것이다.

물론 이 본문은 무천년주의자들은 초림하신 예수님의 모습이라고 할 것이다. 물론 시작은 초림 때에 이 땅 위에 나실 메시야로 시작함이 분명하다. 그러나 과연 이 본문대로 그가 세상사람들을 재판하여 시시비비를 가리고 높여줄 자를 높여주고 심판할 자를 심판하신다는 이 사역을 완성하셨는가? 우리는 그 다음 구절들에 넘어가면 더 확실해 질 것이다. 다음 절은 '그때에'라고 시작한다:

"그때에 이리가 어린양과 함께 거하며 표범이 어린 염소와 함께 누우며 송아지와 어린 사자와 살진 짐승이 함께 있어 어린 아이에게 끌리며… 나의 거룩한 산 모든 곳에서 해됨도 없고 상함도 없을 것이니 이는 물이 바다를 덮음같이 여호와를 아는 지식이 세상에 충만할 것임이니라"

(6~9절).

　본문은 땅 위에 평화가 깃들 것을 묘사한 구절이다. 사람들 세계에만 평화가 이루어지는 것이 아니라 사람과 짐승들의 세계 또한 짐승들과 짐승들의 세계에 평화가 이루어질 것이다. 이것까지도 초림으로 인한 교회에서 이루어졌다고 하는 것은 너무 무리한 해석이다. 자연세계의 이러한 조화와 평화를 어떻게 영적으로 해석하여 교회에 적용시킬 것인가? 혹자는 마가복음 16:18에 "사람이 뱀을 집으며 무슨 독을 마실지라도 해를 받지 아니하며 병든 사람에게 손을 얹은즉 나으리라"는 구절을 근거로 교회시대에 이미 이루어졌다고 주장할지 모르겠다. 그러나 "나의 거룩한 산 모든 곳에 해됨도 없고 상함도 없을 것이니"라는 말은 전 지역에서 보편적으로 해와 상함이 없을 것임을 나타낸다. 과연 이러한 무해와 상함이 없음이 교회에 만연하는가? 또한 "물이 바다를 덮음같이 여호와를 아는 지식이 세상에 충만할 것"이라고 하였는데 이 세상에 모든 사람이 여호와를 아는가? 물은 모든 골짜기에 퍼지는 성격이 있다. 본문은 하나님의 종교가 온 세상에 편만할 것을 말한다. 이러한 것은 현 교회시대에 이루어졌다고 할 수 없다.
　이상의 본문은 재림 후에 그리스도가 온 세상을 통치하는 왕국시대이다. 그리스도께서 공의로 통치하시는 왕으로서 더 이상 억울함이 없는 세상이 될 것이며, 그러한 그리스도 왕국은 자연세계까지도 평화가 확장되며 더 이상 상함이 없는 패러다이스가 될 것이다. 그곳에는 하나님을 모르는 사람이 없을 것이며 모든 사람들이 하나님을 섬기며 그리스도의 통치 아래 평화를 누릴 것이다.

　(3) 이사야 60장

　우리는 좀 뛰어넘어 이사야 60장으로 가보도록 하겠다. 60장으로 가기 전에 먼저 59:19 하반절부터 살피겠다. 19절을 여자적으로 번역하면 다음과 같다: "원수가 홍수처럼 몰려올 때에 여호와의 영이 그를 향해 승리의 기를 드실 것이라"(KJV를 참조하라). 즉 원수들의 위력 속에서 이제 여호와께서 구원을 일으킬 준비가 되셨다는 말이다. 20절도 번역하기가 어려운 구절이다: "구속자가 시온에 임하며 야곱 중에 죄과를 떠나는 자에게 임하리라." 그러나 로마서 11:26이 이 구절을 직접 인용하면서 다음과 같이 번역한다: "구원자가 시온에서 오사 야곱에게서 경건치 않은 것을 돌이키시겠고 …." 바울은 LXX(70인 역본, 구약의 헬라어 번역성경) 번역에 근거하고 있으며, 영감받은 바울이 주는 이 해석이 바르다고 해야 할 것이다. 이사야서에서의 한글 개역성경에 의하면 구속자가 죄로부터 돌아서는 자에게 임재할 것으로 이해된다. 따라서 하나님의 구원은 죄에서 돌이키는 것이 전제된 제한적이다. 그러나 로마서에서 바울이 이해하는 바로는 구속자가 야곱(이스라엘) 중에 경건치 않은 자를 돌이켜 구원으로 인도할 것이다. 즉 이것은 사람의 어떤 행위를 전제하지 않고 하나님께서 일방적으로 일으키는 사역이며 또한 현재 완고한 이스라엘의 현상황에서 쉽게 일어날 수 없는 것을 은혜로 주시는 구원이다.[1] 바울이 이해한 이 구절은 '이스라엘의 회복'을 강조하는 로마서 9~11장의 문맥에 완전히 일치하는 해석이다. 바울은 로마서 9장부터 이스라엘이 버림을 받지 않았음을 강조하여 오다가, 11:26에 "그리하여 온 이스라엘이 구원을 얻으리라"는 말로써 그의 논조가 그 극치를 이루면서 이사야서의 이 구절을 인용한다.

결국 19 하반절에서 하나님께서 열방들 속에서 구원을 일으키겠다는 의지는 이스라엘의 구원을 위함이다. 20절에는 로마서가 인

---

1) 물론 이스라엘이 구원받을 수 있는 것은 예수 그리스도의 믿음으로 말미암음이다. 그러나 본문은 이러한 믿음으로 돌아오게 되는 역사를 전적으로 하나님의 손으로 일으키시겠다는 의지가 담겨있음을 확인하게 되는 것이다.

용하는 것처럼 이러한 구속이 시온(이스라엘의 센터)에서부터 시작하며, 자기 본백성(이스라엘)에게 이루어질 것임에 대한 강조점으로 엮어져 있다. 흔히 어떤 신학자들은(특히 무천년주의자들) 구약에 이스라엘에 대한 구속의 약속은 신약에 이르러서 교회에게 이루어졌고 이스라엘에게는 더 이상 혜택이 없다고 주장한다. 즉 구약의 이스라엘에 대한 회복은 바로 교회에 대한 약속으로 영적으로 해석하는 것이다. 그러나 분명한 것은 로마서는 신약시대의 저서로서 이방인 이후에 있을 이스라엘의 구속을 증언하고 있으며 이사야 본문을 인용하면서 이것을 증명하고 있다는 사실이다.

21절은 이스라엘의 구속을 언약으로써 약속하신다. 새로운 언약에서는 여러 가지 요소가 있다. 그 중에서 성령의 임재가 본문에서는 강조되어 있다. 성령은 백성들을 죄악으로부터 새롭게 하기 위하여 필수적으로 전제되는 요소이다(겔 11:19; 36:26~27을 참조하라). 타락한 이스라엘 자손들을 돌이키는 하나님의 일방적인 역사는 성령을 통하여 가능케 될 것이다. 이러한 이스라엘의 회복은 일시적인 것으로 그치지 않을 것이며, 이제부터 영원할 것이다.

이제 이사야 60장으로 들어가자: "일어나라 빛을 발하라 이는 네 빛이 이르렀고 여호와의 영광이 네 위에 임하였음이니라"(60:1). 흔히 이사야 60장을 메시야 초림으로 이루어질 영적인 구속에 관한 내용으로 생각하는 사람이 있다. 그들은 60:1의 "일어나 빛을 발하라"고 명령을 받는 대상자를 그리스도로 본다. 그가 어두운 땅을 밝힐 것이며 열방들이 그의 광명으로 나아올 것으로 이해한다. 그러나 60장에 나타나는 2인칭 단수의 '너'는 여성형이다. 이사야서에서 메시야에게 2인칭이 몇 곳에 사용되었지만 모두 2인칭 남성이었다(49:6, 8 등). 따라서 본문의 2인칭 여성형은 메시야가 아니다. 본문 안에서 '너'가 누구인지 분명하게 드러난다: "…모든 자가 네 발 아래 엎드리어 너를 일컬어 여호와의 '성읍'이라, 이스라엘의 거룩한 자의 '시온'이라 하리라"(14절). 히브리어에서 성(城) 혹은 지명(地名)은 여성형이다. 따라서 60:1부터 계속 나타나는 '너'는 시온성(예루살렘)을 가리키는 것이 분명하다. 10절에서도 이것은 분명하다: "내가 노하여 너를 쳤으나 이제는 나의 은혜로 너를 긍휼히 여겼은즉 이방인들이 네 성벽을 쌓을 것이요. …" 여기에서 현재 하나님의 진노를 받고 있으나 미래에는 긍휼을 입을 것은 그리고 이방인들이 오히려 성의 재건을 도와주는 것은 예루살렘 성이 분명하다. 이 장에서 예루살렘 성이 의인화되었다. 그리고 때로는 '너'는 그 성의 거민(이스라엘 사람)들을 의미하기도 한다.

혹자는 '너'인 시온성을 신약시대의 교회를 가리키는 것으로 해석하려고 시도할 것이다. 그러나 그것도 합당하지 않은 것이 본문에는 이방인들은 많은 보물들을 가지고 시온으로 몰려오며, 시온은 모든 재물의 집산지가 될 것이다(4~9절). 본문에는 시온성 혹은 그 백성들과 이방인들을 구분하고 있다. 만약 시온과 그 백성들이 교회라면 또 이방인은 누구인가? 시온이 만약 교회이고 이방인들은 교회 밖에 있는 사람들이라면 현재 교회 밖에 있는 사람들이 자기들의 보물들을 교회에 바치고 있는가? 이사야 60장은 구속받은 시온성 혹은 이스라엘 백성들에 대한 영광을 묘사한 것이다. 성의 문은 활짝 열려 있으며, 땅의 왕들이 자기 영광을 가지고 그리로 들어온다(사 21:26을 참조하라). 거기에는 물질적인 풍요함이 넘칠 것이다. 계시록 21:27에는 만국 백성들이 그들의 영광을 가지고 그 성으로 몰려올 것인데 그들은 모두 생명책에 기록된 사람들이다.

60장은 하나님의 영광의 빛이 시온에 임함을 선언하신다. 그리고 시온이 빛을 발하라고 외친다. 이 도성에 비취는 빛은 하나님의 영광이 분명하다. 계시록 21:23에는 이 성에는 해나 달이 필요 없으니 이는 하나님의 영광이 비춰며 어린양이 그 등이 됨이라고 말한다. 이사야 60:19에도 "다시는 낮에 해가 네 빛이 되지 아니하며 달도 네게 빛을 비춰지 않을 것이요 오직 여호와가 네게 영영한 빛이 되며 네 하나님이 네 영광이 되리니"라고 말한다. 이것은 세상 끝에 이루어질 하나님의 나라에 비춰질 하나님의 영광이 분명하다.

그런데 이사야 60장에서 특이한 것은 이방왕들이 자의로 시온성으로 와서 봉사하기도 하지만 또 왕들을 포로로 이끌어 올 것으로 묘사된다(11절). 이사야 60장은 세상 모든 왕권이 시온의 통치자에게 돌려질 것임을 강조하고 있다. 그를 섬기는 자들은 자의로 그에게 수종들 것이지만 그러나 그를 섬기지 아니하는 사람들은 강압적으로 잡혀와서 왕권을 내어놓으며 그리스도의 지배하에 들어올 것이다. 그리하여 이 땅 위에는 다시는 강포한 자가 존재하지 않을 것이며(17~18절), 하나님의 백성들에게 더 이상 슬픔이 없을 것이다(20 하반절). 그 왕국에는 공평과 정의가 사람들을 다스리고 평화가 깃들 것이다. 하나님의 백성들이 다 의로움을 입고 땅을 영영히 차지할 것이다(21절). 이것은 재림 이후에 있을 그리스도 왕국을 묘사한 것이라 생각된다. 이것은 또한 이사야 2장과 11장의 묘사와 일치한다.

(4) 이사야 65:16~25

우리는 이사야서를 해석해 오면서 드디어 마지막 정점에 도달하였다. 사실 65장 본문을 풀기 위해서 우리는 앞의 많은 구절들을 살펴본 것이다.

이사야 65:1~15까지는 그의 백성들에 대한 책망과 징계로 가득 찼지만 16~25절은 그의 백성들을 크게 축복할 약속을 주고 있다. 16절은 매우 중요한 절이며 바른 해석이 꼭 필요하다. 개역성경에는 16절이 '그러므로'라고 하고 시작하여 앞 절과 연관을 지우고 있으나, 히브리어 ASHEL (אֲשֶׁר)은 관계대명사로서 영어로 'the one who' 혹은 'whoever'로 번역할 수 있다. 따라서 16절부터는 앞의 문맥과 관계없는 독자적인 문장이다. 히브리어 본문에서는 오히려 17절 시작에서 접속사 'KI' (כִּי, '왜냐하면')가 나타나서 16절과 연결됨을 보여준다. 'KI'는 16절 하반절에도 나타나는데, 17절과 함께 16절 상반절의 결과에 대한 원인을 제공해 준다. 16~17절을 번역하면 다음과 같다: "(16절) 땅에서 자기를 위하여 복을 구하는 자마다 진리의 하나님의 이름으로 복을 구할 것이요 맹세하는 자도 오직 하나님의 이름으로만 할 것이다. '왜냐하면' 이는 이전 환난이…(17절). '왜냐하면' 내가 새하늘과 새땅을…."

16절 상반절은 하나님에 대한 종교가 세계적이 될 것이라는 말씀이다. 이제 이 세상에서 더 이상 거짓 신들에게 예배하든지 창조주를 부인하는 일은 없을 것이다. 모든 사람들이 하나님 한 분만을 알 것이다. 거짓종교는 없어지고 이 땅에는 오직 진리의 하나님 종교만 남게 될 것이다. 이렇게 모든 사람들이 하나님께만 경배하게 되는 이유가 이전 환난이 사라지고 새하늘과 새땅이 창조되었기 때문이다.

이 새하늘과 새땅에 대하여 본문은 자연세계의 회복과 하나님 백성의 회복 두 가지 면에서 묘사되고 있다:

① 먼저 회복된 자연세계의 모습이 생생하게 나타난다. 17절은 "보라 내가 새하늘과 새땅을 창조하나니 이전 것은 기억되거나 마음에 생각나지 아니할 것이라"라고 시작한다. 이것은 계시록 21:1과 같은 광경으로 보아야 한다: "또 내가 새하늘과 새땅을 보니 처음 하늘과 처음 땅이 없어졌고…" 이사야 65:16~25은 이사야 11:6~9과 매우 유사하다. 특히 25절은 이사야 11장과 거의 같은 묘사이다: "이리와 어린 양이 함께 먹을 것이며 사자가 소처럼 짚을 먹을 것이며…" 25절 마지막 부분은 11:9의 첫부분을 그대로 인용한 것이다: "나의 거룩한 산 모든 곳에서 해됨도 없겠고 상함도 없으리라." 이것은 자연세계의 회복을 묘사한 것이다. 혹자는 25절의 "뱀은 흙으로 식물을 삼을 것이니…"에서 창세기 3장의 저주가 철수되었지만 뱀에게만은 아직 남아있는 것으로 생각한다(창 3장에 뱀이 저주를 받아 그가 흙을 먹을 것임을 말함). 그러나 여

기에서 뱀이 흙으로 식물을 삼는다는 말은 뱀은 더 이상 사람들을 해하지 못하고 땅에서 죄를 일으키는 요인이 되지 못할 것임을 말하는 구절로 보는 것이 좋겠다. 그것은 더 이상 해롭게 하는 동물이 아니라 오직 흙을 식물로 삼는 온순한 동물로 변해질 것임을 말함이다.

이상의 묘사가 현재 교회에서 이루어졌다고 할 수 없다. 이것은 자연의 회복을 말하는 것이다. 따라서 이것은 재림 이후에 이 땅 위에 이루어질 그리스도 왕국에 대한 묘사로 보는 것이 가장 적합하다. 로마서 8:18~23에는 자연세계가 회복을 기다리는 것을 말하고 있다. 로마서 8:18에는 우리에게 나타날 미래의 영광을 기대하는 것으로 시작한다. 19절에는 이것을 피조물도 고대하는 바라고 말한다. "그 바라는 것은 피조물도 썩어짐의 종노릇한 데서 해방되어 하나님의 자녀들의 영광의 자유에 이르는 것이니라. 피조물이 다 이제까지 함께 탄식하며 함께 고통함을" 우리가 안다고 말한다(21~22절). 이상의 구절에서 바울은 피조물 세계의 회복을 말하고 있다. 바울은 이 회복이 교회시대에 이미 이루어진 것이 아니라 미래의 것으로 바라보고 있다.

② 이사야 65장은 회복이 자연세계 뿐만 아니라 하나님의 백성들에게도 주어짐을 말한다. 전에 이스라엘 백성들이 당하였던 환난은 이제 완전히 잊혀졌다. 육체를 가진 피조물에게는 더 이상 환난이 없을 수 없다. 인간이 당할 수 있는 환난(고난)은 완전히 가시고 잊혀져 버렸다. 이제는 새하늘과 새땅이 창조되어 전의 것은 전혀 기억나거나 생각되지 아니할 것이다(16 하반절~17절). 이 구절들에서 '창조'는 전혀 새로운 것을 창출해 내는 것이라기 보다는 이전에 오랫동안 지속되어오던 것 대신 새로운 것으로 변화될 것으로 보는 것이 좋겠다. 이러한 사람의 회복을 바울도 증언한다. 로마서 8:23에 바울은 피조물 뿐만 아니라 우리의 육체까지도 회복될 것을 말한다: "생각건대 현재의 고난은 장차 우리에

게 나타날 영광과 족히 비교할 수 없도다"(롬 8:18) ; "이 뿐 아니라 또한 우리 곧 성령의 처음 익은 열매를 받은 우리까지도 속으로 탄식하여… 우리 몸의 구속을 기다리느니라"(23절). 바울은 교회시대인 현재는 우리에게 고난이 있지만 우리의 육체까지 구속함을 받을 그 미래의 영광을 기다리는 것이다. 이상은 교회의 시대가 아닌 회복된 미래 왕국에 대한 묘사임이 분명하다.

그러나 이러한 미래의 왕국이 어떤 상태의 것이냐가 중요하다. 이 왕국에 사는 사람들이 죽음을 맛보고 있는 것이 나타나며 또 경작하는 활동까지 묘사하고 있다. 65:20에 사람들의 연령이 길어질 것을 말하고 있다: "거기는 날 수가 많지 못하여 죽는 유아와 수한(壽限)이 차지 못한 노인이 다시는 없을 것이라. 곧 백세에 죽는 자가 아이겠고 백세 못되어 죽는 자는 저주받은 것이리라." 이사야 65장 본문이 재림 후에 있을 영원한 왕국에 대한 것으로 생각하는 사람들도 여기에 이르러서는 혼란을 일으킨다. 이 왕국에 죽음이 아직 있는 것처럼 묘사되고 있기에 과연 이것이 미래의 왕국이라는 데에 회의를 가지게 되는 것이다. 그러나 이것이 현재는 아닌 것이 분명하다. 과연 교회시대인 현재에 어려서 죽는 사람이 없는가? 과연 성도들은 백세에 죽는 자를 오히려 아이라고 하는가? 따라서 우리는 65장에 묘사된 미래의 왕국은 천년왕국이며, 이 천년왕국의 성격이 어떠한 것이라는 것을 본문이 잘 말해주고 있다고 생각된다.

고린도전서 15:22~28은 부활과 관계된 그리스도의 통치에 관하여 말하고 있다. 이미 앞에서 살펴본 것과 같이 23절에 부활이 차례가 있음을 말한다. 첫째는 그리스도의 부활이요, 그 다음은 성도들의 부활, 그 후에 마지막으로 불신자들의 부활이 있을 것이다. 24절에 바울은 불신자의 부활과 관계하여 다음과 같이 덧붙인다: "그 후에는 나중이니(τελος, 마지막, 불신자들의 부활을 의미함) 저가 모든 정사와 모든 권세와 능력을 멸하시고 나라를 아버지 하나님께 바칠 때라." 이 구절은 불신자들이 살아나는 것을 헬라어 τελos, 즉 '마지막'이라는 용어로 대변하고 있다. 계시록 20장은 성도들은 부활하였지만 불신자들은 살아나지 못하여 천 년 동안 있다가, 천 년 후에 사단이 잠시 놓여 반란을 일으키고 사단이 영원한 불못에 던져질 때에 바다와 땅들이 죽은 자들을 내어놓고 그들도 불못에 던져진다. 즉 불신자의 부활이 마지막으로서 이때에 모든 권세가 끝나고 최종의 심판이 이루어진다. 고린도전서 본문도 불신자의 부활을 '마지막'(한글개역은 '나중'으로 번역됨)이라는 말로 표현하면서 이때에 모든 정사와 권세가 다 멸해지고 나라를 온전히 하나님께 바친다고 말한다.

바울은 계속한다: "저가 모든 원수를 그 발 아래 둘 때까지 불가불 왕노릇 하시리니 맨 나중에 멸망받을 원수는 사망이니라"(25~26절). 이 묘사는 성도들과 불신자들의 부활과 관계한 설명이다. "저가 모든 원수를 그 발 아래 둔다"는 것은 바로 앞 절의 "모든 정사와 모든 권세와 능력을 멸하는 것"으로 생각할 수 있다. 불신자의 부활과 함께 이렇게 모든 상황이 끝나는 것은 바로 천년왕국 후에 있을 것이다. 25절은 이때까지 그리스도께서 "불가불 왕노릇 하신다"고 말한다. 바로 천년왕국에서 주님께서 왕으로 군림하심을 말함이라고 생각된다. 그런데 성경은 "맨 마지막에 멸망받을 원수는 사망"이라고 하였다. 이사야 본문에 의하면 천년왕국에서도 사망은 아직 완전히 없어지지 않고 있다. 만물이 회복되고 성도들의 육체까지 회복되었다. 그러나 아직 불신자는 무덤에 있으며, 마지막으로 끝날 사망은 존재하고 있다. 불신자까지 부활하고 나면 사망도 더 이상 존재할 수 없을 것이다.

그러면 천년왕국에는 어떤 사람들이 있기에 죽음이 있는가? 물론 천년왕국에는 부활한 성도들과 살아있어서 몸이 변화받은 성도들(고전 15:51~52)이 함께 참여할 것이다. 그러나 이렇게 변화받은 몸은 썩지 아니할 것으로 입었고 죽지 아니함을 입었다(고전 15:53). 이렇게 썩지 아니함과 죽지 아니함을 입을 때에는 사망이 이김의 삼킨 바가 되었다(54절). 따라서 부활체나 살아서 변화받은 성도는 결코 죽을 수 없을 것이며, 이미 성도들의 부활은 끝났기 때문에 성도의 죽음은 있을 수 없다. 그러면 어떤 죽음만 아직 남았는가? 불신자의 죽음이다. 불신자의 부활은 천 년 이후에 있을 것이기에 아직 그들의 죽음은 남아있는 것이다.

이사야 60장은 미래의 왕국에 대한 묘사라고 앞에서 밝혔다. 60장에 이방의 왕들이 시온에 와서 봉사할 것이라고 말한다(10절). 그 왕들이 포로로 이끌려 올 것이다(11절). 만약 시온의 왕을 섬기지 아니하는 백성과 나라는 파멸하리라고 말한다(12절). 즉 구속받지 못한 사람들이 있으며 세상 왕들도 있어서 그리스도와 성도들을 섬길 것이다.

스가랴 14장은 이미 밝혔듯이(계 16장의 아마겟돈 전쟁에서) 마지막 전쟁에 관한 기사이다. 열국의 군대가 예루살렘으로 모여 전쟁을 일으킨다. 성이 반쯤 함락되었을 때에 하나님께서 감람산에 임재하신다. 지진이 나며, 해가 어두워지고 열국의 군대들은 하나님의 심판을 받는다. 이것으로 세상역사는 끝나는 것이다(아마겟돈 전쟁을 참조하라). 그날에는 예루살렘이 거룩하게 된다. 예루살렘에 찾아드는 말방울에까지 "여호와께 성결이라" 기록될 것이다(슥 14:20). 이것은 회복될 왕국을 말한다. 그런데 여기에도 구속받지 못한 사람들이 나타난다. "예루살렘을 치러 왔던 열국 중에 남은 자가 해마다 올라와서 그 왕 만군의 여호와께 숭배하며 초막절을 지킬 것이라"(14:16). 즉 마지막 전쟁에서 적군에 가담하였던 자 중에 아직 살아남은 자가 있는 것이다. "천하 만국 중에 그 왕 만군의 여호와께 숭배하러 예루살렘에 올라오지 아니하는 자에게는 비를 내리지 아니하실 것인즉 만일 애굽 족속이 올라오지 아니할 때에는 창일함이 있지 아니하리니…"(17~18 상반절). 세상사람들이 아직 이 왕국에 참여하고 있으며 그들도 예루살렘으로 올라와서 여호와께 경배하도록 강요된다. 성경은 이렇게 경배하러 오지 아니하는 자에게 재앙이 내릴 것을 말한다.

이렇게 볼 때에 천년왕국에 참여하는 사람들은 두 종류가 있다.

첫째는 구속받은 성도들이다. 이들은 더 이상 사망이 침입하지 못하는 이김을 입은 사람들이다. 이들은 그리스도와 함께 앉아 왕노릇할 것이다.

그 다음은 구속받지 못한 사람들이다. 이들은 그리스도와 성도들의 지배를 받는 사람들이고 섬기는 자들이다. 그들은 충성스럽게 여호와를 섬기며 성도들을 섬겨야 할 것이다. 성도들은 각자의 달란트에 따라 다스릴 고을들을 차지할 것이다.

다시 이사야 본문으로 돌아가서 65:20~21은 자기가 재배한 포도원의 열매를 자기가 따먹는 평화를 묘사하고 있다(미 4:4을 참조하라). 이러한 평화의 장면에서 우리는 사람들이 각자 경작을 하는 일상생활의 모습을 볼 수 있다. 그들이 경작하여 풍성한 소출의 열매를 따먹을 것이며, 남이 가꾸어 놓은 것을 빼앗는 일이 없으며, 적이 없고 위험이 없는, 그래서 평안히 나무그늘에서 쉬는 것이 천년왕국의 묘사들이다.

이러한 평화의 왕국에 대한 묘사는 이사야서에만 나타나는 것이 아니다. 예레미야와 에스겔서 등에도 흔히 나타난다. 대표적으로 에스겔 34:25~31을 들겠다. 악한 짐승이 그 땅에서 그치겠고 하나님의 백성들은 빈들에서 평안히 거하며 수풀 가운데서 잘 것이다. 때를 따라 비가 내려 밭에 나무가 열매를 맺으며 땅이 그 소산을 내리니 그들이 그 땅에서 평안히 거할 것이다. 다시는 전쟁이 없겠고 짐승에게나 사람의 칼날에 놀라는 일이 없을 것이다.

이사야 65:24도 현재와 극히 대조를 이룰 미래 왕국에 대한 묘사이다. 이사야 64장의 기도에도 오랫동안 응답해 주시지 않았던 것과는 대조적으로, 이제 하나님은 그들이 부르기 전에 먼저 응답해 줄 것이다. 그들은 오랜 세월 동안 하나님의 이러한 대답을 기다리고 또 기다렸다. 그러나 거기에는 하나님과 백성들 사이에 마음과 마음의 교류가 있을 것이다.

우리는 이 구절들이 현교회에 대한 설명이며 현시대에 이루어진 것이라는 주장을 받아들일 수 없다. 교회는 아직 죄악된 세상에 놓여져 있다. 아직 이 세상은 서로를 속이며 남의 것을 강탈한다. 아직 교회는 환난이 있고 슬픔도 있다. 그러나 본문은 이러한 고난은 이미 잊혀진 지 오래라고 말한다. 현재 우리들은 아직도 하나님과의 대화에 장애가 많다. 항상 우리의 기도가 즉각 응답되는 그런 상황이 아니다.

혹자는 '새하늘과 새땅'의 용어로 인하여 천년왕국 후의 영원한 하나님의 나라로 보는 경우도 있다. '새하늘과 새땅'이 영원한 나라를 위한 전문용어(technical term)로 볼 이유가 없다(이것은 계시록 22장에서 다루도록 하겠다). 여기에는 이 땅 위에서의 활동과 아직도 죽음이 존재하는 것 등을 보아서 천년왕국으로 봄이 가장 적합할 것이다.

이상의 성경해석을 근거로 하여 우리는 천년왕국의 성격에 대하여 요약하여 보기로 하겠다.

① 천년왕국은 주님의 재림 이후에 있다.
② 천년왕국은 부활한 성도들이 참여한다. 주님이 재림할 때에 죽은 성도들이 부활한다. 또 이때에 살아있는 성도들도 몸이 변화한다(고전 15:51~52). 이들이 천년왕국에 참여할 것이다.
③ 재림과 함께 땅이 새로움을 입는다. 짐승과 자연세계도 변화를 받고 영화로움을 입는다.
④ 천년왕국에는 예수 그리스도께서 왕으로 군림하여 다스리며, 변화받은 성도들도 그리스도와 함께 다스린다.
⑤ 구속받지 못한 사람들도 이 왕국에 있어 그리스도와 성도들의 다스림을 받는다. 그들도 모두 그리스도의 왕권에 굴복하며 여호와를 섬길 것이다. 이 땅 위에는 여호와의 종교만이 있을 것이다.
⑥ 사단이 잡혀 결박되고 죄는 급격히 감소할 것이다. 그리스도의 통치는 공의로우며 더 이상 잘못된 재판이 없을 것이며 정의로

다스릴 것이다.
⑦ 땅은 풍족한 소산을 낼 것이다.
⑧ 사람들 사이에는 실질적인 평화가 이루어질 것이며 사람과 짐승, 짐승과 짐승들 사이에도 완전한 평화가 깃들 것이다.
⑨ 풍족한 소산, 평화, 정의로운 통치가 있는 이것이 회복되는 패러다이스이다.

4. 곡과 마곡의 전쟁(계 20:7~10)

사단이 옥에 갇혔다가 천년이 차매 놓여 나와서 곡과 마곡을 미혹하여 전쟁을 일으킨다. 이때에 전쟁에 참여하는 사람들은 '땅의 사방 백성'이라고 말한다. 그들의 수가 바다 모래같으리라고 한다. 그들이 지면에 널리 퍼져 성도들과 대치하여 진을 치고 '사랑하시는 성' 즉 왕도 예루살렘을 에워싼다. 하늘에서 불이 내려와 저희들을 소멸하고 사단은 잡혀 영원한 불못에 던지운다.

천년왕국에는 사단이 유혹할 수 있는 사람들이 살고 있다는 증거이다. 이러한 사람들을 마지막 청산하는 기회가 이렇게 한 번 주어진다. 성도들의 영혼이 부활하여 이 왕국에 참여하였고 또 살아있던 성도들도 변화하여 영광스러운 몸을 입었다. 그들이 유혹을 받거나 심판을 받을 수 없다. 그러나 반면 아직 불신자들의 주검은 땅 속에 남아있다. 죽음의 세력이 완전히 걷히지 아니하였다. 사단이 잠시 풀림으로 인하여 하나님께서는 이 마지막 세력을 청산할 기회를 가지며, 사단은 최후로 하나님과 그리스도를 대항하여 자기의 뜻을 이룰 기회를 가지는 것이다. 이 마지막 전쟁에서 모든 상황이 끝나게 될 것이다. 사단은 영원한 불못에 던지워지고 불신자들의 주검도 토해내어져 마지막 심판을 받게 된다. 이 땅 위에 있었던 마지막 죽음의 세력도 완전히 걷히게 되는 영원한 세계로 들어가게 된다.

곡과 마곡의 전쟁이라는 이름은 에스겔 38~39장에서 따온 것이다. 에스겔 38장은 마곡땅에 있는 곡이 세상의 온 군대를 끌어내어 이스라엘을 향하여 전쟁을 일으킨다. 이 곡을 로스와 메섹과 두발왕이라고 부른다(38:2). 그가 끌어내는 군대는 바사와 구스와 붓과 고멜과 그 모든 무리들과 북방의 도갈마 족속과 그 모든 무리 등 많은 백성의 무리들이라고 한다(5~6절). 그들이 침입하는 곳은 이스라엘이다. 이때의 이스라엘은 회복된 상태로 묘사된다. 오래 황무하였던 옛 이스라엘에 백성들이 열국에서부터 칼을 벗어나서 다시 모여들어 와서 다 평안히 거하는 중이었다(8절). 그곳에는 성벽도 없고 문이나 빗장이 없어도 염려없이 다 평안히 거하는 백성들이었다(11절). 이렇게 하나님의 백성 이스라엘이 평안히 거하는 날에 북방에서부터 곡의 군대가 구름같이 하나님의 백성 이스라엘을 치러 온다(14 하반절). 이러한 전쟁은 끝날에 하나님께서 곡을 이끌어 자기의 땅을 치게 하는 것이라고 말한다(16~17절). 왜냐하면 열방의 목전에서 하나님의 거룩함을 나타내게 하기 위함이다. 그러나 이 전쟁에서 그들은 성공하지 못할 것이고 하나님께서 준비하신 온역과 쏟아지는 폭우, 큰 우박덩이와 불과 유황으로 그들을 진멸할 것이다.

이 곡과 마곡 전쟁이 일어날 시기는 바벨론 포로귀환 후로 볼 수가 없다. 본문은 이스라엘 백성들이 자기 땅으로 돌아와서 평안히 거할 때라고 하였다. 그러나 바벨론에서 돌아온 그들이 이러한 평화를 누리지 못하였다. 앞에서 보았지만 스가랴 1장에서는 오히려 세상이 평화를 누리고 있는 반면 이스라엘은 70년이 넘었지만 하나님께서 예언하신 회복이 아직 이루어지지 않은 것을 탄원하였다. 따라서 곡의 전쟁을 바벨론 귀환 후 예수님 초림 사이의 것으로 보기 힘들다.

이 전쟁을 세상 마지막 전쟁(아마겟돈 전쟁)과 연관시키는 경우가 흔히 있다. 그러나 아마겟돈 전쟁은 이스라엘이 그렇게 평화로울 때에 일어나는 것으로 보기 힘들다. 이미 살펴본 것처럼 마지막 전쟁 이전에 적그리스도의 우상이 세워지고 성도들의 대환난이 있었다. 그리고 예루살렘에서 반란이 일어나서 적그리스도가 이들을 진멸하기 위해 온 세상의 군대를 모았다. 따라서 이것을 아마겟돈 전쟁으로 보기도 힘들다. 혹자는 아마겟돈 전쟁 이전의 계시록 9:13 이하에 기록된 전쟁으로도 생각해 볼 수 있다 한다. 그러나 계시록 9장의 전쟁은 전쟁을 일으키는 세력이 승리하였고 세상의 1/3이나 되는 사람들을 죽이는 전쟁이었다. 따라서 곡의 전쟁으로 볼 수 없다.

이 전쟁은 계시록 20장에서 인용한 대로 천년왕국시대 끝에 있을 곡과 마곡의 전쟁으로 보는 것이 가장 합당한 해석이라고 생각된다. 이사야 59:19 하반절부터 이미 우리가 살핀 대로 이스라엘이 회복되도 60장에서는 시온이 그 빛을 발하였다. 65장에서는 자연세계까지 회복되고 평화가 깃든 하나님의 왕국을 보았다. 에스겔 본문에서 말하는 이스라엘 백성들이 평안히 거할 때는 이 천년왕국이 가장 합당하다. 그곳에서만이 성벽도 필요없고 문이나 빗장이 없어도 염려가 없는 세상이다. 현세상 역사상 이러한 평화의 때는 찾을 길이 없다. 천년왕국과 그 이후에 있을 곡과 마곡의 전쟁도 이미 구약에서 예언된 일임을 우리는 발견하게 된다.

5. 계시록 21~22장

계시록 20장에서 천년왕국이 묘사되었고 마지막 사단의 유혹과 함께 죽음까지도 제거되는 것이 묘사되었다. 21장은 다음과 같이 시작한다: "또 내가 새하늘과 새땅을 보니 처음 하늘과 처음 땅이 없어졌고 바다도 다시 있지 않더라"(1절). 대부분의 전천년주의자들은 21장의 하나님의 나라를 천년왕국 후에 있을 영원한 나라로 생각하며 이것을 천년왕국과 구별하기 위하여 '신천신지(新天新地)'라고 부르기도 한다. 그리고 흔히 20:11 하반절에 "땅과 하늘이 그 앞에서 피하여 간 데 없더라"라고 표현한 것 때문에 이전 것은 없어지고 전혀 새로운 것이 들어서는 것으로 생각하기가 쉽다.

그러나 여기에 묘사된 신천신지는 이전의 하늘과 땅이 없어지고 전혀 다른 새로운 하늘과 땅이 생겨나는 것으로 생각할 필요가 없다. 21장에 보면 하늘과 땅이 완전히 없어진 것이 아니라 하늘의 거룩한 성 새예루살렘이 내려오고 우리가 그것을 맞이한다고 하였다. 21:1에 "처음 하늘과 처음 땅이 없어졌고"라는 말은 이전의 하늘과 땅이 전혀 다른 모습으로 바뀐다는 것으로 봄이 좋겠다. 5절에는 "보라 내가 만물을 새롭게 하노라"라고 말씀하신다. 이것은 전혀 없던 것을 창조하는 것이라기보다 있던 것을 새롭게 함을 의미한다. 이것은 이 땅이 하늘의 예루살렘이 내려옴으로써 새로운 모습을 입는 것으로 보아야 하겠다.

필자는 여기에서 천년왕국과 신천신지를 다른 별개의 것으로 구분하는 데 회의를 품는다. 만약 영원한 왕국이 신천신지라면 천년왕국은 신천신지가 아니란 말인가? 예수님이 재림하시고 새로운 왕국(천년왕국)에 들어갈 때에 자연도 회복되어야 한다. 그렇게 회복이 있고 또다시 한 번 더 회복이 있어야 하는가? 처음의 것은 이 땅 위의 것들의 회복이고 뒤의 것은 이 땅이 완전히 없어지고 전혀 다른 별천지의 천국이라는 회복인가? 필자는 예수님의 재림으로 있을 회복이 완전한 회복이며 그 왕국은 없어지지 않는 영원한 왕국이라고 생각한다. 다니엘서 2장에서 세상 나라를 쳐부수고 이룩될 하나님의 나라는 영원한 것이라고 하였다. 또한 구약의 많은 곳에서 새로 이룩될 하나님의 나라는 영원한 것이며 다시 파괴되거나 손상을 입지 않을 것으로 말한다. 재림 이후에 있을 그리스도의 왕국은 완전한 회복이며 영원한 것이다. 단지 그곳에 아직 죽음이 있는 육체가 천년 동안 존재하였고 그것의 제거가 천년 후에 있을 것이 다른 점이다.

'신천신지'는 천년왕국 후의 영원한 왕국에 대한 전문용어로 볼 수 없다. 이미 살폈듯이 이사야 65:17도 '새하늘과 새땅'이 창조됨이 나타나며 이것은 천년왕국에 대한 묘사였다. 따라서 필자는 21장의 신천신지가 예수님 재림으로 있을 영원한 하나님의 나라

(천년왕국을 포함)라고 생각한다. 이제 그 내용을 살펴봄으로써 이것을 확증하고자 한다.

21:2에 하늘에서 단장한 새예루살렘이 내려오고 이로써 하나님의 장막이 사람들과 함께 있겠다고 하였다. 그리고 하나님이 저희와 함께 거하시겠다고 하였다(3절). 만약 이것을 천년왕국 이후의 것으로 본다면 천년왕국에서는 왕국에 참여한 사람들이 하나님의 보좌와 떨어져 있는 것이 될 것이다. 그러나 하나님의 장막이 사람들과 함께 있다는 것은 이미 계시록 7:15에 나타났다. 계시록 7장은 대환난 후에 있을 하나님의 나라이다. 마지막 대환난에서 나온 자들이 어린양의 피에 옷을 씻어 희게 하였고, 그들이 하나님 보좌 앞에 나아가 가까이에서 그를 섬기며 하나님은 그들 위에 장막을 치시는 것으로 말한다.

21:3 하반절에 "저희는 하나님의 백성이 되고 하나님은 친히 저희와 함께 계셔서"는 구약에서 이스라엘 회복에서 자주 나타나는 용어이다. 따라서 천년왕국의 회복에서 이 전문용어가 적용되지 않는다고 할 수 없을 것이다. 4절에 "하나님이 친히 저희와 함께 계셔서 모든 눈물을 그 눈에서 씻기시매 다시 사망이 없고 애통하는 것이나 곡하는 것이나 아픈 것이 있지 아니하리니"라고 말한다. 만약 이것이 천년왕국 이후에야 이루어졌다면 왕국시대에 아직 그들에게 눈물이 있었고 애통하는 것이 있었다는 것인가? 다시 계시록 7장을 보면 보좌에 계신 이가 그들 위에 장막을 치시매 "저희가 다시 주리지도 아니하며 목마르지도 아니하고 다시 해와 뜨거운 기운이 그들을 상하게 하지 아니할지니"라고 말하고 있다. 그리고 역시 "하나님께서 저희 눈에서 모든 눈물을 씻어주실 것임이러라"고 말한다(7:17 하반절) 21:4에 여기에서 저희들에게 죽음이 없다는 것은 부활하였거나 영화로운 몸을 입은 성도들은 죽음을 다시는 맛보지 아니할 것임을 말함이다. 21:6 하반절~7 상반절에 "내가 생명수 샘물로 목마른 자에게 값없이 주리니 이기는 자는 이것들을 유업으로 얻으리라"는 말씀은 천년왕국에서 이기는

자라기보다는 환난에서 이기는 자를 가리킴이라고 생각한다. 7:17에도 역시 주님이 우리의 목자가 되사 생명수 샘으로 인도하심을 말하고 있다.

무엇보다도 가장 확실한 증거는 "만국이 그 빛 가운데로 다니고 땅의 왕들이 자기 영광을 가지고 그리로 들어오리라 성문들을 낮에 도무지 닫지 아니하리니…"(21:24~25 상반절) 라는 묘사에서 찾을 수 있겠다. 이것은 이사야 60장에 열국의 왕들이 온갖 보물들과 자기들의 영광을 가지고 시온성으로 찾아가는 묘사와 같다. 따라서 우리는 계시록 21~22장에 묘사된 하나님의 왕국도 천년왕국과 관련이 있는 것으로 보아야 할 것이다.

계시록 21~22장은 재림 이후에 이루어질 하나님의 왕국(천년왕국을 포함)의 영화로움에 대하여 묘사하고 있다. 하나님이 보좌에 좌정해 계시던 하늘나라가 이 땅 위에 내려와서 그가 땅 위에 좌정하실 것이다. 이렇게 하늘나라가 내려오는 것을 본문은 마치 단장한 신부로 비유한다(21:2). 성도들이 마치 신랑으로서 이 준비된 신부를 맞이할 것이다(요 14:1 하반절 참조). 하늘에서 내려오는 이 새예루살렘은 온갖 보석으로 꾸며져 있다(21:11~21). 이 성 안에는 성전이 없었다. 왜냐하면 하나님과 어린양이 직접 그 성전이기 때문이다(22절).

그 성에는 해나 달이 필요없을 것이다. 왜냐하면 하나님의 영광이 비취고 또 어린양이 등불과 같을 것이기 때문이다(23절). 성문들은 닫을 필요가 없고 평화가 깃들 것이다(25절). 변화된 땅에는 수정과 같은 생명수의 강이 흐르고 강 좌우에는 생명나무가 있어 온갖 열매가 맺힐 것이다(22:1~2). 하나님과 그 어린양의 보좌가 그 가운데 있으며, 그의 종들이 그를 섬길 것이다. 이 육신의 눈으로 볼 수 없었던 하나님의 얼굴을 그때에 그 종들은 볼 것이다(22:4). 주 하나님이 세세토록 왕노릇할 것이다(5절).

이상 우리는 천년왕국에 대하여 생각해 보았다. 필자는 가급적 성경에 기록된 대로 천년왕국과 영원한 왕국을 보려고 하였다. 하나님께서는 성경에서 이러한 왕국들에 대하여 충분하게 말씀해 주셨다고 생각한다. 그러나 필자는 성경을 완벽하게 이해했다거나 하나님의 왕국을 완전하게 이해했다고는 생각하지 않는다. 가급적 쓰여져 있는 그대로를 보았을 뿐이다.

특별히 천년왕국과 영원한 왕국에 대하여 필자는 확실한 구분을 하기 힘든 것도 고백한다. 구약에서부터 나타나는 회복된 이스라엘 혹은 하나님의 나라의 묘사들이 어느 부분이 천년왕국이며 또 한편으로는 어느 것이 영원한 왕국인지 확실하게 구분하기가 힘든 것도 고백한다. 그러나 필자는 전혀 다른 두 개의 것은 아니라는 확신이 든다. 그러면서도 사실 이것은 미래의 세계이므로 현재 우리가 완벽하게 이해할 수 없음을 시인하는 것이다.

우리들은 계시가 진전되는 과정에서 앞의 사람들은 뒤의 계시를 전하면서도 그들은 완벽하게 이해하지 못하였던 점들을 인식하게 된다. 다니엘이 자기가 받은 계시를 가르쳐 달라고 천사에게 애걸했을 때에 천사는 마지막 때까지 덮어 봉함해 두라고 하였다. 마지막 때가 되면 사람의 지식이 많아질 것이며 그때에 가서야 이해할 수 있다는 것이다(단 12:4, 9). 구약의 선지자들은 마지막 때를 예수님의 초림과 재림을 구분하지 않고 한꺼번에 보았다. 그들은 아마도 마지막 때를 하나의 사건으로 이해했을 것이다. 그러나 마지막 때에 살고 있는 우리들은 초림과 재림이 확실히 구분되고 있는 것이다. 이것과 마찬가지로 우리들은 미래에 있을 왕국에 대하여 한꺼번에 보고 있다. 천년왕국과 영원한 왕국이 잘 구분이 되지 않는 상태에서 혼돈되고 있는 것 같다. 아마도 그때에 가보아야 확실하게 알 수 있을 것이다.

필자는 전천년기설을 주장하며 그에 따라 성경을 해석하였다. 그러나 무천년기설을 주장하는 사람들을 정죄하지는 않는다. 사실 미래의 왕국은 그때에 가보아야 확실하게 이해할 수 있을 것이다. 필자는 지금 우리에게 중요한 것은 천년왕국에 대한 논쟁이 아니라고 생각한다. 현재 우리에게 필요한 것은 주님이 다시 오실 때까지에 대한 것을 보다 확실히 아는 것이다. 마지막 때에 어떻게 주님을 맞이할 신앙을 준비할 것인지, 어떻게 적그리스도의 대환난을 이길 수 있을 것인지를 생각하는 것이 우리가 종말론을 공부하는 이유가 되어야 한다.

그러나 본인이 천년기에 대한 논쟁에 이처럼 깊게 뛰어든 것은 이 천년기설에 따라 성경을 어떻게 해석하느냐하는 문제가 달려있기 때문이다. 사실 이것만 아니었다면 본인은 천년왕국에 대하여 그렇게 깊이 들어가지 아니했을 것이다. 오히려 평신도에게는 이 천년왕국에 대한 글을 읽고 혼란에 빠지지나 않을까 필자는 심히 우려하는 바이다. 평신도들은 바라건대 천년왕국에 대한 부분은 읽지 말거나 너무 깊은 고민을 하지 않기를 바란다. 따라서 이 책의 아마겟돈 전쟁까지만 심각하게 읽기를 바란다.

그러나 성경의 선지서들과 종말적인 부분들을 어떻게 해석할 것인지를 고민한 신학도들은 이 천년왕국의 문제를 풀지 않으면 안 될 것이므로 필자의 의견을 깊이 참조하여 주기를 바란다. 필자는 성경의 엄청난 분량에 해당되는 회복된 왕국 부분들을 영적으로 해석하는 것이 능사가 아니라는 것을 강하게 주장하는 바이다. 그렇기에 필자는 천년왕국설에 이처럼 목소리를 높이는 것이다.

12장
계시록의 사이클들의 구조 분석

우리는 여기에서 계시록의 구조를 분석해 봄으로써 계시록 강해를 마치고자 한다. 계시록은 일곱 가지들이 한 묶음이 된 사이클들로써 진행되고 있다. 도표를 보면 다음과 같다.

〈 일곱 인 〉

그리스도의 승리 (세상에 대한 심판)	재난들 (전쟁, 기근, 온역, 성도들의 환난)	세상에 대한 심판, 하나님 나라

〈 일곱 나팔 〉

세상에 대한 심판	재난들 (적그리스도에 의한 성도들의 대환난)	세상에 대한 심판, 하나님 나라

〈 일곱 대접 〉

세상에 대한 심판	재난들 (적그리스도의 마지막 아마겟돈 전쟁)	그리스도의 승리와 심판, 하나님 나라

위의 도표에서 나타나는 바와 같이 각 사이클들에서 공통되는 것은 처음에는 모두 예수 그리스도의 승리 혹은 세상에 대한 심판으로 시작하였다가 예수 그리스도의 승리 혹은 세상에 대한 심판으로 마친다는 것이다. 물론 한편에서는 심판이지만 한편에서는 성도들이 영원한 하나님의 나라에 참여하는 아름다운 모습도 있다. 특히 모든 사이클들의 첫 시작(첫째 인)과 그리고 모든 사이클의 맨 마지막(일곱째 대접)이 같이 묘사되었다. 이것은 예수 그리스도의 백마를 타시고 세상을 심판하시는 모습이다. 이것만 보아도 사이클들은 시간의 순서로 짜여진 것이 아니라 조화를 이루는 구조로써 이루어져 있음을 알 수 있다.

첫번째 사이클(인들)은 백마를 타신 예수님의 승리의 모습으로 시작하였다(6:1~2). 가운데에는 재난들(환난들)이 나타났다(6:3~11). 그리고 마지막 인들이 떼어지기 전에 세상의 군왕들은 보좌에 앉은 이와 어린양의 심판에 두려워 떤다(6:12~17). 반면 구속받은 십사만 사천 명과 그외에 이루 셀 수 없는 많은 사람들이 각국에서 하나님 나라에 참여한다(7장). 마지막 인이 떼어졌다. 일곱 나팔들이 준비되었고 그 중에 처음 네 나팔들은 땅과 바다와 물샘 근원과 하늘을 심판하였다(8:7~13). 구조적으로 볼 때에 이 심판은 첫번째 사이클에도 속하고 두 번째 사이클에도 속한다. 가운데에는 환난이 묘사된다.

두 번째 사이클은 하늘과 땅과 바다와 물샘근원을 심판하는 것으로써 시작한다. 그리고 세상에 있을 재난 혹은 환난들이 나타난다. 마지막 나팔이 불려지기 전에 그리스도께서 시온산에 서시고 구속받은 성도들이 새노래를 부르며 그에게 나아가는 모습이 나타난다(14:1~5). 하나님의 나라에 참여하는 성도들이다. 세상에 두 가지 추수가 묘사되었다. 알곡(성도들)과 포도송이(악한 사람들)를 추수한다(14:14~20). 마지막 일곱째 나팔이 불리니 일곱 대접이 준비되었다(11:15; 15:5~8). 처음 네 대접들은 또다시 땅과 바다와 물샘근원과 하늘을 심판한다(16:1~9). 이러한 대접의 심판도 두 번째 사이클에도 속하며 세 번째 사이클에도 속한다고 할 것이다.

　세 번째 사이클도 땅과 바다와 물샘근원과 하늘에 대한 심판으로 시작한다. 전쟁으로 인한 환난이 가운데에 끼이며 다시 심판으로 마친다. 예수님이 백마를 타시고 세상 군대를 무찌르기 위해서 강림하신다(19:11~21). 그는 만왕의 왕이시요 만주의 주로서 철장으로 만국을 다시릴 분이다. 그가 짐승(적그리스도)과 거짓 선지자와 용(사단)을 결박하여 유황불 못에 던져넣고 천년 동안 성도들과 함께 세상을 다스린다. 심판과 하나님의 나라의 완성으로써 모든 계시록은 종결한다. 우리는 이러한 구조 속에서도 계시의 진전을 볼 수 있다. 첫번째 사이클의 재난에서는 일반적인 네 가지의 재난들이 묘사되었다(물론 그 중에서 성도들의 대환난이 가장 중요하게 취급되고 있지만). 두 번째 사이클의 재난부분에서 앞의 모든 것 중에서도 특히 성도들의 환난이 크게 부각되어 묘사되었다. 물론 전쟁도 나타나고 있다. 두 번째 사이클은 첫번째 사이클에서 준 재난(일반적인)들을 구체화하여 적그리스도가 주는 환난으로 초점이 모아진다. 따라서 적그리스도의 활동이 세밀히 분석 설명되어진다. 두번째 사이클에서는 일반적으로 적그리스도의 여러 역할들을 묘사하였지만 세 번째 사이클에서는 적그리스도의 활동 중 어떤 특정한 마지막 사건 즉 아마겟돈 전쟁이 집중적으로 조명되었다. 이상에서 볼 때에 사이클이 진행됨에 따라 일반적인 것에서부터 점점 특정한 것으로 좁혀져가고 있음을 볼 수 있다. 이것을 우리는 계시의 진전이라고 할 수 있다.

　이러한 계시의 진전을 전체적으로 잘 파악하여 그 문맥(흐름) 속에서 계시록을 해석해 나가야 한다. 만약 그렇지 않을 경우 해석은 마지막 때에 있을 적그리스도로 말하였다가 또 다음 장에는 갑자기 예수님 초림 이후의 교회의 전시대로 갔다가 우왕좌왕하는 결과를 초래할 것이다. 특히 모든 사이클의 마지막에 세상에 대한 심판과 함께 성도들이 하나님 나라에 참여하는 모습이 나타난다.

따라서 19장에 예수님의 재림으로 세상을 심판하시고 난 뒤에 20장에 성도들이 참여할 하나님의 나라가 묘사됨은 계시록 구조 속에서 볼 때에 당연한 것이다. 20장의 이 왕국의 초림으로 옮겨가서 초림 때에 건설된 영적인 하나님의 나라로 본다는 것은 구조상으로도 맞지 않는다.

 계시록이 가장 크게 취급하고 있는 것은 적그리스도의 활동이며, 그것에 따른 성도들의 환난이다. 이렇게 적그리스도가 성경에 나타남에도 불구하고 오늘날 교회가 전혀 적그리스도에 대하여 말해주지 않는 것은 잘못이다. 따라서 교회는 이 적그리스도에 대해 좀더 연구하고 관심을 기울여야 할 것이다.

결 론

본서에서는 종말론과 관계되는 대부분의 구절들을 거의 다 해석하였다. 공중휴거와 관련된 데살로니가전서 4:13~18과 적그리스도를 설명하는 데살로니가후서 2:1~10은 본서에서 취급하지 않고 필자의 다른 책 『현대종말론의 성경적 조명』에서 취급하였기에 여기에서는 다루지 아니하였다(살후 2장의 것은 개정판에 실려있음).

독자가 최근에 범람하는 대중적인 종말론 책을 읽어보았다면 본서가 그러한 책들과 어떻게 다른가를 발견했을 것이다. 대부분의 종말론 서적들은 성경은 가볍게 인용하는 것으로 끝나며 세상적인 사건들과 흥미로운 기사들 또한 개인이 받았다는 계시 등을 주로 담고 있다. 그러나 필자는 다른 어떤 이야기들을 쓰지 않았고 철저하게 성경을 있는 그대로 해석하는 것으로 일관하였다. 대중적인 서적들은 성경을 바르게 해석하지 않고 출발하기 때문에 위험하기 그지없다. 대부분의 그러한 서적들은 공중휴거를 초점으로 하고 엮어나가고 있음을 독자들은 발견할 것이다. 그러나 본서가 거의 대부분의 종말적인 본문을 다루었지만 그러한 본문들에서 공중휴거가 나타나지 않았다. 휴거는 꼭 한 곳 데살로니가전서 4:17에만 나타난다. 데살로니가전서 본문도 휴거가 목적이 아닌 부활의 영광에 대하여 논하는 중에 휴거가 부차적으로 언급된 것이다. 그런데도 대부분의 종말론 책들이 휴거를 주목적으로 하여 쓰여지고 있다는 사실은 이들의 종말론이 얼마나 한쪽으로 치우쳐져 있는지를 알 수 있을 것이다(공중휴거에 대하여는 한정건, 1991: 46~59를 참조하라).

  본서에서 필자는 다니엘 2장에서 시작하여 영원한 하나님의 나라까지 살펴보았다. 만약 본인의 입장과 다른 무천년주의자가 쓴 종말론의 책을 읽어 본 사람이라면 다니엘 2장의 출발점에서부터 본서와 다르다는 것을 인식할 것이다. 그들의 종말론은 다니엘 2장에서부터 예수 그리스도의 초림으로 해석하여 많은 구절들을 초림 혹은 현재의 교회에 적용시킨다. 그리고 역시 천년왕국도 교회에서 이미 이루어진 것으로 해석한다. 시작의 작은 차이가 다니엘서와 계시록을 진행해 나가면서 그 간격이 얼마나 크게 벌어졌는지를 이해했을 것이라 생각한다.

  이렇게 볼 때에 다니엘 2장 해석에서 이미 천년왕국에 대한 견해가 결론적으로 내포되고 있다고 생각된다. 다니엘 2장을 예수님의 초림으로 이루어지는 영적인 하나님의 나라로 해석하는 사람은 당연히 천년왕국도 영적인 왕국, 즉 교회로 주장할 것이다. 반면 다니엘 2장의 하나님의 나라를 재림 때 이루어지는 것으로 본다면 계시록 20장의 것도 재림 이후의 천년왕국으로 볼 것이다.

  필자는 성경 본문들을 철저하게 그리고 확실하게 해석하고자 하였다. 따라서 필자는 먼저 주제를 파악하고 문맥 속에서 그 본문들을 해석하려고 하였다. 또한 필자는 종말론 본문들을 해석하면서 가급적 여자적으로 해석하고자 하였다. 이러한 필자의 태도가 묵시문학이 상징들을 도입했다는 것을 부정하는 것이 아니다. 그러나 상징으로 볼 때에는 그것이 정상적인 묘사가 아닌 특이한 묘사를 하고 있거나 성경자체가 그 부분을 상징적으로 해석하고 있느냐를 따져서 확실한 상징적인 것에만 상징성을 부여하려고 노력하였다. 따라서 본인은 무천년주의의 계약신학자들이 너무 영해하고 있는 면을 지적하였었다. 또한 필자는 성경은 성경으로 해석하는 원리를 철저히 지켜 그 본문들을 성경 다른 곳에서 어떻게 증거하는가를 확인하였다. 무천년주의적인 계약신학자들은 너무 신학을 강하게 앞세워 성경을 일관성없게 해석한다. 그리고 그들은 성경을 성경으로 해석하는 원리를 너무 등한시한다.

다니엘 2장에서 볼 때에 주제에서(세상왕국들을 하나님이 세우시고 파하심) 또 본문의 해석에서 볼 때에 초림으로 이루어지는 영적인 하나님의 나라가 아닌 재림으로써 세상 왕국들을 파하고 이루어질 하나님의 나라를 말함으로 나타났다. 또한 7장과 비교할 때에 7장에는 적그리스도가 나타나며 그가 하나님을 대적하고 성도들을 괴롭힐 때에 하나님께서 그를 멸하시고 성도들을 위해 영원한 왕국을 세우신다. 7장의 영원한 왕국은 적그리스도를 심판하고 세우는 것이므로 재림 때에 이루어질 하나님의 나라가 분명하였다. 2장에서 세워지는 영원한 왕국을 초림으로 해석하는 사람들도 7장에서는 적그리스도가 나타나는 마지막 때로 본다. 그리고 그들도 2장과 7장이 병행을 이루고 있음을 시인한다. 그런데도 7장은 마지막 때의 하나님 나라로 보면서 2장은 초림의 것으로 보는 것은 성경을 성경으로 해석하는 원리에서 볼 때에 앞뒤가 맞지 않는 주장임이 틀림없다.

다니엘 7장에서 적그리스도의 출현을 보았고 8장은 적그리스도와 매우 유사한 안티옥커스 4세를 대조시켜 놓은 것을 보았다. 그리고 10~12장도 안티옥커스 4세와 적그리스도가 대조되어 세밀하게 묘사되었다. 이러한 본문들에서 특징적으로 나타나는 것이 "그가 매일 드리는 제사를 파하였고 미운 물건(우상)을 거룩한 곳(성전)에 세우는 것"이었다. 9:27에서도 같은 구절이 나타난다.

다니엘 2장에서 예수님의 초림으로 해석한 사람들은 9:27도 앞에 묘사된 '그가' 초림의 예수님으로 해석한다. 그러나 여기서도 그들이 성경해석에 일관성이 없는 것이 다른 세 곳(8장, 11장, 12장)에서는 그 구절들이 적그리스도 혹은 적그리스도의 표상인 안티옥커스 4세가 행한 일로 보고 9장에서는 같은 구절을 정반대로 예수님의 모습으로 해석하는 것이다. 그러한 해석은 9장의 주제와 문맥상에서도 맞지 않고 다니엘서 7장 이후에 적그리스도가 집중적으로 추적되고 있다는 다니엘서 구성상에서도 맞지 않았다.

마태복음 24장은 다니엘서에 나타나는 그 특징적인 구절이 인용되면서 성도들의 대환난이 시작된다(마 24:15). 따라서 마태복음은 다니엘서와 고리로 연결되어 있다. 마태복음 24:15에는 다니엘이 예언한 "멸망의 가증한 것이 거룩한 곳에 선 것을 보거든" 대환난이 시작될 것이므로 빨리 도망하라고 한다. 다니엘 9:27을 메시야가 행할 예언의 말씀으로 주장한 사람은 마태복음 본문을 해석해 낼 수가 없다. 따라서 그들이 해석하는 것이 얼마나 앞뒤가 맞지 않으며 성경은 성경으로 해석해야 한다는 개혁주의 성경해석 원리를 무시하고 있음이 드러나는 것이다.

다니엘과 마태복음 24장은 예수님 초림에서 이루어지는 하나님의 왕국에 대하여 초점을 맞추고 있는 것이 아니라 재림 때에 있을 역사적인 사건들을 말하고 있음을 보았다. 그리고 이것을 초림으로 볼 때에 얼마나 성경해석상에 무리가 따르는 것인지를 보았다. 이제 계시록에 넘어갈 때에 계시록도 초림 중심으로 해석할 것인지 아니면 재림시에 있을 역사적인 사건들로 볼 것인지에 대하여 이미 기준이 확립되었다고 생각한다. 계시록 4~8장은 다니엘서 7장과 연관이 있음을 발견하였다. 또한 계시록 13장은 적그리스도임이 분명하였고 이것은 다니엘 7장~12장에 나타나는 적그리스도와 관계가 있음을 알 수 있다. 다니엘서에는 적그리스도의 활동기간이 '한 때와 두 때와 반 때'로 두 번 나타나며 한 번은 한 이레의 절반 즉 삼년 반의 기간으로 나타난다(9:27). 계시록 12장에서도 '한 때와 두 때와 반 때'가 나타나고 이것이 삼년 반(1,260일)으로도 말하여진다. 계시록 11장에는 삼년 반을 42달과 1,260일로 이중적으로 말하고 있다. 13장에는 42달이 적그리스도의 활동기간이었다. 초림중심의 해석자들은 여기에서도 일관성을 보이지 않고

있다. 다니엘서의 세 때 반은 적그리스도의 활동기간으로 보면서
도 계시록의 것은 교회시대의 전기간으로 말한다. 또한 13장의 삼
년 반은 적그리스도의 활동기간으로 보면서도 11장과 12장의 삼년
반은 교회의 전기간으로 보는 것이다.

  다시 우리는 성경은 성경으로 해석해야 하는 원칙을 세우기를
원한다. 따라서 다니엘의 삼년 반과 계시록의 것을 같은 적그리스
도의 활동기간으로 보기를 원한다. 그리고 다니엘 9:27의 이레의
절반(삼년 반)을 계시록의 삼년 반과 연관시켜 함께 적그리스도의
활동기간으로 보고자 한다. 이렇게 볼 때에 다니엘과 계시록 그리
고 마태복음 24장은 적그리스도가 중점적으로 취급되고 있음을 발
견한다. 적그리스도가 일으키는 전쟁이 묘사되었고, 그가 어떻게
하나님을 훼방하고 성도들에게 환난을 주는지가 종말론의 본문들
에서 집중적으로 추적되는 것이다. 그리고 이러한 적그리스도가
주는 환난에도 불구하고 성도들이 어떻게 인내하며 믿음을 지키는
지를 종말론 구절들은 묘사하고 있으며 또한 하나님 혹은 예수 그
리스도께서 어떻게 세상을 심판하시고 마지막 왕국을 이루시는지
도 묘사되고 있다.

  무천년주의적 계약신학은 종말에 대한 기사는 교회시대에 이미
영적으로 이루어졌거나 아니면 초림에서 재림사이의 긴 기간 동안
에 있을 일반적인 것으로 말하고 만다. 그들은 마지막 때에 있을
특정한 사건들로 보지 않으려고 하고 일반적인 것에 대한 묘사로
만 취급한다. 전쟁, 기근, 온역, 성도들의 환난 등이 교회의 전기
간에 있었던 것은 사실이다. 그러나 그것들이 비단 교회시대만 있
은 것이 아니라 초림 이전에도 있었던 것이 아닌가? 만약 다니엘
과 계시록이 이렇게 있을 일반적인 것을 말한 것에 불과하다면 하
필 왜 종말에 대한 예언으로 그렇게 요란하게 성경에 쓸 필요성이
있었겠는가? 그러나 그들의 성경해석에는 일관성이 없다. 종말에
대한 묘사들을 일반적인 것으로 보다가도 어떤 곳에서는 마지막
때에 있을 특정적인 사건 즉 적그리스도의 활동으로 보고 재림의

것으로도 보는 것이다. 다니엘 7장, 12장, 계시록 13장 등은 그들도 적그리스도로 보는 것이다. 그리고 계시록 19장은 예수님의 재림의 모습으로 보는 것이다. 따라서 그들은 교회시대 전기간에 걸친 것으로 보는 일관성을 그대로 지키지 못하고 있음을 발견하게 되는 것이다. 그들의 초림중심 그리고 교회에 이미 이루어진 사건들로 해석하고자 하는 경향은 어김없이 계시록 20장의 천년왕국에서도 적용된다. 그러나 그들이 일관성을 상실한 것이 19장은 재림으로 보았으면서 갑자기 20장에서는 초림으로 돌아가는 모습인 것이다. 또한 13장의 짐승을 적그리스도로 인정하면서도 20장에서 짐승에게 경배하지 않은 자들이 참여하는 천년왕국은 초림 이후의 교회의 시대로 보는 앞뒤가 맞지 않는 해석을 보이고 있는 것이다. 그들은 12장에 용(사단)이 여자(이스라엘 혹은 교회)를 핍박하는 한 때 두 때 세 때 혹은 1,260일간(삼년 반)을 교회의 전기간으로 주장하면서 또한 20장에서 용이 천년 동안 묶여 인봉해져 있는 기간을 전교회의 시간으로 보는 것이다. 어떻게 묶여져 있어야 하는 용이 12장에는 여자를 핍박하고 있는가? 그들의 해석자체가 얼마나 모순을 범하고 있는지를 단적으로 드러내는 것이다.

  필자는 성경을 가능한 한 여자적으로 그리고 역사적으로 해석하였다. 따라서 혹자는 본인이 계약신학자가 아닌 오히려 세대주의와 가깝다고 비판할는지 모르겠다. 여기에서 본인의 신학노선을 분명히 밝히고자 하는 것은 본인은 세대주의자가 아닌 계약신학자임을 자처한다. 이러한 노선은 "고신대학 논문집"과 "고려신학보" 등에 쓰여진 필자의 논문들을 살펴보면 알 수 있을 것이다. 그러나 필자는 세대주의자들을 무조건 비난하고자 하지 아니한다. 통속적 세대주의가 아닌 학문적 세대주의의 학문의 우수성을 비록 신학의 견해는 다르지만 본인은 높이 평가하고자 한다. 그리고 그들이 주장하는 것 중 필자가 성경적이라고 생각하는 부분은 얼마든지 받아들일 수 있다고 생각한다. 그리고 계약신학자들 중에 성경을 잘못 해석한다고 생각되는 것은 필자는 거침없이 거절하는 것이다. 필자는 무엇이 보다 바른 성경해석이냐는 데에 더 큰 관심을 가지고 있다. 그리고 신학의 문제를 생각한다면 근본적으로 계약신학이 가장 건전하고 바르다고 생각한다. 그러나 부분적인 성경해석에서는 필자는 계약신학자의 선배들의 주장과 얼마든지 다를 수 있다고 생각한다.

필자가 항상 주장하는 바는 철저한 계약신학자가 되자는 것이다. 계약신학의 원리는 언약의 단일성과 통일성이다. 모든 언약은 하나의 언약으로서 은혜언약이라는 것이다. 본인은 계약신학자들 중에 모세의 언약과 새언약을 너무 구분하는 것을 반대하는 것이다. 모세의 언약도 은혜언약이며 새언약은 모세의 언약을 완성하기 위하여 주어진 것이다. 이스라엘이 모세의 언약에서 실패하였기 때문에 버림을 받았고 새언약은 전혀 다른 그룹인 교회에게 주어졌다는 식의 견해를 필자는 받아들일 수 없는 것이다. 여기에서 이스라엘의 문제를 더 깊게 논하지 않겠다. 필자는 『이스라엘의 회복』이라는 다음 저서를 계획하고 있다. 그곳에서 이스라엘의 문제를 다루도록 하겠다. 그 책에서 필자는 언약의 단일성과 통일성을 전제한 계약신학의 전통을 주장할 것이다. 이스라엘의 문제는 종말론과도 밀접하게 연관되어 있다. 왜냐하면 마지막 때에 이스라엘이 중요한 역할을 하고 있기 때문이다. 바울은 로마서에서 복음이 이방인에게로 갔다가 이방인의 충만한 숫자가 차게 되면 다시 이스라엘이 구원에 참여할 것을 증언한다. 다니엘, 스가랴, 에스겔, 계시록 등은 온 세상 나라들이(적그리스도의 유혹을 받아) 예루살렘을 치는 전쟁으로 세상역사가 종결되고 있다. 따라서 이스라엘의 문제가 해결되지 않고는 종말론의 결론을 내릴 수가 없다고 생각한다. 다른 말로 하면 종말론을 바로 해결하려면 이스라엘의 문제를 바로 해결할 수 있어야 된다고 생각한다.

필자는 이처럼 이스라엘의 문제를 미해결 상태로 놓아두면서 『종말론 강해』를 마치게 됨을 아쉬워하면서 그러나 이것은 다음의 작업으로 약속하고자 한다.

참고문헌

Anderson, R.
  1915(rep) *The Coming Prince*. London: James Nisbet/Grand Rapid: Kregel.
Baldwin, J. G.
  1978 *Daniel (Tyndale OT Commentaries)*. Downers Grove: Inter Versity Press.
Beasley-Murray, G. R.
  1954 *Jesus and the Future: An examination of the criticism of the eschatological discourse*. London: Macmillan.
Boersma, T.
  1978 *Is the Bible a Jigsaw Puzzle …?* St Catharines: Paideia.
Braumann, G.
  1976 "Parousia", *NIDNTTh*, ed. by Colin Brown. Exeter: Paternoster.
Braverman, J.
  1978 *Jerom's Commentary on Daniel: A study of Comparative Jewish and Christian Interpretations*

of the Hebrew Bible(CBQ Monograph Series 7). Washington, DC: Catholic Biblical Association.

Calvin, J.
　1974 *A Harmony of the Gospels Mt. Mk. Lk.* (Calvin's Series), vol I-III. Grand Rapids: Eerdmans.

De Young, J. C.
　1960 *Jerusalem in the New Testament.* Kamben: J. H. Kok.

France, R. T.
　1971 *Jesus and the Old Testament.* Downers Grove: IVP.

Hendrickson, W.
　1973 *The Gospel of Matthew*(NTC). Edinburg: The Banner of Truth Trust.
　1975 *The Gospel of Mark* (NTC). Edinburg: The Banner of Truth Trust.
　1978 *Luke (NT Commentary).* Edinburg: The Banner of Truth Trust.

Hoeksema, H.
　1974 *Behold He Cometh: An Exposition of the Book of Revelation. Grand Rapids:* Reformed Free Pub.

Kik, J. M.
　1971 *The Eschatology of Victory.* Philadelphia: the Presb. & Reformed.

McClain, A. J.
　1960(40) *Daniel's Prophecy of the Seventy Weeks.* Grand Rapid: Zondervan.

McNeile, A. H.
　1980(rep) *The Gospel according to St. Matthew*.
　　　Grand Rapids: Baker.
MacRae. A.
　1977 *The Gospel of Isaiah*. Chicago: Moody.
Milligan. G.
　1980(rep) *St. Paul's Epistles to the Thessalonians*.
　　　Minneapolis: Klock & Klock.
Montgomery, J. A.
　1979(26) *A Critical and Exegetical Commentary of the Book of Daniel* (ICC). Edinburg: T & T Clark.
Ladd, G. E.
　1972 *A Commentary on the Revelation of John*.
　　　Grand Rapids: Eerdmans.
Lane, W. L.
　1975 *Commentary on the Gospel of Mark* (NICNT).
　　　Grand Rapids: Eerdmans.
Morris, L.
　1959 *The First and Second Epistles to the Thessalonians* (NICNT). Grand Rapids: Eerdmans.
Mowinckel, S.
　1954 *He That Cometh*, by G. W. Anderson. NY: Abingdon.
Murray, J.
　1977 *Collected Writings of John Murray*, vol 2.
　　　Edinburgh: The Banner of Truth Trust.
Oepke, A.
　1975(4판) "Parousia", *TDNT*, ed. by G. Kittel, Vol V.
　　　Grand Rapids: Eerdmans, 858~871.

Ridderbos, H.
  1975 *The Coming of the Kingdom*. Philadelphia: Presb. & Reformed.
Russell, D. S.
  1981 *Daniel* (The Daily Study Bible Series). Philadelphia: Westminster / Edinburg: The Saint Andrew Press.
Ryrie, C. C.
  1978(76) *The Ryrie Study Bible* (with NASB). Chicago: Moody.
Schweitzer, A.
  1954 *The Quest of the Historical Jesus*, Eng. trans. London: Black.
Vermes, G.
  1978 "Present state of the son of man debate", *Journal of Jewish Studies*, 29: 123~134.
Young, E. J.
  1980 *The Prophecy of Daniel*. Grand Rapids: Eerdmans.
간하배
  1988(4판)『다니엘서의 메시야 예언』. 서울: 개혁주의 신행협회.
권성수
  1992(1월) "재림과 말세의 징조"(마태복음 24장을 중심으로), 『목회와 신학』. 1992(1월): 72~83.
린드세이, 고든
  1988『다니엘의 예언』. 이상도 옮김. 할렐루야서원.
박윤선
  1964『성경주석: 공관복음』. 총회교육부.
  1967『성경주석: 에스겔서 다니엘서』. 총회교육부.

린드세이, 고든
  1988 『다니엘의 예언』. 이상도 옮김. 할렐루야서원.
박윤선
  1964 『성경주석: 공관복음』. 총회교육부.
  1967 『성경주석: 에스겔서 다니엘서』. 총회교육부.
이상근
  1966 『마태복음 (성경주해)』. 총회교육부.
장두만
  1992 "과연 교회는 환난을 통과할 것인가?", 『현대종교』. 1992, 10월호: 59~67.
한정건
  1986 "멜기세덱: 11 QMEL과 히브리서의 비교연구", in 『성경과 개혁주의 신학』: 한석 오병세 박사 회갑 기념 논문집. 개혁주의 신행협회, pp 145~171.
  1987 *The restoration of Israel in covenant perspective*, A Th. D. thesis at Potchefstroom University.
  1989 "마태복음 24장에 나타난 종말에 대한 재해석", 고신대학 논문집 제17집. 고신대학 출판부, pp. 93~115.
  1991 『현대 종말론의 성경적 조명』. 기독교문서선교회.
헨드릭슨, 윌리암
  1975 『신약성경 주석: 요한계시록』. 김영익, 문영탁 공역, 아가페출판사.
후크마, 안토니 A.
  1986 『개혁주의 종말론』. 유호준 역, 기독교문서선교회.

CHRISTIAN LITERATURE CRUSADE

기독교문서선교회는 청교도적 복음주의신학과 신앙을 선포하는 국제적, 초교파적, 비영리 문서선교기관입니다.

기독교문서선교회는 한국교회를 위한 교육, 전도, 교화에 힘쓰고 있습니다.

만일 당신이 예수 그리스도와 그리스도인의 생활에 대하여 알기를 원하시면 지체말고 서신연락을 주십시요. 주 안에서 기쁜 마음으로 도움을 드리겠습니다.

서울 서초구 방배동 983-2
Tel. 586-8761~3

기독교 문서선교회

■ 저자소개 ■

〈한정건〉
· 중앙대학교 졸업(B. A.)
· 고신대학 신학대학원 졸업(M. Div.)
· 미국, Bibilical Theological Seminary(Th. M., 구약학 전공)
· 남아연방, Potchefstroom University(Th. D., 구약학 전공)
· 현, 고신대학 신학대학원 교수

· 저서:「현대 종말론의 성경적 조명」
       「종말론 입문」
· 역서:「히브리왕들의 연대기」
       「서로를 이해하기 위하여」
       「틴델 구약 주석시리즈1 창세기」

종말론 강해

The Interpretation of Biblical Eschatology

1992년 6월 15일 초판 발행
2006년 9월 15일 3판 발행

지은이 | 한정건

펴낸곳 | 사) 기독교문서선교회
등록 | 제16~25호(1980. 1. 18)
주소 | 서울시 서초구 방배동 983-2
전화 | 02) 586-8761~3 (본사) 031) 923-8762~3 (영업부)
팩스 | 02) 523-0131 (본사) 031) 923-8761 (영업부)
홈페이지 | www.clcbook.com
이메일 | clc@clcbook.com

ISBN 89-341-0401-5(03230)
* 낙장 · 파본은 교환해 드립니다.